V&R

Kirchliche Amtshilfe

Die Kirche und die Judenverfolgung
im »Dritten Reich«

Herausgegeben von
Manfred Gailus

Vandenhoeck & Ruprecht

Mit 15 Abbildungen

Bibliografische Information der Deutschen Nationalbibliothek

Die Deutsche Nationalbibliothek verzeichnet diese Publikation in der
Deutschen Nationalbibliografie; detaillierte bibliografische Daten sind
im Internet über http://dnb.d-nb.de abrufbar.

ISBN 978-3-525-55340-4

Umschlagabbildung: Blick in den Archivraum der Kirchenbuchstelle
Alt-Berlin (St. Georgen-Gemeinde, Berlin-Mitte, November 1936).
© Geheimes Staatsarchiv Preußischer Kulturbesitz

Inhalt

Manfred Gailus

Kirchenbücher, Ariernachweise und kirchliche Beihilfen zur Judenverfolgung

Zur Einführung*

Am 22. Mai 1933 schrieb ein besorgter Professor Dr. Wüllenweber aus Berlin-Lichterfelde an den »sehr verehrten Herrn Pfarrer« der Kirchengemeinde Alt-Schöneberg: »Die Tochter des Unterzeichneten ist Jugendleiterin an der staatlichen Augustaschule in Berlin. Der Direktor hat die Mitglieder des Lehrerkollegiums aufgefordert, sich Material zu verschaffen zum Nachweis, dass sie arischer Abstammung sind. Meine Bitte an Sie, sehr verehrter Herr Pfarrer, geht nun dahin, mir gütigst behülflich zu sein zu einem amtlichen Ausweis [aus den Kirchenbüchern], daß die Eltern meiner Frau Nichtjuden, Protestanten waren. [...] Die Behörde fordert nun von den Großeltern meiner Tochter: Namen, Geburtsort, Geburtstag, Konfession, Hochzeits-, Todestag (etwa 1864/65).«[1] So oder ähnlich sahen die Anfragen aus, die seit April 1933 zu Tausenden an die Kirchengemeinden gingen, an evangelische wie katholische, von Flensburg bis München, von Tilsit bis Trier. Häufig waren die Anfragen ungenau. Die Antragsteller wussten manchmal nicht recht, worum es bei den neuen Bestimmungen überhaupt ging. Wer und was denn ein »Arier« eigentlich sei, war den meisten, auch den Nazis selbst, zu diesem Zeitpunkt noch ziemlich unklar. Sie waren jedenfalls, so viel wusste man, die Guten, die Richtigen. Manche Antragsteller verwechselten sie mit »Agrariern« oder mit »Arabern« und betonten, nach so fernen Landen niemals Verwandtschaft gehabt zu haben.[2] Nicht selten gab es Streit über die von den Pfarrgemeinden erhobenen Gebühren, und fast immer arbeiteten die überforderten Kirchengemeinden den eiligen Antragsstellern nicht schnell genug.

Wie viele solcher kirchlichen Bescheinigungen für den Ariernachweis insgesamt während des »Dritten Reiches« ausgestellt wurden, wird sich nicht genau ermitteln lassen. Noch heute liegen einschlägige vergilbte Papiere bei der einen oder anderen

Familie in der Dokumentenmappe. Die Zahl der ausgestellten
Bescheinigungen ging in die Millionen. Nach einem zeitgenössischen Bericht vom Mai 1935 sollen allein während der ersten zwei Jahre ca. 12,5 Millionen Kirchenbuchauszüge von den
Pfarrämtern für politische Funktionsträger in der NSDAP, der
SA und SS, für andere Amtsträger sowie weitere Nachweispflich-
tige ausgefertigt worden sein.[3] Und der Personenkreis dieser
Nachweispflichtigen nahm angesichts permanenter Ausweitun-
gen der nationalsozialistischen Ariergesetzgebung im Laufe der
Jahre eher noch zu. Kurz: die Kirchen waren wieder gefragt seit
1933 – zumindest in dieser Hinsicht, als Aussteller von Unterlagen für den arischen Nachweis.

Der große Ansturm auf die Pfarrämter begann im April 1933:
Viele »Volksgenossen« verlangten sehr plötzlich und oft unter
Zeitdruck die begehrten Auszüge aus den Kirchenbüchern, um
ihre vermutete arische Herkunft urkundlich beweisen zu lassen
und damit berufliche Positionen und öffentliche Funktionen
zu behalten oder Zugang zu Schulen, Universitäten, Berufs-
ausbildungen und anderen Qualifikationen zu erlangen. Eine
Anfragenflut überschwemmte die zuständigen Kirchengemeinden. Pfarrer und Kirchenbeamte sahen sich überfordert und la-
mentierten häufig über die eingerissenen, teilweise chaotischen
Zustände. Ein Thüringer Pfarrer, und er dürfte nicht der einzige gewesen sein, beklagte sich bei seiner Kirchenleitung über
nächtliche »Schreckträume von Ariern und Kirchenbüchern
mit schlechter Handschrift«.[4] Eine massenhafte Ahnensuchbe-
wegung setzte ein, ausgelöst durch die Bestimmungen des Be-
rufsbeamtengesetzes vom 7. April 1933 und seine Folgeverord-
nungen, wesentlich verschärft schließlich durch die Nürnberger
Gesetze vom September 1935 und deren Durchführungsverordnungen. Immer neue Berufsgruppen wurden nachweispflichtig
und begehrten die existenziell wichtigen Bescheide.[5] Zugleich
gedieh ein Wildwuchs von mehr oder minder dubiosen Ah-
nen-, Sippen- und Rasseforschern, neuen wie alten, in diversen
Vereinen; von einschlägigen sippen- und rassekundlichen Publikationen (Forschungsanleitungen, Einführungen, Handbücher,
Zeitschriften) und eine konkurrierende Vielfalt von parteiamtlichen Stellen, staatlichen Institutionen und öffentlich-be-
rufsständischen Sippenforschungsprojekten, um die rassistische
Utopie einer vollständigen Scheidung der Reichsbevölkerung in

»Deutschblütige« und »Fremdblütige« umzusetzen. Die NSDAP forschte, die SS forschte in verschiedenen Abteilungen, neue staatliche Dienststellen wie die Reichsstelle für Sippenforschung forschten, Berufs- und Hobbygenealogen forschten, andere NS-Verbände und Berufsgruppen (Bauernschaft, Ärzte, Lehrer, Standesbeamte und andere)[6] forschten – und nicht zuletzt glaubten auch die Kirchen, sich an dieser nationalen Ahnenforschungsmanie beteiligen zu müssen. Die kirchlichen Partizipationen an und die konkreten, auch materiellen Hilfeleistungen für dieses historisch einmalige nationale Rassenwahnprojekt sind erheblich. Denn auch innerhalb der 28 evangelischen Landeskirchen gab es jenen national-völkischen Aufbruch, namentlich in Gestalt der Deutschen Christen[7], und damit einhergehend kircheneigene Suchbewegungen und Forschungsbemühungen, um einen Beitrag zur Verwirklichung der nationalsozialistischen »Ideen von 1933« zu leisten.[8] Wie anderswo dominierten in den Kirchen zunächst Unruhe, Chaos, Geschäftigkeit: eine verwirrende Fülle neuer Archivprojekte und Kirchenbuchverordnungen sowie diverse Pläne über Kirchenbuchzentralen und eine ausufernde Sippenforschungspraxis auf vielen Ebenen, von selbsternannten kleinen Sippenforschern in den Gemeinden bis hinauf zu Experten, Sachverständigen, Beauftragten in den Kirchenleitungen. Vielfach waren hier professionelle Theologen, Gemeindepfarrer, leitende Kirchenjuristen und andere Kirchenmitarbeiter entschlossen, im Zuge der völkischen Selbsttransformation der Kirchen einen eigenen Beitrag zur angestrebten entjudaisierten völkischen Reichskirche zu liefern.[9]

*

Etwas über eine halbe Million »Glaubensjuden« waren im Deutschen Reich von den rassistischen Ausgrenzungsmaßnahmen seit 1933 betroffen.[10] Hinzu kam eine annähernd gleich große, mehr heterogene Gruppe anderer »Nichtarier«, die erst durch die NS-Rassengesetzgebung wieder zu »Juden« (oder »Halbjuden«, »Vierteljuden« etc.) gemacht oder auf andere Weise durch die neue Gesetzgebung diskriminiert wurden: Christen jüdischer Herkunft, Konfessionslose jüdischer Herkunft, sogenannte »Mischlinge« 1. und 2. Grades, schließlich Ehepartner in Mischehen und deren Kinder. Allein die Zahl der evangelischen

Nichtarier (einschließlich »Mischlinge«) wird auf mehrere Hunderttausend (200.000–400.000) geschätzt.[11] In der Metropole Berlin dürfte deren Zahl bei vielleicht 20.000–30.000 Personen gelegen haben.[12] Die unscharfen, oft verborgenen Identitäten (im Kontext der NS-Rassenklassifikationen) dieser zweiten Großgruppe waren nur durch präzise personengeschichtliche Nachforschungen hinsichtlich der Konfessionszugehörigkeiten der Eltern und Großeltern zu bestimmen.

Kennzeichnend war, dass die Betroffenen von ihrem genealogischen Schicksal oft nichts mehr ahnten oder als bewusste Konvertiten zumeist gänzlich neue religiöse Identitäten angenommen hatten. So berichtete beispielsweise die Berliner Studienrätin Elisabeth Schmitz am 22. April 1933 über Reaktionen der mit ihr befreundeten (nichtarischen) Ärztin Dr. Martha Kassel: »Gestern abend war Fr. Dr. wieder ganz verzweifelt. Sie sagte immerfort vor sich hin: ›Warum hassen sie uns denn nur so? Ich kann es gar nicht verstehen. Es soll einer hingehen u. sie fragen.‹ Und dann erzählte sie von der Kinderklinik, von all den Kindern, die sie operiert hat u. wie sie oft 6× in der Nacht aufgestanden sei, um nach einem frisch operierten Kind zu sehen – u. dann kamen wieder dieselben Sätze. – Von jungen Menschen gehen sehr viele weg, weil sie ja hier nicht studieren können, wenigstens viele nicht, nach Frankreich, England, Spanien, Schweiz. Frankreich nimmt sie, scheints, mit offenen Armen auf. Aber Fr. Dr. denkt daran nicht. Sie fühlt sich ja gar nicht als Jüdin, hat es nie getan u. ist so fassungslos, daß man sie trennen will vom Deutschtum, wo sie doch deutsche Literatur u. Kunst u. Landschaft u. alles so liebt, so an Schlesien hängt u. noch vorhin sagte: Ans Vaterland ans teure schließ dich an – [das] sei ungefähr das erste gewesen, was sie bei ihrem Lehrer gelernt habe. Ich sage dann immer, daß es ganz allein auf sie selbst und auf uns ankomme, ob sie deutsch sei – aber das schlägt ja alles nicht durch.«[13]

Hauptquelle für den Ahnennachweis waren die kirchlichen Personenstandsregister oder Kirchenbücher. Um also diese zweite Großgruppe überhaupt nachweisen zu können, war die Auswertung der Kirchenbücher eine unerlässliche Voraussetzung. Ein böses Spiel von völkischer Inklusion und Exklusion setzte damit ein, an dem die Kirchen als Eigentümer dieser historischen Quellen »plötzlich« beteiligt waren, ob sie wollten oder nicht.

Einige Hunderttausende rassisch angeblich Minderwertige, die »Fremdblütigen«, würden am Ende übrig bleiben. Wer sie seien, wollten die Nationalsozialisten sehr genau wissen.

*

Die zeitgenössischen Kirchen von 1933 fühlten sich vielfach aufgewertet durch die neue, sprunghaft gestiegene Nachfrage nach kirchlichen Dienstleistungen. Diese neue Nachfrage für kirchliche Papiere, für Arierbescheinigungen, konnte und wurde allzu rasch auch als vermehrte Nachfrage für die Kirche überhaupt verstanden. Und das schmeichelte der bis 1933 durch massive Säkularisierungsprozesse, aggressive politische Antikirchenkampagnen und Abwanderung (Kirchenaustritte) gedemütigten Kirchenseele ungeheuer. Die kirchliche Grundhaltung angesichts dieser gewandelten Konstellationen war in etwa folgende: Dass wir in dieser so wichtigen Staatsangelegenheit vielen »Volksgenossen« neuerdings helfen können, wertet uns auf, verschafft uns vermehrte Anerkennung im neuen Staat, der doch immerhin die schrecklich gottlosen Jahre der Weimarer Republik liquidiert und vom »positiven Christentum« als unverrückbarer Glaubensgrundlage der Deutschen gesprochen hat. Kirchliche Amtshilfe für den NS-Staat in Ariernachweissachen wurde folglich selbstverständlich und gern geleistet. Damit glaubten viele Verantwortliche in den Kirchen, nationale Haltung und Zuverlässigkeit gegenüber der Obrigkeit unter Beweis zu stellen. Für dieses Entgegenkommen erwartete man freilich im Gegenzug auch etwas: mehr Anerkennung und Bestandssicherung für kirchliche Belange, für Glaube und Kirche überhaupt – eine Erwartung, die kaum erfüllt werden sollte. Diese alles in allem entgegenkommende, willfährige Kooperation war die allgemeine Kirchenhaltung bei Nachfragen der Partei, der SS, des Staates und der vielen Einzelforscher, die nun Auskünfte über die Konfessionszugehörigkeiten von Personen und deren Vorfahren – und damit über deren angebliche Rassenqualität – begehrten. Und da die Anfragen und Ansprüche an die Kirchengemeinden als nationale Auskunftsstelle plötzlich so immens anwuchsen, schlossen sich vielerorts kirchliche Reformüberlegungen zu Archivneugründungen oder Umorganisation, Projekte einer Rationalisierung der kirchlichen Auskunft, direkt an, denn die Nachfrageflut konnte von der herkömmlichen Kirchenauskunftspraxis nicht bewältigt werden. Hieraus resultierten Vorhaben einer räumlichen Zusammenlegung von Kirchenbüchern einer Region, einer Stadt, bisweilen auch einer ganzen Kirchenprovinz oder Landeskirche, um in Kirchenbuchzentralen sämtliche Personenstandsregister für den raschen Zugriff zur Verfügung zu haben.

*

Oft ging die kirchliche Partizipation an der rassistisch motivierten Sippenforschungsmanie freilich über die bloße Bereitstellung der Bücher und Preisgabe des darin enthaltenen gefährlichen Wissens hinaus. Einzelne Landeskirchen oder Kirchenprovinzen, Kirchenregionen oder Gemeinden wollten »es« selbst genauer wissen und betrieben eigene rassistisch motivierte Sippenforschungen, finanziert aus kirchlichen Ressourcen, durchgeführt von eigenen Mitarbeitern. Teils nahmen sie große Projekte zur Verkartung von Kirchenbüchern in Angriff, um die Nichtarischen in eigenen Namenskarteien (»Fremdstämmigenkartei«) systematisch auszusondern. Sie taten dies als freiwillige Vorleistung für den NS-Staat, weil sie über die »Rassenfrage« auch so oder ähnlich dachten wie er. Sie taten dies auch in dem Glauben, dadurch ihre Legitimation als wichtige staatstragende Institution im »Dritten Reich« unter Beweis zu stellen.

Am krassesten erfolgten diese kircheneigenen Sippenforschungen in der von den Deutschen Christen (DC) beherrschten Kirche Mecklenburgs, die eine kirchliche Sippenkanzlei in Schwerin für den Bereich der gesamten Landeskirche einrichtete. Ähnlich gravierend war das Unternehmen »Kirchenbuchstelle Alt-Berlin«, das ein ehrgeiziger Nazi-Pfarrer in Berlin etablierte, um mit einem eigenen, von der Kirche finanzierten Forschungsteam den »jüdischen Bluteinschlag« in der Reichshauptstadt nachzuweisen. Man wollte Pionier sein auf diesem Feld und die NS-Machthaber beeindrucken. Ähnliche Projekte, wenngleich etwas abgemildert, repräsentieren die Sippenkanzlei Hannover und lokale Kirchenbuchprojekte in Schleswig-Holstein, deren Arbeitsweisen in den Beiträgen dieses Bandes vorgestellt werden. Eine Reihe weiterer Kirchenbuchämter, die womöglich ähnliche Forschungen betrieben, sind namentlich bekannt, bleiben aber in ihrer jeweiligen Praxis noch zu erforschen. Millionen von Karteikarten sind hier von kirchlichen Bediensteten ausgefüllt worden, Hilfsmittel, die der völkischen Selektion der Deutschen dienten.[14]

In kleineren Maßstäben entfaltete sich dieser protestantisch-völkische Sippenforschungseifer auch in den einzelnen Gemeinden. In der Berliner Kirchengemeinde Alt-Schöneberg beispielsweise begann ein ehrenamtlich beschäftigter pensionierter Stadtinspektor, »Kirchmeister« Georg Fischer, seit Dezember 1934 mit eigenen Sippenforschungen. Seither wurden Zehntausende von Karteikarten (30.000–40.000 sind belegt) angeschafft und durch Kaufmannsgehilfen, Vikare und andere Hilfskräfte gegen Stundenlohn mit personengeschichtlichen Daten gefüllt. Man sah in solchen Aktionen immer auch einen gemeinnützigen Zweck nationalsozialistischer Arbeitsbeschaffung. Für sämtliche Angehörige der Gemeinde Schöneberg, die seit Beginn der Überlieferung 1760 in den Kirchenbüchern eingetragen waren, wurden Karteikarten angefertigt. Diese Karteiarbeiten zogen sich bis April 1936 hin. Bis dahin waren weit über 1.000 Reichsmark aus der Gemeindekasse gezahlt worden. Im März 1936 gab »Kirchmeister« Fischer den baldigen Abschluss seiner Forschungsarbeiten bekannt, wofür ihm seitens des Vorsitzenden, Pfarrer Ernst Heift, der Dank des Gemeindekirchenrats ausgesprochen wurde. Mit diesen Forschungen sollte auf einen Blick sichtbar werden, wer in der Schöneberger Gemeinde zu den »Deutschblütigen« zu zählen sei und wer eventuell jüdische (oder andere »fremdblütige«) Vorfahren gehabt haben könnte.[15] Wie viele solche kleinen, selbstermächtigten kirchlichen Sippenforscher in den vielen tausend Kirchengemeinden seit 1933 tätig wurden, lässt sich bis heute kaum verbindlich beantworten.

*

Diese kirchliche Mitarbeit an der rassischen Ausgrenzungsforschung war in deutschchristlich beherrschten Kirchen erwartungsgemäß im Allgemeinen intensiver, radikaler. Sie war hier Bestandteil einer generellen »Entjudungspolitik«, die in diesen Kirchen betrieben wurde mit dem Ziel, jüdische Spuren in Kult, Liturgie und Predigt zu tilgen und nichtarische Christen im Laufe der Jahre vollständig aus dem kirchlichen Leben zu verbannen, bis hin zu förmlichen Verboten für »Sternträger« seit September 1941, den Gottesdienst in ihren angestammten Kirchen besuchen zu dürfen.[16] Die Schweriner Sippenkanzlei, anfangs ein reines Kirchenunternehmen, war spätestens seit 1935 engstens mit der staatlichen Reichsstelle für Sippenforschung (RfS) in Berlin verflochten, so dass man für diese Behörde von einem kirchlich-staatlichen Mischbetrieb sprechen muss. Geführt wurde sie von einem extremen Nazi-Pfarrer, der zeitweilig Führungspositionen in der Leitung der Mecklenburgischen Landeskirche bekleiden konnte. Die Kirchenbuchstelle Alt-Berlin arbeitete teils subversiv, teils offen mit der RfS zusammen. Die Protagonisten beider Einrichtungen waren einerseits Pfarrer mit kirchlichen Verpflichtungen, andererseits geradezu hörige Befehlsempfänger des Leiters der Berliner Amtsstelle im Innenministerium Dr. Kurt Mayer, ein radikaler Partei- und SS-Funktionär und obsessiver Judenforscher. Aber auch die Sippenkanzlei in Hannover, betrieben von der »intakten« Landeskirche Hannover unter Bischof August Marahrens, pflegte enge Kontakte zur RfS, die durch zahlreiche gegenseitige Besuche und Absprachen sowie persönliche Wertschätzungen belegt sind. Im Allgemeinen lieferten die gemäßigten (»intakten«) Kirchen oder jene, wo die Bekennende Kirche starke Positionen innehatte, grundsätzlich ebenso gründlich und bereitwillig die Arierbescheinigungen, ohne freilich in extenso eigene Sippenforschungen zu betreiben und institutionelle Kooperationen oder enge, vertrauliche Austauschbeziehungen mit der RfS und anderen Partei- und Staatsstellen hinsichtlich der »Forschungsergebnisse« einzugehen.

*

Die kirchlichen Mittäterschaften an der Ausgrenzungsforschung hatten ihre Personifikationen in deutschchristlichen, nationalsozialistischen Theologen und anderen gleichgesinnten Kirchenbeamten. Sie verkörperten diese Partei-Staat-Kirche-Kooperation vor allem und man fragt sich angesichts ihres Verhaltens vielfach, wem ihre primäre Loyalität eigentlich galt.

In Mecklenburg war es Pfarrer Edmund Albrecht, der das wohl einmalige Unternehmen der kirchlichen »Mecklenburgischen Sippenkanzlei« in Schwerin erfand und bis zu seiner Absetzung 1938 leitete, begleitet von mancherlei haarsträubenden Skurrilitäten und Skandalen.[17] In Berlin tat sich der Sozialpfarrer Karl Themel besonders hervor. Er hatte sich bis 1933 im antibolschewistischen Kampf der Kirche gegen die diversen Weimarer »Gottlosenbewegungen« (Kommunisten, Sozialdemokraten, Freidenker) engagiert und stieg 1933 als enger Mitstreiter des Hitlervertrauten und zukünftigen Reichsbischofs Ludwig Müller in führende Kirchenleitungspositionen auf. Er betätigte sich als subversiver Zuträger kirchlicher Interna und geradezu hörige Hilfskraft für den jüngeren, dynamischen RfS-Chef Mayer, den er wohl bewunderte und dem zu dienen ihm offenkundig ein Bedürfnis war. Loyalitäten zu ihm und zur NSDAP hatten bei Themel eindeutig Vorrang gegenüber seinen kirchlichen Bindungen und Verpflichtungen.[18] In Schleswig-Holstein war der Historiker und Kirchenarchivrat Wilhelm Hahn die Seele der kirchlichen Sippenforschungen.[19] In Hannover führte der Jurist und Kirchenarchivar Walther Lampe, Parteimitglied seit 1933 und zunächst auch Deutscher Christ, die Geschäfte der Sippenkanzlei, zweifellos mit mehr Loyalität gegenüber seiner Kirche, aber zugleich mit offenkundigen Nahbeziehungen zur Berliner RfS.[20] Schließlich ist für die radikal deutschchristlich beherrschte Landeskirche in Thüringen der Pfarrer und Kirchenrat Paul Lehmann zu nennen, dem aber offenbar Fachkenntnisse und Wirkungsintensität fehlten, um in dieser sehr braun gefärbten Landeskirche Mecklenburger oder Berliner Verhältnisse einzurichten.[21]

Die Biographien dieser Protagonisten liefern Aufschlüsse über die tieferen Antriebe und eigentlichen Motive ihrer kirchlichen Sippenforschungen: Sie geschahen zweifelsfrei aus völkisch-rassischen Beweggründen bei zugleich mehr oder minder ausgeprägten antisemitischen Haltungen und sollten zur Herstellung der homogenen »Volksgemeinschaft« beitragen und zugleich einer sogenannten judenreinen, völkischen Kirche mehr Anerkennung im zukünftigen nationalsozialistischen Staat verschaffen.

*

Der wohl prominenteste, mächtigste und für die Kirchen sicher auch schwierigste direkte Gegenspieler und Verhandlungspartner auf Partei- und Staatsseite war der promovierte Historiker Dr. Kurt Mayer, seit März 1935 durch einen gewaltförmig insze-

nierten SS-Eroberungscoup auf den Chefsessel der Reichsstelle
für Sippenforschung gelangt.[22] Mayer, ein junger, ehrgeiziger,
skrupelloser SS-Machtmensch, war ›gefährlich‹: wenn er irgend-
wo nicht weiter kam, hatte er stets SS-Kumpanen und Gestapo
zur Hand. Diese Instrumente setzte er rücksichtslos ein. Was
bisher zumeist übersehen wurde: Mayer war Pfarrersohn, er entstammte dem pfälzischen Protestantismus, sein Vater gehörte
zu den regionalen Kirchenhonorationen.[23] Der junge Mayer will
– nach eigenen Angaben – seit 1923, kurz nach dem Abitur,
NSDAP-Mitglied gewesen sein. Bereits 1931 schloss er sich der
SS an. Seit 1933 war er hauptamtlicher SS-Mitarbeiter, zunächst
in München und seit November in Berlin. Er war ein fanatischer,
neugläubiger Nazi und Post-Protestant mit obsessiven Antrieben. Auf seine ganz besondere Art war Mayer ein anderer, jedoch
äußerst scharfer *Jäger aus Kurpfalz*, und seine Jagd galt Papieren,
Büchern, Personenregistern, Judenmatrikeln und sonstigem ge-
nealogischem Quellenmaterial, kurz: sämtlichen Unterlagen, die
seiner Obsession dienten: der vollständigen familiengeschichtlichen Erfassung des deutschen »Volkskörpers« seit etwa 1500.
Restlose sippenkundliche Erfassung und Erforschung war seine
Phantasie, um – wie er meinte – den »jüdischen Bluteinschlag«
im deutschen Volk genau dingfest zu machen und damit die
wissensmäßigen Voraussetzungen einer präzisen Rassenschei-
dung zu schaffen. Auf dem Chefposten der RfS sah er sich nach
eigenen Worten als ein »Platzhalter« Heinrich Himmlers und
bereitete eine flächendeckende Sammlung und Auswertung aller Unterlagen in staatlichen Gau- und Kreissippenämtern vor.[24]
Das war ein größenwahnsinniges utopisches Forschungspro-
jekt, für das er unter kirchlichen Sippenforschern enge Mitstreiter, Komplizen, ja sogar Bewunderer fand, während andere
kirchliche Amtsträger, Pfarrer und Archivleiter – wie etwa der
DEK-Beauftragte für Archiv- und Kirchenbuchsachen Johannes
Hosemann – seinen hungrigen Zugriff auf die Bücher eher arg-
wöhnisch beobachteten und nach Möglichkeit auszubremsen
versuchten.

*

Verweigerungen von Auskünften durch Pfarrer oder zumindest
das diskrete Unterschlagen von gefährlichen Informationen auf

den durch Pfarrämter ausgestellten Bescheinigungen kamen zwar vor, blieben aber im Ganzen doch eher selten. Zudem werden sich viele solcher kleinen, unbemerkten Widerstandshandlungen gegen den Rassenwahn heute kaum noch verifizieren lassen. Vorgekommen sind sie zweifellos und verdienten in jedem Einzelfall, besonders hervorgehoben zu werden. Mehrfach zitiert worden ist inzwischen die demonstrative Weigerung des Schweizer Pfarrers Jacobus Wiedemann (St. Gallen) vom April 1938, auf eine diesbezügliche Anfrage eines deutschen Parteigenossen aus Stralsund überhaupt einzugehen. Nicht ohne Sarkasmus und Ironie antwortete er dem Antragsteller: »Hingegen möchte ich Sie darauf aufmerksam machen, daß wir uns teils vor Lachen geschüttelt, teils am gesunden Menschenverstand der nordischen Rasse zu zweifeln angefangen haben, als wir sahen: Die pathologischen Forderungen des Ariernachweises bei der Urgroßmutter (!!!) finden Sie nicht bloß nicht verrückt, sondern auf den Mann, der solchen Generalblödsinn befiehlt, bringen Sie noch ein ›Heil‹! aus. Es scheint doch, daß Deutschland immer mehr zu einem Riesenirrenhaus wird!«[25] Das Berliner Kirchliche Außenamt der DEK (Bischof Theodor Heckel) warnte daraufhin alle evangelischen Landeskirchen vor dem unerhörten Verhalten des Schweizer Pfarrers. Reichskirchenminister Hanns Kerrl untersagte allen Landeskirchen, Wiedemann zukünftig zu Veranstaltungen einzuladen.

Natürlich konnte sich kein Pfarrer auf dem Gebiet des Deutschen Reiches ein solches Schreiben erlauben. Aber die allermeisten dachten ohnehin anders. Auch wenn sie zu gewissen Anteilen die Radikalität der rassenpolitischen Maßnahmen des Staates ablehnen mochten – viele andere jedoch lehnten sie nicht ab –, so fühlten sie sich doch als evangelische Kirchenbeamte zur Amtshilfe für »die Obrigkeit« verpflichtet. Das empfanden sie, in langer protestantischer Tradition, als bestes deutsch-evangelisches Kirchenbeamtenethos, sozusagen als Ehrensache. Dies galt nicht allein für die vielen deutschchristlichen Pfarrer und die neutral-angepassten Mitte-Pfarrer, sondern ebenso für die allermeisten Notbund- bzw. Bekenntnispfarrer, wenngleich letztere die Anwendung des Arierparagraphen im Raum der Kirche ablehnten.[26] Auch Bekenntnispfarrer schrieben und stempelten die kirchlichen Bescheinigungen, und sie zögerten nicht, diese oder jene jüdische Großmutter auf den Papieren sachlich kor-

rekt zu vermerken oder einen jüdisch klingenden Vorfahren-
namen unverändert so zu dokumentieren, wie er um 1850 oder
früher gelautet haben mochte. Pfarrer Gerhard Jacobi, Präses
der Bekennenden Kirche Berlins, verhielt sich beispielsweise in
diesem Sinne strikt beamtenmäßig korrekt bei einigen sichtbar
gefährdeten Antragstellern, die ihn um Weglassung ungünstiger
Informationen aus den Kirchenbüchern dringend baten.[27] Um
nur ein weiteres Beispiel zu nennen: DC-Pfarrer Fritz Radicke
von der Berliner St. Jacobi-Gemeinde betätigte sich 1941 als eif-
riger Helfer im Verein mit der RfS, um die nichtarischen Ver-
wandtschaftsverhältnisse zweier kürzlich in seiner Gemeinde
getaufter Waisenkinder aufzudecken. In einem Schreiben an
Direktor Mayer berichtete er über den vermuteten Täuschungs-
versuch der Pflegeeltern Scholler und schrieb: »Dabei ist darauf
hinzuweisen, dass Frau Scholler geleugnet hat, in einem ver-
wandtschaftlichen Verhältnis zur verstorbenen Mutter der Kinder zu stehen. Sie bezeichnet sich immer nur als Pflegemutter.
[…] U. E. nach wollte Frau Scholler nichts anderes erreichen, als
2 Taufscheine für die beiden Kinder zur Vorlage beim Sippenamt in die Hände zu bekommen. Es wäre ihre Pflicht gewesen,
darauf hinzuweisen, dass die Kinder aus einer Mischehe hervor-
gegangen sind. So aber wirft ihr Gebaren ein wenig erfreuliches
Licht auf diese ganze Angelegenheit und sie erweist den Kindern
wohl kaum einen guten Dienst mit solcher Handlungsweise. Wir
glaubten dem Sippenamt diesen Bericht senden zu sollen.«[28]

Insofern war es schon bemerkenswert, wenn der württembergische Bekenntnispfarrer Paul Schempp in einem Schreiben
vom September 1936 an den Landesbischof Theophil Wurm die
kirchliche Mitarbeit an den Ariernachweisen kritisierte, indem
er ihm vorhielt: »Daß die Pfarrämter zu Sippenforschungsinsti-
tuten geworden sind, dagegen haben Sie noch kein ernstes Wort
gefunden.«[29] In einer maßgeblich von Schempp mitformulierten
Erklärung der »Kirchlich-theologischen Sozietät in Württemberg« vom April 1946 heißt es ausdrücklich: »Wir haben indirekt dem Rassedünkel Vorschub geleistet durch die Ausstellung
zahlreicher Nachweise der arischen Abstammung und taten so
dem Dienst am Worte der frohen Botschaft für alle Welt Ab-
bruch«.[30]

Bruno Violet, ein reformierter Bekenntnispfarrer an der Friedrichwerderschen Kirche in Berlin-Mitte, stand zeitweilig bei der

SS und Gestapo im Verdacht, bei Kirchenbuchauszügen nicht vollständige Angaben zu machen, um nichtarische Antragsteller zu schützen.[31] »Verschleierung der jüdischen Abstammung durch unvollständige Ausstellung von Urkunden« – so bezeichnete RfS-Chef Mayer das Verhalten Violets in einem Schreiben an den Reichsminister für die kirchlichen Angelegenheiten vom Mai 1939 und drang auf disziplinarisches Vorgehen.[32]

Solche und ähnliche Beispiele ließen sich aneinander reihen und belegen immerhin das eine: Es gab wenigstens vereinzelt Pfarrer und andere Kirchenbedienstete, die den Mut aufbrachten, die allgemeine kirchliche Amtshilfe für die nationalsozialistischen Judenverfolger zu kritisieren und in einigen Fällen sogar zu sabotieren.

*

Nach 1945 herrschte hinsichtlich der Frage einer kirchlichen Beteiligung an der rassischen Ausgrenzung eine sehr weitgehende bis totale Wahrnehmungsverweigerung. Man gestand im Allgemeinen kirchlicherseits wohl ein, dass den Verfolgten (Juden, evangelischen Nichtariern und anderen) zu wenig geholfen worden sei und beklagte dies.[33] Gelegentlich wurde aber auch dieses rundheraus geleugnet, man hatte mit »diesen Dingen« angeblich überhaupt nichts zu tun gehabt: Als beispielsweise 1946 das Kirchenbuchamt Altona vom Archivamt der EKD in Hannover eine Anfrage hinsichtlich der bis 1945 geführten »Judenregister« erhielt, lautete die Antwort auf diese Anfrage, wider besseres Wissen: »Fehlanzeige«. »Der Schriftwechsel wiederum wurde« ordentlich in der Akte ›Sippenkanzlei‹ abgeheftet, in der die wiederholte Abgabe der Altonaer ›Sippenkanzlei‹ dokumentiert ist. Eine Angst vor Überprüfung war sichtbar nicht vorhanden.«[34]

Aber fast niemals wurde eingestanden, dass es nicht allein um unterlassene Hilfeleistungen gegenüber den bedrohten »Nächsten« ging, sondern in vielen Fällen um kirchliche Mittäterschaften, um handfeste kirchliche Beteiligungen an der Ausgrenzung und Verfolgung von Juden, Konfessionslosen jüdischer Herkunft und Christen jüdischer Herkunft. Faktisch war dies, im Fall der Letztgenannten, eine Christenverfolgung in der Kirche durch Kirchenmitglieder – durch völkisch-nationalsozialistisch denkende Pfarrer, Konsistorialbeamte, Gemeindekirchen-

räte, Diakone, durch Synoden und Generalsynoden –, denn in
der Regel handelte es sich bei den Ausgegrenzten um Getaufte
und um die Aufdeckung ihrer familienspezifischen (nichtarischen) Vorgeschichten. Insofern, auch wenn dies paradox klin-
gen mag: Was in vielen Kirchen und durch viele Kirchen auf diesem Gebiet geschah, war Christenverfolgung in der Kirche durch
kirchliche Nationalsozialisten und deren Gesinnungsfreunde,
die eine rassisch homogene deutsche Volkskirche anstrebten.
Nicht wenige der Mittäter kamen sogar nach 1945 wieder in
der Kirche unter und gelegentlich sogar zu neuen Ehren. Das
prominenteste Beispiel dürfte der Berliner Pfarrer Karl Themel sein, der zum (ehrenamtlichen) Sachbearbeiter für das Ar-
chiv- und Kirchenbuchwesen der Kirche Berlin-Brandenburgs
berufen wurde und als Mitarbeiter der »Arbeitsgemeinschaft
für Berlin-Brandenburgische Kirchengeschichte« sowie der kirchenhistorischen Regionalzeitschrift bis etwa 1970 mitwirkte.[35]

*

Erst seit ein bis zwei Jahrzehnten lässt sich eine durch die Kirchenleitungen (keineswegs alle der 23 Gliedkirchen der EKD)
deutlich dokumentierte Bereitschaft erkennen, diese wahrlich
schrecklichen Dinge überhaupt erforschen zu wollen, erforschen zu lassen und die Forschungsresultate ungeschönt beim
Namen zu nennen. Beispielhaft hervorgehoben seien hier allein
drei Projekte: das große, seit 1990 betriebene Publikationsvorhaben von Eberhard Röhm und Jörg Thierfelder über Juden und
Christen im »Dritten Reich« und den Umgang der Kirche mit
ihren nichtarischen Mitgliedern[36]; die im kirchlichen Auftrag
erfolgte Untersuchung von Sigrid Lekebusch über Schicksale
nichtarischer Christen in der rheinischen Kirche (1995)[37]; das
methodisch wegweisende und mit vorbildlicher Öffentlichkeits-
arbeit verbundene Ausstellungsprojekt Kirche-Christen-Juden
(Hansjörg Buss, Annette Göhres, Stephan Linck, Joachim Liß-
Walther) der Nordelbischen Kirche[38] seit 2001. Hervorzuheben
ist auch die Bußtagspredigt des EKD-Ratsvorsitzenden und Berlin-Brandenburger Bischofs Wolfgang Huber vom November
2002. Das war ein deutliches Schuldbekenntnis bezüglich kirchlicher Mittäterschaften, verbunden mit der Aufforderung an die
Kirche, eine angemessene Erinnerungs- und Gedenkkultur zu

entwickeln.[39] Fünf Jahre danach vermisst man freilich die öffent-
lichkeitswirksame Umsetzung dieser Ankündigung – an Worten
hat es nicht gefehlt, wohl aber an Taten. Das gilt insbesondere
für die protestantische Hauptstadtkirche. Nirgendwo sonst gab
es 1933–1945 so viele von Verfolgung betroffene Christen jüdischer Herkunft, nirgendwo sonst gibt es eine solche Fülle an
vergessenen und verschwiegenen Schicksalen, nirgendwo sonst
wäre eine flächendeckende, professionelle Aufarbeitung dieses
seit Jahrzehnten liegengebliebenen Themas dringlicher.[40] Wer
als geistig-religiöse Kraft einen neuen Platz in dieser Metropole
des 21. Jahrhunderts gewinnen will, muß sich seiner Vergan-
genheiten einschließlich des eigenen Mitverhaftetseins in die
Katastrophen des 20. Jahrhunderts stellen. Wer mit seiner Vergangenheit nicht im Reinen ist, kann nicht überzeugend kirchliche Zukunftsprojekte verkünden.

*

Dieser Band kann lediglich ein erster Versuch sein, aus protes-
tantismusgeschichtlicher Perspektive eine Schneise in das noch
immer schwer durchschaubare Schlingengewächs zeitgenössi-
scher Rassen- und Sippenforschungen 1933–1945 zu schlagen.
Weitere Untersuchungen über Arierbescheinigungen, Kirchen-
bücherpraxis und kircheneigene »Sippenkanzleien« in anderen
Landeskirchen werden folgen müssen, um den tatsächlichen
Umfang und das qualitative Ausmaß kirchlicher Mittäterschaften
an Juden- und Christenverfolgungen 1933–1945 zu erkennen. In
zahlreichen regionalen Projekten wird derzeit der Umgang der
Kirchen mit ihren nichtarischen Mitgliedern erforscht. In diesen Kontext gehört auch der »Kampf um die Kirchenbücher«
zwischen Partei, Staat und Kirchenstellen sowie die besonderen
Komplizenschaften dieser drei Akteure bei der Bereitstellung
und Auswertung der Bücher zu Zwecken der Diskriminierung,
Verfolgung, in letzter Konsequenz Deportation und Ermor-
dung der ausgesonderten »Fremdblütigen«.[41] Dies schließt die
Erforschung der missbräuchlichen Verwendung durch Kirchen,
Theologen, Pfarrer, Kirchenarchivare, Kirchenjuristen und andere Mitarbeiter ein. Sie wurden in der Regel nicht gezwungen,
sondern gaben aus eigenen Antrieben und Überzeugungen die
nichtarischen Brüder und Schwestern preis.

Anmerkungen

* Für Hinweise und Kritik danke ich Armin Nolzen (Bochum).

1 Archiv der Kirchengemeinde Alt-Schöneberg (Berlin); Betr. Taufen; Schreiben Prof. Dr. Wüllenweber vom 22.5.1933 an das Pfarramt Alt-Schöneberg.

2 Vgl. den Beitrag von Stephan Linck über die Nordelbische Kirche.

3 Diese Angabe nach: Evangelium im Dritten Reich. Sonntagsblatt der Deutschen Christen, Nr. 37, 19.5.1935.

4 Vgl. hierzu den Beitrag von Hannelore Schneider über Thüringen.

5 Zur Genese der NS-Rassengesetzgebung: Peter Longerich, Politik der Vernichtung. Eine Gesamtdarstellung der nationalsozialistischen Judenverfolgung, München/Zürich 1998; Cornelia Essner, Die »Nürnberger Gesetze« oder die Verwaltung des Rassenwahns 1933–1945, Paderborn u. a. 2002; Saul Friedländer, Das Dritte Reich und die Juden. Verfolgung und Vernichtung 1933–1945. Bd. 1: Die Jahre der Verfolgung 1933–1939, München 1998; ders., Bd. 2: Die Jahre der Vernichtung 1939–1945, München 2006.

6 Zu diesem kaum überschaubaren Wildwuchs von Ahnen-, Sippen- und Rassenforschungen vgl.: Essner, »Nürnberger Gesetze«; Diana Schulle, Das Reichssippenamt. Eine Institution nationalsozialistischer Rassenpolitik, Berlin 2001; Isabel Heinemann, Rasse, Siedlung, deutsches Blut. Das Rasse- und Siedlungshauptamt der SS und die rassenpolitische Neuordnung Europas, Göttingen 2003. Zu speziellen Aspekten auch: Wolfgang Ribbe, Genealogie und Zeitgeschichte. Studien zur Institutionalisierung der nationalsozialistischen Arierpolitik, in: Herold-Jahrbuch N.F. 3 (1998), S. 73–108; Volkmar Weiss, Die Auseinandersetzungen zwischen Reichsnährstand und Reichssippenamt um die Kirchenbuchverkartung. Ein Beitrag zur Geschichte der Genealogie in der Zeit des Nationalsozialismus, in: Genealogie 49 (2000), Bd. 25, H. 1–2, S. 1–17; Alexandra Gerstner, Genealogie und völkische Bewegung. Der »Sippenkundler« Bernhard Koerner (1875–1952), in: Herold-Jahrbuch N.F. 10 (2005), S. 85–108.

7 Zu den Deutschen Christen: Doris L. Bergen, Twisted Cross. The German Christian Movement in the Third Reich, Chapel Hill 1996; Manfred Gailus, Protestantismus und Nationalsozialismus. Studien zur nationalsozialistischen Durchdringung des protestantischen Sozialmilieus in Berlin, Köln 2001; Peter von der Osten-Sacken (Hg.), Das mißbrauchte Evangelium. Studien zur Theologie und Praxis der Thüringer Deutschen Christen, Berlin 2002.

8 Diese kirchlichen Partizipationen und kircheneigenen Beiträge zur Ahnen- und Sippenforschung sind nie im Zusammenhang dargestellt worden. Zumeist wurde darauf kritisch Bezug genommen in Studien, die sich mit dem kirchlichen Umgang mit evangelischen Nichtariern befaßten. Vgl. Wolfgang Gerlach, Als die Zeugen schwiegen. Die Bekennende Kirche und die Juden, Berlin 1987; Eberhard Röhm/Jörg Thierfelder, Juden – Christen – Deutsche, 7 Teilbände, Stuttgart 1990–2006; Sigrid Lekebusch,

Not und Verfolgung der Christen jüdischer Herkunft im Rheinland 1933–1945. Darstellung und Dokumentation, Köln 1995; Annette Göhres/Stephan Linck/Joachim Liß-Walther (Hg.), Als Jesus »arisch« wurde. Kirche, Christen, Juden in Nordelbien 1933–1945, Bremen 2003.

9 Auf das kircheneigene Sippenforschungsprojekt des Berliner Pfarrers Karl Themel wies frühzeitig bereits hin: Kurt Nowak, Das Stigma der Rasse. Nationalsozialistische Judenpolitik und die »christlichen Nichtarier«, in: Jochen-Christoph Kaiser/Martin Greschat (Hg.), Der Holocaust und die Protestanten. Analysen einer Verstrickung, Frankfurt 1988, S. 73–99, hier S. 78 f.; Manfred Gailus, Beihilfe zur Ausgrenzung. Die »Kirchenbuchstelle Alt-Berlin« in den Jahren 1936 bis 1945, in: Jahrbuch für Antisemitismusforschung 2 (1993), S. 255–280; ders., Vom evangelischen Sozialpfarrer zum nationalsozialistischen Sippenforscher. Die merkwürdigen Lebensläufe des Berliner Theologen Karl Themel (1890–1973), in: ZfG 49 (2001), S. 796–826; Gerhard Lindemann, Antijudaismus und Antisemitismus in den evangelischen Landeskirchen, in: Geschichte und Gesellschaft 29 (2003), S. 575–607, hier bes. S. 587 ff. über Mecklenburg; Stephan Linck, Die protestantischen Kirchenbücher, die Ahnenforschung und die Kirchenarchive in Nordelbien, in: Kirche, Christen, Juden in Nordelbien 1933–1945. Die Ausstellung im Landtag 2005 (Schriftenreihe des Schleswig-Holsteinischen Landtages 7), Kiel 2006, S. 65–77; Johann Peter Wurm, Kirchenbücher im Dienst der NS-Rassenpolitik. Pastor Edmund Albrecht und die Mecklenburgische Sippenkanzlei, in: Aus evangelischen Archiven 46 (2006), S. 33–60.

10 Vgl. Longerich, Politik der Vernichtung; Friedländer, Das Dritte Reich und die Juden, Bd. 1, S. 27.

11 Vgl. Ursula Büttner, Von der Kirche verlassen: Die deutschen Protestanten und die Verfolgung der Juden und Christen jüdischer Herkunft im »Dritten Reich«, in: dies./Martin Greschat, Die verlassenen Kinder der Kirche. Der Umgang mit Christen jüdischer Herkunft im »Dritten Reich«, Göttingen 1998, S. 15–69, S. 20 f.; eher geringere Zahlen setzt an: Siegfried Hermle, Die Bischöfe und die Schicksale ›nichtarischer‹ Christen, in: Manfred Gailus/Hartmut Lehmann (Hg.), Nationalprotestantische Mentalitäten in Deutschland (1870–1970). Konturen, Entwicklungslinien und Umbrüche eines Weltbildes, Göttingen 2005, S. 263–306, S. 269.

12 Vgl. Manfred Gailus, Die vergessenen Brüder und Schwestern. Zum Umgang mit Christen jüdischer Herkunft im Raum der evangelischen Kirche Berlin-Brandenburg, in: ZfG 51 (2003), H. 11, S. 973–995, S. 976.

13 Schreiben Elisabeth Schmitz vom 22.4.1933 an den Vater und die Schwester in Hanau, zit. n. Dietgard Meyer, Elisabeth Schmitz: Die Denkschrift ›Zur Lage der deutschen Nichtarier‹, in: Hannelore Erhart/Ilse Meseberg-Haubold/Dietgard Meyer, Katharina Staritz 1903–1953. Dokumentation Bd. 1: 1903–1942. Mit einem Exkurs *Elisabeth Schmitz*, Neukirchen-Vluyn 1999, S. 187–269, hier S. 215.

14 Über die in diesem Band untersuchten Fälle hinaus sind Kirchenbuchämter und kirchliche Sippenkanzleien bislang u. a. für folgende Orte ge-

nannt worden: Königsberg, Breslau, Brandenburg, Potsdam, Erfurt, Altona, Göttingen, Lüneburg.

15 Archiv der Kirchengemeinde Alt-Schöneberg; Protokollbuch des Gemeindekirchenrats 1932–1949; ferner Ausgabenbuch der Gemeinde 1930–1938.

16 Zur deutschchristlichen kirchlichen Entjudungspolitik vgl. Röhm/Thierfelder, Christen-Juden-Deutsche; von der Osten-Sacken, Das mißbrauchte Evangelium; Hansjörg Buss, Die nordelbischen Landeskirchen und das »Institut zur Erforschung und Beseitigung des jüdischen Einflusses auf das deutsche kirchliche Leben« (1939–1945), Magisterarbeit, Phil. Fak. Universität Kiel, Kiel 2001; neuerdings auch: Roland Deines/Volker Leppin/Wilhelm Niebuhr (Hg.), Walter Grundmann. Ein Neutestamentler im Dritten Reich, Leipzig 2007.

17 Umfassend zu ihm Hans Peter Wurm in diesem Band.

18 Erstmals ausführlich zu Themels Machenschaften: Gailus, Beihilfe zur Ausgrenzung; und ders., Vom evangelischen Sozialpfarrer zum nationalsozialistischen Sippenforscher.

19 Vgl. Stephan Linck in diesem Band.

20 Vgl. Hans Otte in diesem Band. Oberlandeskirchenrat Lampe pflegte relativ enge, fast vertrauliche Beziehungen zu Gerhard Kayser, dem Sachbearbeiter für das Kirchenbuchwesen in der Reichsstelle. Aber auch zum RfS-Chef Mayer gab es offenbar gute Kontakte. Auf Wunsch Lampes verfaßte Mayer im Dezember 1935 ein Geleitwort für den Lampeschen Familienverband, das an Deutlichkeit nichts zu wünschen übrig läßt. Mayer schrieb dem Lampeschen Familienverband das Folgende gewissermaßen ›in das Stammbuch‹: Der Begriff »Sippenverband« sei heute wieder Gemeingut aller Deutschen geworden. Der »liberalistische Geist« der Vergangenheit habe die »Gesetze des Blutes« verachtet. »Erst der Nationalsozialismus lehrte uns, die natürlichen Bindungen, die den Keim des Göttlichen in sich tragen, wieder zu erkennen. Heute ist der Sippenforscher kein sonderbarer Mensch mehr. Er trägt mit zum Aufbauwerk bei, wenn es ihm gelingt, in seiner Sippe das Gefühl der blutmäßigen Zusammengehörigkeit zu wecken und zu stärken. Die Sippe muß sich ihrer Verantwortung und ihrer Aufgaben gegenüber dem deutschen Volke bewußt sein und bleiben. Nur so hat sie Lebensberechtigung. In diesem Sinne wünsche ich dem ›Verband der Familien Lampe‹ segensreiches Gedeihen. – Der Einzelne ist nichts, das Volk ist alles! Dr. phil. Kurt Mayer.« (in: BArch, R 1509/1034).

21 Vgl. Hannelore Schneider in diesem Band.

22 Eine Biographie fehlt. Einiges Biographisches enthält Schulle, Reichssippenamt; ferner Ribbe, Genealogie und Zeitgeschichte, bes. S. 92, Anm. 39. Eine intensive biographische Untersuchung dieses Mannes, der im Juni 1945 mitsamt seiner Frau und vier Kindern Suizid beging, wäre aufschlußreich für die generelle deutsche Pathologie in der ersten Hälfte des 20. Jahrhunderts.

23 Vgl. hierzu meine biographische Skizze über Mayer in diesem Band; ferner auch: Schulle, Reichssippenamt.

24 Zu Mayers Aktivitäten als Leiter der RfS s. Schulle, Reichssippenamt.

25 Hier zit. n. Röhm/Thierfelder, Juden-Christen-Deutsche, Bd. 2/I, S. 346 f.

26 Nach groben Schätzungen wird man für das Ganze der 28 Landeskirchen sagen können: ca. ein Drittel der Pfarrerschaft war deutschchristlich orientiert, ein Drittel gehörte zur innerkirchlichen Opposition der BK, ein Drittel bewegte sich im kirchenpolitisch neutralen Mittelfeld (zeitgenössisch inoffiziell auch: BdM = »Bund der Mitte« genannt). Jüngste Gesamtübersicht zu diesen Konstellationen: Manfred Gailus/Wolfgang Krogel (Hg.), Von der babylonischen Gefangenschaft der Kirche im Nationalen. Regionalstudien zu Protestantismus, Nationalsozialismus und Nachkriegsgeschichte 1930 bis 2000, Berlin 2006; jüngste Regionalstudien: Wolfhart Beck, Westfälische Protestanten auf dem Weg in die Moderne. Die evangelischen Gemeinden des Kirchenkreises Lübbecke zwischen Kaiserreich und Bundesrepublik, Paderborn usw. 2002; Georg Wilhelm, Die Diktaturen und die evangelische Kirche. Totaler Machtanspruch und kirchliche Antwort am Beispiel Leipzigs 1933–1958, Göttingen 2004; Victoria Overlack, Zwischen nationalem Aufbruch und Nischenexistenz. Evangelisches Leben in Hamburg 1933–1945, Hamburg 2007.

27 Archiv der Kaiser-Wilhelm-Gedächtnisgemeinde Berlin, Akte »Namensänderungen und andere Nachträge in den Registern 1937–1947«.

28 Schreiben Pfarrer Radicke vom 20.11.1941 an den Direktor des Reichssippenamtes, zit. n. Marlis Kaltenbacher, Ein Rädchen im Getriebe. Fragmente zur Geschichte der St. Jacobi-Gemeinde in der nationalsozialistischen Epoche 1933–1945 (Beitrag zum 150. Jubiläum der St. Jacobi-Gemeinde), Berlin 1995, S. 36. Pfarrer Radicke (1896–1977) amtierte in der Gemeinde von 1934 bis 1970.

29 Paul Schempp 8.9.1936 an Landesbischof Wurm, in: Gerhard Schäfer, Dokumentation zum Kirchenkampf. Die Evangelische Landeskirche in Württemberg und der Nationalsozialismus, Bd. 4, Stuttgart 1977, S. 827.

30 Zit. n. Röhm/Thierfelder, Juden – Christen – Deutsche 4/II, S. 574.

31 Bruno Violet: geb. 1871 in Berlin, seit 1917 Pfarrer an der Friedrichwerderschen Gemeinde, Pfarrernotbund seit September 1933 und BK, Mitarbeit an der Berliner Kirchlichen Hochschule der BK, im »Prüfungsprozeß« gegen die Berlin-Brandenburgische BK-Führung 1941 zu einer hohen Geldstrafe verurteilt, 1943 in Ruhestand versetzt, verarmt verstorben 1945.

32 BArch, R 39, Nr. 39; Schreiben Dr. Kurt Mayer 15.5.1939 an Reichskirchenminister; Mayer hielt, so zeigt das Schreiben, allerhand Beweise gegen Violets Verfahrensweise in der Hand. Ob dieses offenkundige »Vergehen« unmittelbare Konsequenzen für Violet hatte, ist nicht ersichtlich.

33 Dieser Tenor findet sich bereits in der Stuttgarter Schulderklärung vom Oktober 1945; die Judenverfolgung mit ihrer letzten Konsequenz, dem Massenmord, wurde in ihr jedoch nicht erwähnt. Vgl. zum Ganzen Siegfried Hermle, Evangelische Kirche und Judentum. Stationen nach 1945, Göttingen 1990; Röhm/Thierfelder, Juden – Christen – Deutsche 4/II, S. 509–582; Harry Oelke, Zwischen Schuld und Sühne. Evangelische Kirche und Judentum nach 1945, in: Pastoraltheologie 95 (2006), S. 2–23.

34 Vgl. Stephan Linck, »Fehlanzeige«. Wie die Kirche in Altona nach 1945 die
    NS-Vergangenheit und ihr Verhältnis zum Judentum aufarbeitete, Ham-
    burg 2006, S. 42.
35 Vgl. dazu meinen Beitrag über Themel in diesem Band.
36 Vgl. die von 1990 bis 2006 erschienenen sieben Teilbände von Röhm/
    Thierfelder.
37 Vgl. Lekebusch, Not und Verfolgung der Christen jüdischer Herkunft im
    Rheinland 1933–1945.
38 Göhres/Linck/Liß-Walther (Hg.), Als Jesus »arisch« wurde; Hansjörg
    Buss/Annette Göhres/Stephan Linck/Joachim Liß-Walther (Hg.), »Eine
    Chronik gemischter Gefühle«. Bilanz der Wanderausstellung ›Kirche, Chris-
    ten, Juden in Nordelbien 1933–1945‹, Bremen 2005.
39 Wolfgang Huber, Unsere Kirche und ihre jüdischen Glieder in der Zeit des
    Nationalsozialismus, Predigt am 20. November 2002 in der Paulus-Kirche
    in Berlin-Zehlendorf.
40 Vgl. Manfred Gailus, Die vergessenen Brüder und Schwestern. Zum Um-
    gang mit Christen jüdischer Herkunft im Raum der evangelischen Kirche
    Berlin-Brandenburgs, in: ZfG 51 (2003), S. 973–995; ders., Wie braun war
    die Berliner Kirche im Dritten Reich? Und was tut sie heute für eine an-
    gemessene Erinnerungskultur? (Vortrag am 17.11.2007 anläßlich der vom
    Berliner Forum für Geschichte und Gegenwart e.V. organisierten Fach-
    tagung »Was wird aus der Martin-Luther-Gedächtniskirche« in Berlin-
    Mariendorf).
41 Aktuelle Projekte zur Erforschung des kirchlichen Umgangs mit Chris-
    ten jüdischer Herkunft laufen derzeit u. a. in der Evangelisch-lutherischen
    Landeskirche Hannovers, der Evangelischen Kirche von Westfalen, der
    Evangelischen Kirche Berlin-Brandenburg-schlesische Oberlausitz, der
    Bremischen Kirche, der Evangelisch-Lutherischen Landeskirche Meck-
    lenburgs. Geplant ist ein entsprechendes gemeinsames Vorhaben in den
    evangelischen Kirchen in Hessen und Nassau und von Kurhessen-Wal-
    deck. Das Forschungsnetzwerk »Christen jüdischer Herkunft in Westfalen
    unter nationalsozialistischer Herrschaft« veranstaltete am 19./20.10.2007
    eine Tagung zu diesem Thema in Bielefeld.

Stephan Linck

»…restlose Ausscheidung dieses Fremdkörpers«

Das schleswig-holsteinische Kirchenbuchwesen
und die »Judenfrage«[1]

Als der nationalsozialistische Staat 1933 eine Volkszählung durch-
führte, ergab die Zählung, dass in Deutschland etwa 500.000
Juden lebten. Dieser Befund resultierte aus der Frage nach der
Religionszugehörigkeit. Im Jahr 1939 wurde wieder eine Volkszählung durchgeführt. Bei dieser wurde allerdings nicht nur die
Religionszugehörigkeit registriert, sondern auch nach rassischen
Kriterien gemäß der NS-Ideologie unterschieden. Für das Gebiet
der heutigen Nordelbischen Kirche waren zu den 1933 gezählten
20.480 Juden[2] noch – nach Definition und Begrifflichkeit der
Nürnberger Gesetze – 1.948 Juden, 4.484 Mischlinge 1. Grades
und 3.636 Mischlinge 2. Grades, zusammen 10.070 Personen hin-
zugekommen.[3] Der größte Teil von ihnen, genau 7.731 Menschen
– also 76.7 % –, waren evangelische Christinnen und Christen.
Diese alle waren zusammen mit ihren Ehepartnern und Angehörigen von der Ausgrenzung, Diskriminierung und Verfolgung
des NS-Staates betroffen. Etliche fielen dem Völkermord zum
Opfer.[4]

Hier stellt sich die Frage, wie es den Nationalsozialisten möglich war, diese ›Rassezugehörigkeit‹ zu ermitteln. Immerhin hatten sich diese Menschen doch vom Judentum abgewendet oder
waren nur Nachkommen von konvertierten Juden. Sie verstanden sich meist seit Generationen als Christen. Ihre Identität war
meist vorrangig von ihrer deutschen Staatsbürgerschaft, ihrem
›Deutschsein‹ bestimmt und nicht von der Religionszugehörigkeit. In der Tat war es für die Nationalsozialisten nicht leicht
gewesen, diese Menschen als ›Juden‹ bzw. sogenannte ›Mischlinge‹ oder ›Judenstämmlinge‹ zu ermitteln. In den ersten Jahren
der NS-Herrschaft gab es beispielsweise Versuche, durch Schä-
delvermessungen die jüdische Volkszugehörigkeit festzustellen.
Die Ergebnisse waren aber verheerend. So sind verschiedene

Anekdoten überliefert, denen zufolge die Vermessungen bekennende Juden zu ›Ariern‹ machten.[5]

So hatten sich die Nationalsozialisten schon frühzeitig darauf festgelegt, die ›Rassezugehörigkeit‹ über Abstammungsnachweise festzustellen. Als im April 1933 das sogenannte Berufsbeamtengesetz von der Beamtenschaft den Nachweis der ›arischen‹ Herkunft verlangte, wurde dieser erbracht, indem die christliche Taufe von Eltern und Großeltern belegt wurde. Fehlte der Nachweis der christlichen Taufe oder ergab der Kirchenbuchauszug Informationen über die Taufe eines Juden, so war dadurch die ›Nichtdeutschblütigkeit‹ nachgewiesen. Die ›Rassezugehörigkeit‹ wurde also durch das religiöse Bekenntnis der Vorfahren ermittelt. Dieses Verfahren war anfangs Teilen der Bevölkerung schwer vermittelbar, wie ein Schreiben an die Propstei Flensburg zeigt: »Helfen Sie mir bitte zu meiner arischen Großmutter, sie muß sich dort im Kirchenbuch befinden.«[6] Diesem Antragsteller war offenbar nur klar, dass den Kirchenbüchern zu entnehmen sei, dass seine Großmutter ›Arierin‹ gewesen sei. Andere baten, ihre »agrarische Herkunft« oder gar die »arabische Großmutter« zu bestätigen. Ein Antragsteller schrieb nicht frei von Spott: »Ich habe die Arier im Konversationslexikon gesucht. Die wohnen in Asien. Da haben wir keine Verwandtschaft, wir stammen aus Prenzlau.«[7]

Im Folgenden will ich diesen kaum erforschten Aspekt der Geschichte der nationalsozialistischen Verfolgung am Beispiel der schleswig-holsteinischen evangelisch-lutherischen Landeskirche darstellen.[8] Wie bereits erwähnt brachte der Arierparagraph im Berufsbeamtengesetz bereits seit Frühjahr 1933 einen dringenden Bedarf an Abstammungsnachweisen aus Kirchenbüchern. Doch dies war nur der Anfang: Eine zunehmende Zahl von nationalsozialistischen Funktionären und Angehörigen verschiedenster Berufsgruppen benötigte für Beförderungen bzw. Weiterbeschäftigung Ariernachweise. Damit hier kein Sand in das entstehende NS-Getriebe kam, war eine schnelle Erledigung der Anfragen nötig. Die Kirchengemeinden bzw. Pfarrhäuser, wo die Kirchenbücher meist lagerten, mussten eine erhebliche Mehrarbeit leisten, um Anfragen zumindest einigermaßen zügig beantworten zu können. Nächtelang – so die Darstellung vieler Berichte – saßen die Pastoren über den Kirchenbüchern, um die christliche Taufe und damit die ›arische‹ Abstammung der Vorfahren der Anfragenden zu bestätigen.[9] Um die ›Arier‹-Regelungen, die immer mehr Berufsgruppen, Ehrenämter und Vereine erfassten, umsetzbar zu machen, mussten effizientere Verfahren entwickelt werden, damit die Antragsteller schneller an ihre Abstammungsnachweise kamen.

Da noch kein Land der Erde eine erfolgreiche Ahnenforschung zur Bedingung der Teilnahme am beruflichen und gesellschaftlichen Leben gemacht hatte, betrat man hier vollständiges Neuland. Den ersten Versuch der Effektivierung der Ahnenforschung startete man mit einem reichsweiten Pilotprojekt an der schleswig-holsteinischen Westküste, deren Bewohner als ›rassisch besonders wertvoll‹ galten. 1934 wurden in Absprache mit den Propsteien Norder- und Süderdithmarschen, Eiderstedt, Husum-Bredstedt und Südtondern zwei Sippenkanzleien in Heide und Bredstedt eingerichtet. Die Gemeinden der genannten Propsteien sollten alle Zweitschriften der Kirchenbücher diesen Sippenkanzleien überlassen, damit diese die Abstammungsnachweise ausstellten. Es kam aber schon bald zu Streitigkeiten, die sichtbar durch unprofessionelles und provokantes Arbeiten der Sippenkanzleien hervorgerufen wurden. Da es sich hier um reichsweite Pilotprojekte handelte, wurden die entstehenden Auseinandersetzungen auf Reichsebene von der Reichsstelle für Sippenforschung, verschiedenen Ministerien und dem Beauftragten für Kirchenbuchwesen der DEK in Berlin, Oberkonsistorialrat Johannes Hosemann, intensiv begleitet.[10]

Erstaunlicherweise war man vonseiten der NSDAP bzw. der Reichsstelle für Sippenforschung ausgesprochen undiplomatisch und ungeschickt in der Besetzung der Sippenkanzleileiter: »Harald Thomsen ist von Beruf Bananenhändler, Dr. Röhe-Hansen ist aus seinem Beruf als Fachlehrer unter Umständen ausgeschieden, die er uns nie offen geklärt hat. Beiden fehlt die geringste Vorbildung. […] Daß Harald Thomsen aus der Kirche ausgetreten ist, mag eine Frage für sich sein. Daß er ein ausgesprochener Kirchenfeind ist, und diese Feindschaft auch unverhüllt zur Schau trägt, läßt es einfach als unmöglich erscheinen, daß er mit Kirchenbüchern arbeitet.«[11] So lautete eine interne Bilanz des Beauftragten für das Kirchenbuchwesen der Landeskirche Schleswig-Holsteins, Pastor Wilhelm Jensen, von 1936. Die Auseinandersetzungen zwischen den Propsteien und Kirchengemeinden der Westküste mit den Sippenkanzleien gerieten schnell zu einem beständigen Kleinkrieg, der es Anfragenden nicht immer leicht machte, ihr arische Abstammung bestätigt zu bekommen.[12] Neben der Kirchenfeindlichkeit warf man den Sippenkanzleien von kirchlicher Seite vor, sie würden die Arbeit für die Volksgemeinschaft zum Gelderwerb nutzen. Ein Pastor der Bekennenden Kirche in einem Protestschreiben an seinen Propst:

»Sie werden wissen, daß ich seit vielen Jahren Sippenforschung betrieben habe [...]. Die Bredstedter Sache will aber mit den Kirchenbüchern nicht unwesentliche Geschäfte machen; wenn wir entspr. den gesetzlichen Vorschriften nun anderthalb Jahre lang im wesentlichen umsonst die Arier-Arbeit besorgt haben (geringfügige Einnahmen für die Pfarrkasse stehen in gar keinem Verhältnis zu der Arbeit! wobei ich betone, daß ich dergl. Arbeit gern umsonst gemacht habe!) so ist es etwas reichlich, wenn man dort jetzt eine Mark pro Auszug und evtl. dazu noch Suchgebühr erheben will. [...]«[13]

Die Kirchenbuchämter

In der Folge wurden in der schleswig-holsteinischen Landeskirche – gegen die Proteste der Reichsstelle für Sippenforschung – in den meisten Propsteien zügig eigene Kirchenbuchämter eingerichtet. Widerstände aus den Gemeinden gegen die ›Zentralisierung‹ durch Kirchenbuchämter waren gering. Belegt ist lediglich ein Fall aus Angeln, wo der Pastor der Kirchengemeinde Boren die Abgabe der Kirchenbücher an das Propsteikirchenbuchamt behinderte und auch die Anfertigung von Abschriften systematisch verzögerte.[14] Diese Tätigkeit richtete sich aber mitnichten gegen die völkisch-rassistischen Ziele des NS-Staates: »Um die unerläßliche Verbindung zwischen der Sippenforschung und Blut und Boden zu erhalten,« so der Pastor, »sei es nötig, daß der Sippenforscher immer an die Stätten gehen müsse, wo seine Vorfahren lebten.«[15]

Weitergehende Auseinandersetzungen gab es nicht um die entstandenen Kirchenbuchämter. Sie arbeiteten schnell, effizient und mit erheblichem Personalaufwand. So hieß es in einem Bericht über die Arbeit des Kirchenbuchamtes der Propstei Münsterdorf vom Dezember 1936:

»Die Bearbeitung der Kirchenbuchsachen geschieht unter Leitung des Rentmeisters Schlüter und vollzieht sich reibungslos. Die einlaufenden Anträge werden in kürzester Zeit erledigt. Zur Bearbeitung sind augenblicklich 3 Angestellte erforderlich. Weitere 3 Personen sind mit dem Verzetteln und Aufstellen von Registranten für die Kirchenbücher beschäftigt. […]«[16]

Um die Größenordnung deutlich zu machen: Der Leiter dieses Propsteikirchenbuchamtes hatte sechs Angestellte unter sich. Die Propstei Münsterdorf entsprach der Durchschnittsgröße der 22 Propsteien der schleswig-holsteinischen Landeskirche.

Der Zweck dieses Aufwandes war klar: »Die Einrichtung der Propsteikirchenbuchämter ist erfolgt, um dem berechtigten Interesse des Staates und Volkes an dem Nachweis der Deutschblütigkeit […] eine wesentliche Förderung zuteil werden zu lassen« – so das Landeskirchenamt in einem internen Schreiben von 1937.[17] Diese Lesart ist bis zu diesem Jahr typisch. Hinsichtlich der kirchlichen Motivation ging es darum, den Antragstellern Hilfestellung zu geben, um den Nachweis der ›arischen‹ Herkunft, ihre Zugehörigkeit zur ›Volksgemeinschaft‹ belegen zu können. Eine weitergehende Reflexion lässt sich nicht belegen. Dass es bei den Abstammungsnachweisen letztlich darum ging, Menschen aufgrund ihrer jüdischen Herkunft auszugrenzen, war zwar implizit klar, wurde aber nicht ausdrücklich benannt.

Eine entsprechende Haltung der Landeskirche lässt sich bereits im September 1933 vermuten, als der Arierparagraph von der Landessynode beschlossen worden war. Die beiden Pastoren, die hiervon betroffen waren, wurden durch die Ausnahmebestimmungen der Regelung geschützt, so dass hier keine Entlassungen folgten.[18] Als der einzige Pastor, der nach den Nürnberger Gesetzen als »Volljude« galt, im Herbst 1935 in den Ruhestand versetzt wurde, geschah dies nicht aus Eigeninitiative, sondern auf Druck der örtlichen Nationalsozialisten.[19] 1936 wurden schließlich unter Bezug auf die Verordnung des Reichskirchenausschusses über die Rechtsverhältnisse der Geistlichen vom 20. März 1936 die Bestimmungen des 1933 erlassenen Arierparagraphen außer Kraft gesetzt und keine Ariernachweise mehr verlangt.[20] Dem einzigen Pastor, der von einem Elternteil her jüdischer Herkunft war, wurde diese Neuerung umgehend mitgeteilt.[21] Innerkirchlich war das Bewusstsein, dass die Erstellung der Ariernachweise

konkret der Identifizierung und Ausgrenzung von Juden und
Christen jüdischer Herkunft diente, nicht scharf ausgeprägt.

Dies hatte sich im Jahr 1938 sehr weitgehend geändert. Für
dieses Jahr lässt sich belegen, dass die Kirchenbuchämter offensiv bereit waren, ihre Arbeitszeit der Suche nach ›Juden‹ bzw.
›Judenstämmlingen‹ zu widmen. Anlass war ein Rundschreiben
des schleswig-holsteinischen Landeskirchenamtes vom 2. April:

»Das Reichsinstitut für Geschichte des neuen Deutschlands, Forschungs-
abteilung Judenfrage, hat uns gebeten, Ermittlungen darüber anzustellen, inwieweit sich in Archiven unserer Landeskirche Akten befinden,
die Judentaufen und Mischehen zum Gegenstand haben. Das Ziel ist
eine Darstellung des historischen Versuchs der rassischen Assimilation
des Judentums und des Gesamtfragenbereichs der Judentaufe.«[22]

Soweit sich überblicken lässt, ging dieses Rundschreiben an alle
Kirchenbuchämter und Kirchengemeinden.[23] Ersteren war die
Bearbeitung der Anfrage übertragen. Die Reaktionen hierauf
waren unterschiedlich: In Kiel fiel die Anfrage auf unfruchtbaren
Boden. Der bearbeitende Kirchenbeamte meldete am 27. April,
dass keine Unterlagen über Judentaufen gefunden wurden. Dies
ist insofern bemerkenswert, als der Aktenplan belegt, dass die
Akten betreff Judentaufen direkt neben der Akte geführt wurden,
in der die ›Fehlanzeige‹ weggeheftet wurde. Eine kurze Suche im
Aktenschrank oder ein Nachschlagen im Aktenplan hätte also genügt, um fündig zu werden.[24] Der bearbeitende Kirchenbeamte
war demnach entweder zu faul zum Suchen, oder er war aus anderen Gründen nicht bereit, die Anfrage korrekt zu bearbeiten.
    Diese Reaktion ist allerdings untypisch. So recherchierte das
Kirchenbuchamt Flensburg alle sieben vor 1872 vorgenom-
menen Judentaufen[25] – danach war in der Fördestadt keine Judentaufe mehr vorgenommen worden.[26] Das Kirchenbuchamt
Altona meldete im Dezember 1938 nach umfangreicher Recher-
che eine vollständige Liste aller Getauften jüdischer Herkunft
des Kirchengemeindeverbandes Ottensen seit 1891.[27] Die Mitteilung aus Altona erfolgte durch den Vorsitzenden des dortigen
Synodalausschusses, Pastor Johannes Tonnesen, einem führenden Vertreter der Bekennenden Kirche Schleswig-Holsteins.[28]
    Die kirchliche Denunziation von Christen jüdischer Herkunft
wurde inzwischen offensiv betrieben. Die Gründlichkeit, mit der

hier vorgegangen wurde, veranschaulicht ein Schreiben aus der Hamburgischen Landeskirche. Darin wies der Bürodirektor des Landeskirchenamtes das Standesamt nicht nur auf einen Nachkommen eines getauften Juden hin, sondern gleichzeitig auch auf dortige Erfassungslücken:

»In der Kirchengemeinde Harvestehude ist vor Jahren ein 35jähriger Jude namens Levy getauft worden. Später hat er mit Genehmigung des Senats den Namen Lerdau erhalten. Das ist im Taufregister am Rande vermerkt worden. Nun hat ein Nachkomme dieses Mannes (wahrscheinlich der Sohn) den Antrag auf einen Kirchenbuchauszug gestellt und dabei gebeten, nur den Namen Lerdau einzufügen, da das ja die letzte Namensbezeichnung sei. Vom Kirchenbüro Harvestehude befragt, habe ich das abgelehnt und eine vollkommene Abschrift der Kirchenbucheintragung mit Randvermerk geben lassen. Der Antragsteller hat dem Kirchenbüro vertraulich davon Mitteilung gemacht, dass er beim Standesamt einen einfachen Auszug aus dem Geburtsregister nur auf den Namen Lerdau erhalten habe. Wenn das richtig ist, scheint mir darin eine grosse Gefahr zu bestehen, da man unter dem Namen Lerdau nicht so ohne weiteres eine jüdische Abstammung vermuten kann.«[29]

Wie weit die kirchliche Eigeninitiative bei der Denunziation von Deutschen mit jüdischer Herkunft ging, zeigte sich im Oktober 1938, als ein Erlass des Reichskirchenministers »zur Kenntnis und Nachachtung« durch das Landeskirchenamt verschickt wurde.[30] Darin wurde zur generellen Bekanntmachung von jüdischer Herkunft aufgefordert:

»Enthält die Eintragung eines Personenstandsfalles in dem Kirchenbuch (Tauf-, Trau-, Sterbeeintragung) einen Hinweis auf jüdische Abstammung, sei es durch Angabe der jüdischen Religionszugehörigkeit eines oder beider Elternteile, durch jüdische Vornamen der Eltern oder auf andere Weise, so dürfen keine verkürzten Urkunden oder Scheine ausgestellt werden. Enthält zwar die betreffende Eintragung selbst keinen solchen Hinweis, ist aber dem Kirchenbuchführer die jüdische Abstammung der in der angeforderten Urkunde genannten Person bekannt, weil sich z. B. früher die Eltern in der gleichen Kirche taufen liessen, so ist auf der Rückseite der auszustellenden Urkunde ein entsprechender beglaubigter Vermerk anzubringen. Auf der Vorderseite ist auf den rückseitigen Vermerk deutlich hinzuweisen.«[31]

Der Altonaer Synodalausschussvorsitzende und designierte Oberkonsistorialrat Pastor Anton Christian Andersen[32] ergänzte den Erlass. Ihm war ein Denkfehler aufgefallen: die geforderte Denunziationspraxis war abhängig von der Kenntnis der Sachbearbeiter und diese konnten schließlich krank werden oder in Urlaub sein. Entsprechend beauftragte er das Kirchenbuchamt, ein Verzeichnis aller Familien herzustellen, »von welchen [...] amtliche Kenntnis über die jüdische Abstammung der Vorfahren bestehen. Dieses Verzeichnis soll insbesondere für die Fälle gelten, wenn der Stellenleiter oder die Hilfskräfte beurlaubt oder erkrankt sind.«[33] Hierauf antwortete der Leiter des Kirchenbuchamtes am 26. Oktober: »Im Laufe dieses Jahres ist von mir eine Kartei über getaufte Juden angelegt worden. Bis heute sind sämtliche Taufregister bis zum 1. Oktober 1874 durchgearbeitet worden. Die vor diesem Zeitpunkt liegenden Taufregister werden ebenfalls durchgearbeitet.«[34]

Diese Altonaer »Judenkartei« wurde kontinuierlich durch Recherchen in älteren Kirchenbüchern erweitert, bis schließlich 1940 für den Kirchengemeindeverband Altona eine »Judenliste« mit 474 Namen vorgelegt wurde.[35] Zusammen mit den 44 Personen, die für den jüngeren Kirchengemeindeverband Ottensen 1938 erfasst worden waren, umfasste die »Judenkartei« des Kirchenbuchamtes Altona also mindestens 518 Personen.[36]

Parallel zur Erfassung der festgestellten Judentaufen wurden die Rechercheergebnisse jeweils den Stellen der NSDAP zur Kenntnis gegeben. So wurde beispielsweise der Hauptstelle für Sippenforschung bei der Gauleitung der NSDAP Hamburg am 28. Juli 1938 mitgeteilt, dass ein niedergelassener Reinbeker Arzt einen Großvater hatte, dessen Eltern beide getaufte Juden waren.[37] In einem anderen Schreiben wurde dem Reichsführer SS, Heinrich Himmler, vertraulich mitgeteilt, dass ein SS-Untersturmführer einen Urgroßvater hatte, der getaufter Jude war. Das Schreiben erläuterte detailliert den Rechercheaufwand und belegte, dass dem besagten Untersturmführer während seiner Ahnenforschungen dieser Umstand bekannt geworden sei und er versucht habe, diese Tatsache zu verschleiern.[38]

Vorauseilender Gehorsam dieser Art ermöglichte dem NS-Staat die zügige Erfassung auch der von den Nürnberger Gesetzen als sogenannte Mischlinge Betroffenen. Diese Tätigkeiten wurden im vollen Bewusstsein um die Konsequenzen durchgeführt, wie die Unterlagen der regelmäßigen Tagungen und Freizeiten der Kirchenbuchführer zeigen. So empfahl der Angelner Propst Petersen auf einer Tagung im März 1938 für die kom-

Die Kirche dient der Sippe

Auf der Reinheit des Blutes beruht die Kraft der Nation. Das ist in unserem Reiche Allgemeingut der Erkenntnis. Der Erforschung von Familie und Sippe in ihren blutmäßigen Zusammenhängen dienen mannigfache Bestrebungen unseres öffentlichen Lebens. Millionen von Ahnscheinen, die aus den alten Kirchenbüchern herausgezogen wurden, verbürgen die Reinheit der Abstammung und bieten die Gewähr für die Durchsetzung der notwendigen bevölkerungspolitischen Aufgaben. Die Kirche hat in der Erkenntnis der großen Bedeutung dieser Dinge für das Volk und seine Zukunft sich freudig in den Dienst der Sache gestellt und durch die Einrichtung von Propsteikirchenbuchämtern in fast allen Propsteien des Landes eine landschaftliche Zentralisierung der Kirchenbücher durchgeführt, wodurch allen Volks-

genossen die Erforschung ihrer eigenen Familienzusammenhänge ungeheuer erleichtert wird. Wertvolle, oft mehrere Jahrhunderte alte Kirchenbücher werden durch eine eigens geschaffene Bildstelle beim Landeskirchenamt photokopiert und so in ihrem Bestande der Nachwelt erhalten. Propsteikirchenbuchämter sind in Eiderstedt, Flensburg, Eckernförde, Schleswig, Kappeln, Sörup, Rendsburg, Kiel, Neumünster, Oldesloe, Plön, Schönwalde, Altona, Wandsbek, Blankenese, Glückstadt und Itzehoe, während in den vier Propsteien Südtondern, Husum, Norder- und Süderdithmarschen die Arbeit durch die dortigen Sippenkanzleien ausgeführt wird.

Oben rechts: Das Geburtshaus Theodor Mommsens in Garding, in dem sich das Propsteikirchenbuchamt Eiderstedt befindet. – Mitte: Alte Kirchenbücher (Plön). – Unten links: Ein altes Kirchenbuch wird photokopiert. – Unten rechts: Die Eintragung von Mommsens Geburt aus dem Jahre 1818 Knittel (4), Lankaut (1), Henning (1)

Abb. 1: Unsere Heimatkirche. Werbeschrift
der Schleswig-Holsteinischen Landeskirche, o. J. [1939].

mende Freizeit »bevölkerungspolitische Themen oder Erbbiologie und Rassssenfragen«.[39]

Die zentrale Bedeutung der Sippenforschung für die rassistische Politik des NS-Staates wurde den Kirchenbuchführern immer wieder verdeutlicht. So führte der Referent Dr. Meier vom Reichsnährstand auf einer Kirchenbuchführertagung aus[40]:

»[…] Im Hintergrunde lauert der zweite Volksfeind, die Verschlech-
terung der Erbmasse. Dabei kann es nur heißen, die erbgesunden Sippen zu fördern, die erbkranken aber auszumerzen. Denn es besteht die
Tatsache, daß die Erbgesunden sich langsamer vermehren als die Erb-
untüchtigen. […] Hier einzugreifen, die Erbtüchtigen von den Erbun-
tüchtigen zu sondern und zu unterscheiden, ist die Sippenforschung
berufen […].«[41]

Und die Eigenwerbung der Landeskirche setzte genau bei dem
Zusammenhang von Kirchenbüchern und Bevölkerungspolitik
selbstbewusste Schwerpunkte. In einer als Massenzeitung ver-
teilten Werbeschrift von 1939 wurde die Tätigkeit der Kirchenbuchämter auf einer eigenen Bildseite dargestellt. Im begleiten-
den Text hieß es dazu:

»Auf der Reinheit des Blutes beruht die Kraft der Nation. Das ist in
unserem Reiche Allgemeingut der Erkenntnis. Der Erforschung von
Familie und Sippe in ihren blutmäßigen Zusammenhängen dienen
mannigfache Bestrebungen unseres öffentlichen Lebens. Millionen von
Arierscheinen, die aus den alten Kirchenbüchern herausgezogen wurden, verbürgen die Reinheit der Abstammung und bieten die Gewähr
für die Durchsetzung der notwendigen bevölkerungspolitischen Aufgaben. Die Kirche hat in der Erkenntnis der großen Bedeutung dieser
Dinge für das Volk und seine Zukunft sich freudig in den Dienst der
Sache gestellt […]«[42]

Kirchenarchivrat Wilhelm Hahn

Verfasser dieser Werbeschrift war der Leiter der landeskirchlichen Pressestelle Wilhelm Hahn. Seit 1937 war der bis dahin
nur für die landeskirchliche Pressearbeit zuständige Hahn im
schleswig-holsteinischen Landeskirchenamt fest angestellt und
in einer ungewöhnlichen Doppelfunktion Leiter der landeskirchlichen Pressestelle und Kirchenarchivrat bzw. Dezernent
für Archiv- und Kirchenbuchangelegenheiten.[43] Hahn war bereits vor 1933 zur NSDAP gestoßen und hatte die Deutschen
Christen (DC) publizistisch begleitet.[44] Diese Unterstützung
war nicht unbedeutend, immerhin war er bereits 1930 von der
Redaktion des *Holsteinischen Courier* zum Evangelischen Press-
verband gewechselt. Seither waren weite Teile der Mantelaus-
gaben der evangelischen Gemeindeblätter von ihm redigiert
bzw. verfasst worden. Hahn war promovierter Historiker, viel-

leicht war dies ein Grund dafür, dass er in diese Doppelfunktion gelangte. Die Quellenlage ist hier schwierig. Fakt ist, dass Hahn oft zu historischen Themen publizierte und sich hierbei durch einen radikalen Antisemitismus auszeichnete.

Als Beispiel sei seine Tätigkeit für die *Zeitschrift für schleswig-holsteinische Geschichte* (ZSHG) benannt. Diese brachte beginnend mit der 1941 erschienenen Ausgabe eine Abteilung »Beiträge zur Judenfrage in Schleswig-Holstein«. In seinem Beitrag für diese Ausgabe schrieb Hahn: »Zeiten nationalen Hochgefühls müssen aus diesem ihrem Kraftimpuls immer wieder mit dem Judentum zusammenstoßen, denn das Judentum ist und bleibt etwas Rassefremdes. [...] In unserer Zeit wird durch Adolf Hitler die Judenfrage praktisch gelöst.«[45] Dass der Kirchenarchivrat damit zumindest die Beseitigung der Juden aus Deutschland meinte, wird eindeutig, wenn er an anderer Stelle konstatierte, dass die deutsche Jugend »auf den Straßen des Landes keine Juden mehr sieht«.[46] Eine solche Beseitigung der Juden aus Deutschland fordere die Geschichtswissenschaft, so Hahn: »[...] Je mehr nun in Deutschland durch die Wiederherstellung der Reinheit des Blutes und die Ausscheidung des Rassefremden der praktische politische Kampf auf diesem Gebiet in die Vergangenheit entrückt, um so notwendiger wird die wissenschaftlich kritische Beschäftigung mit der Judenfrage [...]«[47]

In diesem Sinn bereitete Hahn in seinem Beitrag über »Judentaufen« die kirchlichen Fehler gegenüber dem Judentum auf: »Man vergaß auf deutscher Seite völlig die einfache Wahrheit, daß ein Jude, auch wenn er den Übertritt zu einer ihm selbst artfremden Glaubensgemeinschaft vollzieht, doch immer Jude bleibt.«[48] Sein Beitrag selbst stellte die Judentaufen in Schleswig-Holstein dar und benannte exemplarische Fälle, zu denen auch eine Familientaufe in Oldesloe im Jahr 1897 zählte, bei der die einzige Pastorenfrau jüdischer Herkunft der Landeskirche getauft worden war.[49] Das denunziatorische Ziel war hier unverkennbar.

Leiter des Stormarner Kirchenbuchamtes war Propst Gustav Dührkop, ein Anhänger der radikalen nationalkirchlichen Deutschen Christen. Dieser hatte nach dem Novemberpogrom 1938 den Wandsbeker Pastor Bernhard Bothmann vor die Wahl gestellt: Scheidung von seiner »jüdischen« Ehefrau oder Entlassung. Als Bothmann die Scheidung verweigerte, wurde er tatsächlich aus dem Kirchendienst entlassen, aber umgehend durch den mit ihm befreundeten Hamburger Landesbischof Franz Tügel mit Dienstauftrag übernommen. Als per Erlass im Februar 1942 die Christen jüdischer Herkunft aus der schleswig-holsteinischen Landeskirche ausgeschlossen wurden, erzwang Dührkop durch Denunziation die Beendigung der Beauftragungen Bothmanns in der Hamburger Landeskirche. Die öffentliche Bekanntmachung der jüdischen Herkunft von Bothmanns Ehefrau erscheint hier als begleitende Vorbereitung dieser Maßnahmen durch den Leiter des landeskirchlichen Archivs.[50]

Wilhelm Hahns Forschungsbeitrag zur »Judenfrage« in der ZSHG des Jahres 1943 kulminierte in der Aussage, dass das deutsche »Volk für die durch den Kampf des Führers gewonnene Erkenntnis reif wurde, dass nur restlose Ausscheidung dieses Fremdkörpers das deutsche Volk und die Völker Europas befreien und zu dem stolzen Bewußtsein der eigenen Art bringen kann.«[51] Zum 1. April 1943 verließ Hahn die sichere kirchliche Anstellung und wurde als Landesarchivrat bei der Provinzialverwaltung angestellt, und zwar als Leiter des neu geschaffenen Gau-Sippenamtes.[52] Dieser Dienststellenwechsel überrascht insofern, als hier kein neuer Handlungsbedarf entstanden war. Im Gegenteil: dem Landessippenamt (wie es im offiziellen Schriftverkehr genannt wurde)[53] fehlte der Unterbau. Hahn versuchte, neue Sippenämter aufzubauen. Soweit aus den Unterlagen ersichtlich, trat er als einstiger Kirchenvertreter auf und war auf diese Weise erfolgreich, da die Propsteikirchenbuchämter unter kriegsbedingter Personalknappheit litten. Hahn warb für ein Konzept ›regionaler‹ Sippenämter, die längst vergangene historische Landschaftsnamen zur Klammer für die Vereinigung von Unterlagen aus jeweils mehreren Kirchenkreisen machten.[54] Dass von einigen Pröpsten die Entlassung des ›neuheidnischen‹ Heider Sippenamtsleiters Thomsen zur Vorbedingung für weitere Verhandlungen gemacht wurde, erleichterte die Verhandlungen Hahns nicht gerade.[55] Vor allem die Langwierigkeit kirchlicher Entscheidungsprozesse und das nahende Kriegsende ließen die Pläne nicht zur Umsetzung gelangen.[56]

Nachwirkungen und Ausblick

Mit der Kapitulation Deutschlands endete dieses Kapitel kirchlicher Sippenforschungen. Eine etwaige kirchliche Reflexion über das Geschehene ließ sich nirgends feststellen. Im Gegenteil: Eine im Februar 1946 verschickte Anfrage des Archivamtes der Evangelischen Kirche in Deutschland, die konkret nach den »Judenregistern« fragte, die die Kirchenbuchämter erstellt hatten, wurde ausgerechnet von der Propstei Altona, deren »Judenkartei« die umfangreichste der Landeskirche war, mit der knappen Antwort »Fehlanzeige.« beantwortet. Die Falschauskunft wurde in der Akte »Sippenkanzlei« abgeheftet, in der die wiederholte Abgabe der Altonaer »Judenliste« dokumentiert war. Angst vor Überprüfung war hier sichtbar nicht vorhanden.[57]

In einer ersten Stellungnahme zu den Kirchenbuchämtern beschloss die schleswig-holsteinische Kirchenleitung im Februar 1946: »Nachdem die durch den Nachweis der Deutschblütigkeit bedingten Arbeiten fortgefallen sind, werden die Familienforschung und andere wissenschaftliche Arbeiten das wichtigste Aufgabengebiet der Propsteikirchenbuchämter darstellen.«[58] Das eben diese Nachweise der Grund für die Einrichtung der Kirchenbuchämter gewesen waren, wurde nicht wahrgenommen, auch wenn dies indirekt eine folgende Umfrage zur Tätigkeit der Kirchenbuchämter bestätigte. Die im Frühjahr 1946 vom Landeskirchenamt eingeforderten Statusberichte der Kirchenbuchämter meldeten unisono: »Durch Fortfall der durch den Nachweis der Deutschblütigkeit bedingten Arbeiten gingen die Anträge sehr zurück. […]«[59]

In der Folge wurden die Kirchenbuchämter ohne weitere Diskussion als Ämter aufgelöst und das Personal entlassen oder anderweitig in den Propsteiverwaltungen beschäftigt. Einzig in der Propstei Altona gab es eine Auseinandersetzung um die Fortführung des Kirchenbuchamtes. Hier setzten sich insbesondere ein der BK nahestehender Pastor, der der Heimatforschung verpflichtet war, und ein ehemaliger DC-Pastor für den Erhalt des Kirchenbuchamtes ein. In dem Beschluss der Propsteisynode, der 1950 – aus personalpolitischen Gründen – zur Schließung führte, wurde das Kirchenbuchamt immerhin als »Überbleibsel des Dritten Reiches« bezeichnet. Aber auch diese Begründung erfolgte nicht in Wahrnehmung der vergangenen Arbeit des

Kirchenbuchamtes. So schrieb ein Pastor in einer Bittschrift an das Landeskirchenamt 1951, dass die Kirchenbuchamtstätigkeit »sich 1½ Jahrzehnte hindurch als höchst zweckmäßig erwiesen hat, was ihr ja auch vom Synodalausschuss ausdrücklich bescheinigt wird«.[60]

Der ehemalige Kirchenarchivleiter Wilhelm Hahn fand nach einer entnazifizierungsbedingten beruflichen Krise[61] 1951 eine Anstellung in der Pressestelle der Landesregierung, bis er 1957 in das schleswig-holsteinische Landesarchiv wechselte, wo er bis zu seiner Pensionierung als Landesarchivrat arbeitete. In seiner Freizeit blieb er mit vielen Veröffentlichungen der Sippenkunde treu und genoss bis zu seinem Tod 1982 hohes Ansehen bei den Familienforschern des Landes.[62] Einzig zur »Judenfrage« publizierte Hahn nicht mehr. Kritischen Fragen zu seiner Tätigkeit in der NS-Zeit musste Hahn sich zeitlebens nicht stellen.[63]

Dies überrascht nicht weiter angesichts der Tatsache, dass die Tätigkeit der Kirchen bei der Identifizierung (sprich Denunziation) von Menschen jüdischer Herkunft mit Hilfe der Kirchenbücher niemals Anlass einer kritischen Auseinandersetzung waren. Selbst die Kreise der Bekennenden Kirche, die sich für Verfolgte jüdischer Herkunft einsetzten, erkannten nicht den ursächlichen Zusammenhang von Ariernachweisen kirchlicher Stellen und Verfolgung von erst auf diese Weise identifizierten Christen jüdischer Herkunft.[64] Es ist mir nur ein einziger Fall bekannt, wo ein evangelischer Geistlicher – es handelte sich um einen Schweizer Pfarrer – die Mitwirkung bei der Ausstellung eines Ariernachweises demonstrativ verweigerte. Dessen Schreiben an den Antragsteller wurde im Dezember 1938 in einem Rundschreiben der DEK an alle kirchlichen Stellen ausführlich wiedergegeben:

»[…] Die pathologischen Forderungen des Ariernachweises bei der Urgroßmutter (!!!) finden Sie nicht bloß nicht verrückt, sondern auf den Mann, der solchen Generalblödsinn befiehlt, bringen Sie auch noch ein »Heil«! aus. Es scheint doch, daß Deutschland immer mehr zu einem Riesenirrenhaus wird! […]«[65]

Das kirchliche Rundschreiben erklärte ihn zur Unperson und forderte alle kirchlichen Stellen zur Denunziation sämtlicher seiner Kontakte mit Deutschland auf. Die ausführliche Wiedergabe seines Spottes belegt, dass man sich in dieser Frage auch nach der Reichspogromnacht eines innerkirchlichen Konsenses – zu Recht – sicher war. Dieser Konsens erklärt wohl auch, weshalb die Geschichte der Ariernachweise erst seit jüngster Zeit thematisiert wird. Unabhängig von der kirchenpolitischen Zugehörigkeit haben Pastoren und Kirchenverwaltungen durch die Bereitstellung von Kirchenbuchauszügen erst die Voraussetzungen dafür geschaffen, dass die nationalsozialistische Verfolgung nicht nur die Angehörigen der jüdischen Religionsgemeinschaft, sondern auch das säkularisierte Judentum (Konfessionslose jüdischer Herkunft) und alle Christinnen und Christen jüdischer Herkunft erfassen konnte.

In ihrer auf Konsens ausgerichteten Kirchenpolitik der Nachkriegszeit blendete die schleswig-holsteinische Landeskirche das Thema Christen jüdischer Herkunft konsequent aus.[66] Immerhin hatte der antisemitische Grundkonsens in der Landeskirche vonseiten der BK 1942 sogar zur Zustimmung zum Ausschluss der »nichtarischen Christen« aus der Landeskirche geführt.[67] Da selbst hier keine selbstkritischen Fragen gestellt wurden, stand ein Hinterfragen der Arbeit der Kirchenbuchämter niemals auf der Tagesordnung. Angesichts der Dimension kirchlicher Mittäterschaft an der Ausgrenzung und Verfolgung der eigenen Kirchenmitglieder, die sich hier manifestiert, ist diese langjährige Ignoranz gegenüber diesem Kapitel der kirchlichen Zeitgeschichte auch kaum überraschend.

Anmerkungen

1 Der vorliegende Beitrag ist eine überarbeitete und erweiterte Fassung meines Aufsatzes: Die protestantischen Kirchenbücher, die Ahnenforschung und die Kirchenarchive in Nordelbien, in: Kirche, Christen, Juden in Nordelbien 1933–1945. Die Ausstellung im Landtag 2005 (Schriftenreihe des Schleswig-Holsteinischen Landtages 7), Kiel 2006, S. 65–77.

2 1939 waren es hauptsächlich durch Emigration deutlich weniger geworden. Zur besseren Vergleichbarkeit (die Zahlenverhältnisse 1933 und 1939 ändern sich auch durch die Gebietsreform des Groß-Hamburg-Gesetzes und den Zuzug der jüdischen Bevölkerung in die größeren Städte) habe ich hier die Zahlen Schleswig-Holsteins und Hamburgs addiert. Im Einzelnen 1933: Hamburg 16.855, Lübeck 497, Eutin 11, Schleswig-Holstein 3.117 (darunter allein Altona 2.006). S. die Einleitung von Miriam Gillis-Carle-

bach und Gerhard Paul (Hg.), Menora und Hakenkreuz. Zur Geschichte
der Juden in und aus Schleswig-Holstein, Lübeck und Altona 1918–1998,
Neumünster 1998, S. 22 f.

3 Statistik des Deutschen Reiches, Bd. 552, 4, Berlin 1944, S. 6 und 8. Für
Hilfestellungen und Hinweise bedanke ich mich herzlich bei Bettina Goldberg.

4 Vgl. zur Verfolgung der Christen jüdischer Herkunft u. a.: Kurt Nowak,
Das Stigma der Rasse. Nationalsozialistische Judenpolitik und die »christlichen Nichtarier«, in: Jochen-Christoph Kaiser/Martin Greschat (Hg.),
Der Holocaust und die Protestanten. Analysen einer Verstrickung, Frankfurt a. M. 1988 (Beiträge zur kirchlichen Zeitgeschichte Bd. 1), S. 73–99;
Ursula Büttner/Martin Greschat, Die verlassenen Kinder der Kirche. Der
Umgang mit Christen jüdischer Herkunft im »Dritten Reich«, Göttingen
1998; Sigrid Lekebusch, Not und Verfolgung der Christen jüdischer Herkunft im Rheinland 1933–1945. Darstellung und Dokumentation, Köln
1995.

5 Erinnerungen von Ruth Kupfer, geb. Bothmann, und Ingeborg Lohmann.
Maschinengeschriebene Manuskripte aus dem Nachlass von Ruth Kupfer.
Nordelbisches Kirchenarchiv (NEK-Archiv), unverzeichneter Nachlass.

6 »Kleine Blütenlese aus Schreiben von Ahnenforschern«. Kirchenkreisarchiv Flensburg, XI Prop 401 Bd. 6.

7 Alle Zitate ebenda.

8 Bisher ist dieser Komplex nur in einzelnen Aspekten bzw. Lokalstudien
bearbeitet worden: Wolfgang Wippermann, Holocaust mit kirchlicher
Hilfe. Neue Beweise für die Obrigkeitstreue der Evangelischen im Dritten
Reich. In: Evangelische Kommentare 9/1993, S. 519–521; Manfred Gailus, Beihilfe zur Ausgrenzung. Die »Kirchenbuchstelle Alt-Berlin« in den
Jahren 1936–1945, in: Jahrbuch für Antisemitismusforschung 2 (1993),
S. 255–286 und ders., Vom evangelischen Sozialpfarrer zum nationalsozialistischen Sippenforscher. Die merkwürdigen Lebensläufe des Berliner
Theologen Karl Themel, in: Zeitschrift für Geschichtswissenschaft 49
(2001), S. 796–826; Gerhard Lindemann, »Typisch jüdisch«. Die Stellung
der Ev.-luth. Landeskirche Hannovers zu Antijudaismus, Judenfeindschaft
und Antisemitismus 1919–1949, Berlin 1998, S. 243 f. und ders., Antijudaismus und Antisemitismus in den evangelischen Landeskirchen während
der NS-Zeit, in: Geschichte und Gesellschaft. Zeitschrift für historische
Sozialwissenschaft 29 (2003), S. 575–607. Einen lokalen Einblick in die
Geschichte eines Kirchenbuchamtes der schleswig-holsteinischen Landeskirche bietet Bernhard Liesching, »Eine neue Zeit beginnt«. Einblicke in
die Propstei Altona 1933 bis 1945 (hg. vom Kirchenkreis Altona), Hamburg
2002.

9 So konstatierte der Bürodirektor des hamburgischen Landeskirchenamtes,
Albert Riecke, 1944: »Im übrigen sei es sehr schade, dass die Übersicht
[über die Zahl der ausgestellten Bescheinigungen. S. L.] nicht schon seit
1933 geführt worden sei. Es hätte dann gegenüber Anfeindungen der Kirche der zahlenmäßige Nachweis erbracht werden können, was Pastoren,

Kirchenbuchführer, Pastorenfrauen usw. oft in nächtelanger Arbeit, für die Volksgemeinschaft geleistet hätten. Der ganze Nachweis der Deutsch-blütigkeit sei ohne diese aufopfernde Arbeit unmöglich gewesen. […]«; Ausschnitt aus der Niederschrift der Zusammenkunft der Kirchenbuch-führer am 24.3.1944, NEK-Archiv, 32.01, Nr. 1386, Bl. 4.

10 Diana Schulle, Das Reichssippenamt. Eine Institution nationalsozialis-tischer »Rassenpolitik«, Berlin 2001; und Wippermann, Holocaust mit kirchlicher Hilfe.

11 »Bemerkungen zu dem Verhältnis zwischen der Reichsstelle für Sippenfor-schung und unserer Landeskirche« von Wilhelm J[ensen] vom 11.8.1936. NEK-Archiv, 22.02, Nr. 735, Bl. 65–70.

12 Dies zeigen etliche Beschwerden in den beiden Sonderakten zur Sip-penkanzlei Nordfriesland 18.10.00 Kirchenkreisarchiv Husum-Bredstedt, Nr. 134 und 135.

13 Schreiben Pastor Rudolf Muuß an Propst Fritz Gottfriedsen vom 16.1.1935. NEK-Archiv, 98.40, Nr. 138.

14 Vgl. Kirchengemeindearchiv Boren, Nr. 33.

15 Pastor Heinrich Jürgensen, Boren, begründete so seine Kritik am Kirchen-buchamt in Sörup, Propstei Nordangeln, auf einer Tagung des Heimbundes Angeln nach einem Referat des Propstes über das Kirchenbuchamt. Zitiert nach »Der Nachbar« vom 17.1.1937. NEK-Archiv, 22.02, Nr. 735, Bl. 190.

16 Itzehoe, 23.1.1937. An das Landeskirchenamt. Zur Verfügung vom 11.12. 1936 Nr. A 2163, Dez. VII. [Bericht Status Kirchenbuchamt]. Archiv des Kirchenkreises Münsterdorf, Dep. im NEK-Archiv, 18.14.00, Nr. 786.

17 Schreiben des LKA an den Synodalausschuss Glückstadt vom 19.1.1937, NEK-Archiv, 22.02, Nr. 735, Bl. 187.

18 S. Klauspeter Reumann, Der Kirchenkampf in Schleswig-Holstein 1933–1945, in: Verein für Schleswig-Holsteinische Kirchengeschichte (Hg.), Schleswig-Holsteinische Kirchengeschichte, Band 6/1: Kirche zwischen Selbstbehauptung und Fremdbestimmung, Neumünster 1998, S. 111–450, hier: S. 156.

19 Es handelte sich um den Pastor Walter Auerbach, der seit 1913 die Pfarr-stelle in Altenkrempe, Ostholstein, innehatte. Vgl. Liesching, »Eine neue Zeit beginnt«, S. 70.

20 Verfügung des Landeskirchenamtes vom 26.11.1936. Kirchenkreisarchiv Münsterdorf, Nr. 849.

21 Es handelte sich um den Brokdorfer Pastor Fritz Leiser, dessen jüdische Herkunft nach einer Umfrage im Sommer 1936 dem Landeskirchenamt bekannt gemacht worden war: Mitteilung des Propsten der Propstei Müns-terdorf vom 31.8.1936, ebd. Leiser hatte übrigens wie alle anderen Pasto-ren Kirchenbuchauszüge für Ariernachweise erstellt. S. Akte Einrichtung von Kirchenbuchämtern, NEK-Archiv, 22.02, Nr. 735. Vgl. hierzu: Elisa-beth Lafrentz, Der Brokdorfer Pastor Fritz Leiser, in: Hermann Schwich-tenberg (Hg.), Kirche-Christen-Juden 1933–1945. Eine Ausstellung der Nordelbischen Kirche in der St. Laurentii-Kirche zu Itzehoe. Das Lokale Fenster des Kirchenkreises Münsterdorf, Itzehoe 2004, S. 27–30 (http://

www.kirche-christen-juden.org/dokumentation/download/broschuere_
041214.pdf).

22　Rundschreiben des Landeskirchenamtes Kiel vom 2.4.1938; NEK-Archiv, 22.02, Nr. 7062.

23　So findet sich das Rundschreiben auch in verschiedenen Kirchengemeinde-archiven, bspw. der Ansgar-Gemeinde Kiel (Kirchengemeindearchiv Kiel-Ansgar, Nr. 50), der Kirchengemeinde Viöl (KGA Viöl Nr. 39) und der Pauluskirchengemeinde Altona (die nicht mehr existente Akte II 5c laut Aktenplan des KGA der Pauluskirchengemeinde).

24　Stephan Linck, »Betr. Judentaufen und Mischehen«, in: Annette Göhres/ Stephan Linck/Joachim Liß-Walther (Hg.), Als Jesus »arisch« wurde. Kirche, Christen, Juden in Nordelbien, Bremen 2003, S. 81.

25　»Juden!Taufen!«, so die Überschrift der handschriftlichen Liste. KKA Flensburg, Nr. XI Prop 401 Bd. 1 und XI Prop 404, Bd. 6.

26　Dies ist wohl vor allem der geringen Zahl an Juden in Flensburg geschul-det. Vgl. Bettina Goldberg, Juden in Flensburg (Schriftenreihe der Gesell-schaft für Flensburger Stadtgeschichte Bd. 62), Flensburg 2006.

27　KKA Altona, Nr. 1599 und KGV Ottensen, Nr. 248. Vgl. Liesching, »Eine neue Zeit beginnt«, S. 50 ff. Es steht zu vermuten, dass bereits vorher eine Liste für den Kirchengemeindeverband Altona erstellt worden war. In die-sem hatte es erheblich mehr Judentaufen gegeben, da die Juden in Altona schon lange Niederlassungsrecht hatten und sich Ottensen erst Ende des 19. Jahrhunderts vom Dorf zum Stadtteil Altonas gewandelt hatte.

28　Vgl. Liesching, »Eine neue Zeit beginnt«, S. 52.

29　Schreiben Riecke an den Standesbeamten Thias, 8.9.1938. NEK-Archiv, 32.01, Nr. 1369, Bl. 3.

30　Rundverfügung des schleswig-holsteinischen Landeskirchenamtes vom 12.10.1938. KGV Ottensen, Nr. 246.

31　Erlaß des Reichskirchenministers vom 10.8.1938, ebd.

32　Der 1887 in Flensburg geborene Anton Christian Andersen war als Pastor der Lutherkirche in Altona-Bahrenfeld Anfang 1933 Mitunterzeichner des »Altonaer Bekenntnisses« gewesen, bekannte sich aber bald zum Natio-nalsozialismus. Zum 1.10.1938 war er offiziell zum Oberkonsistorialrat im Landeskirchenamt in Kiel ernannt worden. Offenbar übte er im Oktober noch die Amtsgeschäfte des Synodalausschussvorsitzenden der Propstei Altona aus, da der zitierte Vermerk vom 20.10.1938 datiert.

33　Rundverfügung des schleswig-holsteinischen Landeskirchenamtes vom 12.10.1938. KGV Ottensen, Nr. 246. Der Vermerk vom 20.10.1938 ist auf der Rückseite des Erlasses ergänzt.

34　Vermerk Schröder, ebd. Die Initiative geht auf Propst Peter Schütt zurück, der aufgrund einer falsch interpretierten Anfrage des NSDAP-Gauperso-nalamtes Hamburg zu Jahresanfang 1938 hierzu eine Weisung erteilt hatte. Nach Aufklärung des Missverständnisses war die Anweisung allerdings zurückgezogen worden, so dass hier ein eigenmächtiges Handeln des Kir-chenbuchamtes zu konstatieren ist. S. Liesching, »Eine neue Zeit beginnt«, S. 49 f.

35 Die »Aufstellung vom 6.5.1940 dem Synodalausschuß zur Kenntnis« um-
    fasste insgesamt 474 Personen, die zwischen 1800 und 1935 als Täuflinge
    jüdischer Herkunft in den Kirchenbüchern erfaßt worden waren. Akte:
    Führung der Kirchenbücher, KKA Altona, Nr. 2737.

36 Die oben angegebene Aufstellung für den Kirchengemeindeverband Ot-
    tensen vom Dezember 1938 umfasste 44 Namen. Ob danach noch Namen
    nachgetragen wurden, ist offen. Vgl. Anm. 27.

37 Vertrauliches Schreiben des Kirchenbuchamtes Altona an die Gauleitung
    der NSDAP, Gaupersonalamt, Haupststelle für Sippenforschung vom
    28.7.1938; KKA Altona, Nr. 2737.

38 Vertrauliches Schreiben des Kirchenbuchamtes Altona vom 4.7.1938 an
    den Reichsführer SS, ebd.

39 Bericht über die Tagung der Kirchenbuchführer im Landeskirchenamt am
    21.3.38. KGV Ottensen, Nr. 246.

40 Bericht über den Arbeitslehrgang der leitenden Kirchenbuchführer der
    Landeskirche in Neukirchen vom 24.–26.5.1939, geleitet von Dr. Wilhelm
    Hahn. KGV Ottensen, Nr. 246.

41 Der im Bericht nur kurz zusammengefasste Vortrag ist im Volltext wieder-
    gegeben: NEK-Archiv, 1341, Bl. 98.

42 Unsere Heimatkirche. Eine Informationsschrift der Schleswig-Holstei-
    nischen Landeskirche, o. J. [1939]. Archiv der Paulus-Kirchengemeinde
    Hamburg-Altona.

43 Die Vita Wilhelm Hahns weist viele Ungereimtheiten auf. Diese entstan-
    den nicht zuletzt durch die Zerstörung des Bandes I der Personalakte im
    LKA durch Bombentreffer (Hinweis aus der 1945 angelegten Restakte
    12.03, Nr. 1412). Die hier enthaltenen fragwürdigen Angaben sind zum
    Teil aufgrund von Informationen Wilhelm Hahns entstanden. So gibt es in
    der Personalakte Hahns im Landesarchiv Schleswig-Holstein (LAS), Abt.
    304, Nr. 38 einige anderslautende Angaben.

44 S. Klauspeter Reumann, Der Kirchenkampf in Schleswig-Holstein, S. 195.

45 Wilhelm Hahn, Judentaufen in Schleswig-Holstein, in: Zeitschrift für
    schleswig-holsteinische Geschichte (ZSHG) Bd. 69 (1941), S. 110. Wei-
    tere Veröffentlichungen Hahns erfolgten seit 1940 in Zeitschriften wie
    »Familie, Sippe, Volk« und »Sippe der Nordmark«. Vgl. Familienkund-
    liches Jahrbuch Schleswig-Holstein, hg. von der Schleswig-Holsteinischen
    Gesellschaft für Familienforschung und Wappenkunde e. V., Kiel 1982,
    S. 9.

46 Hahn, Judentaufen, S. 111.

47 Ebd.

48 Ebd., S. 112.

49 Ebd., S. 125.

50 Vgl. Uta Grohs, »Vergib uns unsere Schuld«. Die Schuld des Verrats an
    Pastor Bernhard Bothmann und seiner Frau und die Schuld des jahr-
    zehntelangen Totschweigens – ein verspäteter innerkirchlicher Prozess
    des Schuldeingeständnisses, in: Hansjörg Buss/Annette Göhres/Stephan
    Linck/Joachim Liß-Walther (Hg.), »Eine Chronik gemischter Gefühle«.

Bilanz der Wanderausstellung Kirche, Christen, Juden in Nordelbien 1933–1945, Bremen 2005, S. 249–254; sowie Stephan Linck, »… wird die Judenfrage praktisch gelöst.« Wie der Stormarner Propst seinen Pastor aus dem Amt trieb, in: Informationen zur schleswig-holsteinischen Zeitgeschichte (ISHZ), Nr. 48 (2007) (im Erscheinen).

51 Wilhelm Hahn, Der Kampf schleswig-holsteinischer Städte gegen die Judenemanzipation, in: ZSHG Bd. 70/71 (1943), S. 308–328, hier S. 328.

52 Propsteiarchiv Herzogtum Lauenburg, Nr. 163 bzw. NEK-Archiv, Dok. Archivwesen – Kirchenbuchführung. Vgl. auch Hans-Peter Wessels, »Kriegswichtige Ahnenforschung« während der NS-Zeit, Steinburger Jahrbuch 1996 (40. Jahrgang).

53 Das zeigen erhaltene Schriftstücke im Verkehr mit dem Landeskirchenamt von 1944. NEK-Archiv, Dok. Archivwesen – Kirchenbuchführung.

54 Klar überliefert ist dieser Vorgang für das Sippenamt »Wagrien« in Ostholstein, in dem die Propsteikirchenbuchämter Plön und Ostholstein mit dem Kirchenbuchamt der Eutinischen Landeskirche vereinigt werden sollten. NEK-Archiv, Dok. Archivwesen – Kirchenbuchführung.

55 Vgl. Schreiben des Münsterdorfer Propsten Martin-Harring Cornils an den Propst von Rantzau, Hans Martin Bestmann, zur Unterstützung von Propst Christian Peters, Heide, vom 25.10.1943. Akte Kirchenbuchführung, Kirchenkreisarchiv Münsterdorf, Nr. 783.

56 Hahns Aufgabe wurde mehr und mehr die Sicherung von Archivgut vor Bombenangriffen. S. LAS Abt. 304, Nr. 38. So blieb Hahn lediglich Vorgesetzter der Sippenämter von Nordfriesland, Dithmarschen und Lauenburg. NEK-Archiv Dok. Archivwesen – Kirchenbuchführung.

57 Stephan Linck, »Fehlanzeige«. Wie die Kirche in Altona nach 1945 die NS-Vergangenheit und ihr Verhältnis zum Judentum aufarbeitete, Hamburg 2006, S. 42.

58 Den Propsteiverwaltungen zur Kenntnis gegeben in einem Rundschreiben des Landeskirchenamtes am 13.2.1946. Akte Kirchenbuchämter, NEK-Archiv, 22.02, Nr. 712.

59 Schreiben des Synodal-Ausschuß der Propstei Münsterdorf an das ev.-luth. Landeskirchenamt vom 17.4.1946 [zur Verfügung vom 13.2.1946 J.Nr. 1998 (Dez. III) Betr. Propsteikirchenbuchämter und Archivpflege.], NEK-Archiv, 22.02, Nr. 712, Bl. 11.

60 Vgl. Linck, »Fehlanzeige«, S. 42.

61 Hahn wurde aufgrund seiner NSDAP-Mitgliedschaft vor 1933 von der Militärregierung entlassen. Da er 1943 auf seinen Antrag hin von der Landeskirche entlassen worden war und das Gausippenamt mit dem Ende des Nationalsozialismus aufgelöst worden war, konnte er auch nach dem Ende der Entnazifizierung keine Ansprüche geltend machen. Personalakte Wilhelm Hahn (Restakte), NEK-Archiv, 12.03 Personalakten kirchliche Mitarbeiter (LKA), Nr. 1412.

62 S. insbesondere den Nachruf auf Dr. Wilhelm Hahn von Friedrich Schmidt-Sibeth in: Familienkundliches Jahrbuch Schleswig-Holstein 1982, S. 7–10.

63 Im Gegenteil: die von ihm bereits in einem Schreiben an die Militärregie-
    rung vom 8. August 1945 aufgestellte Behauptung, »diese Art der offizi-
    ellen Judenpolitik in keiner Weise gebilligt« zu haben (Personalakte Hahn,
    NEK-Archiv, 12.03, Nr. 1412), wurde nie öffentlich hinterfragt, obwohl
    seine oben zitierten Veröffentlichungen in der ZSHG in den Bibliotheken
    des Landes gut zugänglich waren. Andere von ihm im Zusammenhang
    mit seiner Vita verbreitete falsche Tatsachenbehauptungen, wie ein an-
    gebliches vollständiges Verbot der kirchlichen Presse 1937, wurden noch
    in seinen Nachrufen kolportiert. S. Friedrich Schmidt-Sibeth in: Familien-
    kundliches Jahrbuch Schleswig-Holstein 1982, S. 8 und »Dr. Wilhelm
    Hahn verstorben«, in: Kieler Nachrichten vom 23.2.1982.

64 Bezeichnend ist in diesem Zusammenhang der Fall des BK-Pastors Wal-
    demar Hille in der Braunschweigischen Landeskirche. Dieser versandte
    mit den Ariernachweisen hektographierte Schreiben, die gegen die »neu-
    heidnische« *Deutsche Glaubensbewegung* polemisierten. Darin wurde den
    Antragstellern mitgeteilt: die Tatsache, dass die Ariernachweise nur mit
    Hilfe der Kirchen erstellt werden könnten, belege, wie »artgemäß« die Kir-
    che sei: »Mit diesen Urkunden sollst du nachweisen, daß du
    ein Deutscher bist, denn jeder wird dich als Menschen deutschen Blutes
    anerkennen, wenn alle deine Vorfahren bis vor 1800 nachweisbar Christen
    gewesen sind.« LAW, Pa Calwörde 15. Für die Hinweise danke ich Herrn
    Jürgen Engelking.

65 Schreiben des Stadtpfarrers in St. Gallen, Dr. Jacobus Wiedemann, vom
    April 1938. Mit Adressangabe wiedergegeben im Rundschreiben der DEK,
    Kirchliches Außenamt, vom 12.12.1938. Fundort hier: NEK-Archiv, 50.01,
    C 9.10.

66 So attestierte Reumann der Landeskirche u. a. in der Frage der Mitschuld
    am Nationalsozialismus einen »geistigen Einklang, der sich mehr auf
    Kontinuität stützte als auf den Willen zum durchgreifenden Neubeginn.«
    S. Klauspeter Reumann, Kirchenkampf als Ringen um die »Mitte« – Die
    Evangelisch-Lutherische Landeskirche Schleswig-Holsteins, in: Manfred
    Gailus/Wolfgang Krogel (Hg.), Von der babylonischen Gefangenschaft der
    Kirche im Nationalen. Regionalstudien zu Protestantismus, Nationalsozia-
    lismus und Nachkriegsgeschichte 1930 bis 2000, Berlin 2006, S. 29–58,
    hier: S. 58.

67 S. Linck, »Fehlanzeige«, S. 53.

Johann Peter Wurm

»Vom ›Rohstoff‹ Kirchenbücher zum ›Veredelungsprodukt‹ deutschblütiger Volksaufbau«

Pastor Edmund Albrecht und
die Mecklenburgische Sippenkanzlei (1934–1945)[1]

Familienforscher erfreuen sich heute in Mecklenburg geradezu
idealer Bedingungen. An einer zentralen Stelle, dem Mecklenburgischen Kirchenbuchamt, werden über 99 % der mecklenburgischen Kirchenbücher aus der Zeit vor 1876 aufbewahrt und der
Forschung zur Verfügung gestellt. Auch darüber hinaus bemüht
sich das Mecklenburgische Kirchenbuchamt um eine Zentralisierung abgeschlossener Kirchenbücher. In einem 5. Absatz zu § 11
der Kirchenbuchordnung ist der Oberkirchenrat nach wie vor berechtigt, festzulegen, zu welchem Zeitpunkt und an welchem Ort
abgeschlossene Kirchenbücher aufzubewahren sind.[2] – Soweit
die Erfolgsgeschichte. Der Stolz kommt rasch abhanden, führen
wir uns die Gründe vor Augen, aus denen es einst zur Errichtung
einer zentralen Kirchenbuchstelle in Mecklenburg kam.

Nur zwei Monate nach der Machtübernahme, am 7. April
1933, erließ die Regierung Hitler das »Gesetz zur Wiederherstellung des Berufsbeamtentums«. Das Gesetz bezweckte bekanntlich das genaue Gegenteil von dem, was sein Name vor-
täuschte, diente es doch zur Entfernung »nichtarischer« sowie
politisch unliebsamer Beamter aus dem öffentlichen Dienst. In
der Folgezeit wurde § 3 des Gesetzes, der sog. Arierparagraph,[3]
in allen möglichen anderen Organisationen angewendet und
Menschen »nichtarischer Abstammung« damit gesellschaftlich
ausgegrenzt. Vor diesem Hintergrund erlangten die Kirchenbücher plötzlich existenzielle Bedeutung.[4] Innenminister Wilhelm
Frick stellte sie unter Schriftdenkmalschutz und verpflichtete die
Kirchen zu ihrer Inventarisierung und sicheren Aufbewahrung
sowie zum Erlass von Benutzungsordnungen.[5]

Die durch den Arierparagraphen ausgelöste Antragsflut führte
rasch zur Überlastung der hierfür nicht gerüsteten Pastoren. Zur

Entlastung der Pfarrämter und Archive stellte der Sachverständige für Rasseforschung beim Reichsministerium des Innern Berufsgenealogen Ausweise aus, die zur gebührenfreien Benutzung der Kirchenbücher berechtigten.[6] Der Oberkirchenrat der Evangelischen Kirche der Altpreußischen Union empfahl daraufhin seinen Pfarrern, die Antragssteller bei Überlastung an professionelle Genealogen zu verweisen, die über den genannten Ausweis verfügten.[7] Auch der Oberkirchenrat der Evangelisch-Lutherischen Kirche Mecklenburgs in Schwerin wurde von Klagen der Landessuperintendenten und Pastoren bestürmt. Doch entschied man sich hier für eine andere Lösung.

Die Akte des Oberkirchenrats Schwerin über die Errichtung einer Kirchenbuchabteilung beim Oberkirchenrat beginnt mit einem Schreiben von Pastor Friedrich Erdmann[8] aus Cammin bei Laage an den juristischen Oberkirchenrat Dr. Christian Freiherr von Hammerstein vom 21. März 1934. In ihm taucht zum ersten Mal jener Lösungsvorschlag auf, dessen Umsetzung nur wenig später beschlossen wurde: »Besser wäre es daher – das ist mein Vorschlag –, wenn sämmtliche Kirchenbücher bis 1875 an einer oder mehreren Zentralen gesammelt würden und dann dort durch staatliche Beauftragte (Sippenämter) die Arbeit betr. arische Abstammung im Laufe eines halben oder ganzen Jahres geleistet würde.« Eine Woche später sah auch der Güstrower Landessuperintendent Walter Kittel in einem im Namen aller Landessuperintendenten an den Oberkirchenrat gerichteten Schreiben den einzigen Ausweg in der »Schaffung einer Zentrale, in der die gesamten sgnt. Arierscheine bearbeitet werden«.[9]

Gewiss ging die Idee zur Errichtung einer solchen Zentralstelle nicht ursprünglich auf Pastor Erdmann oder das Schreiben der Landessuperintendenten zurück. Anders lässt sich die Geschwindigkeit, mit der der Gedanke in der Folge in die Tat umgesetzt wurde, nicht erklären. Nur drei Tage nach dem Schreiben der Landessuperintendenten, am 31. März, zeigte sich der designierte Leiter der zu gründenden Zentralstelle, der Zittower Pastor Edmund Albrecht, in einem Brief an Landeskirchenführer Walther Schultz bereits gut informiert: »Wie ich gehört habe, besteht die Absicht, eine kirchliche Zentralstelle für Kirchenbuchsforschung (oder so ähnlich) demnächst in Schwerin einzurichten und dabei mich hauptamtlich zu beschäftigen; die Juristen […] sind sich, wie mir berichtet ist, in dieser Sache einig,

Abb. 1: Edmund Albrecht 1937 als Leiter
der Mecklenburgischen Sippenkanzlei

sodaß die Entscheidung nun bei Euch Theologen […] liegt. Da möchte ich Dich nun bitten, auch Deinerseits nichts dagegen zu haben! Denn die Sache liegt mir und würde mir Freude machen.«[10] Am 7. April konnte der Landeskirchenführer Albrecht der diesbezüglichen Einmütigkeit des Kollegiums versichern.[11]

Dass Albrecht früh von dem Vorhaben wusste, ist mehr als wahrscheinlich. Aufgrund seiner Biographie schien er wie geschaffen für die Stelle des Leiters jener »Zentralstelle für Kirchenbuchsforschung«. Hatte sich Albrecht schon vor 1933 als passionierter Heimatforscher hervorgetan, so präsentierte er sich nach der Machtergreifung zudem als überzeugter Nationalsozialist und Deutscher Christ. Dennoch dürfte bei seiner Berufung auch der Gedanke der Versorgung eines gestrauchelten Kampfgefährten mitgespielt haben.

Denn so sehr Albrecht in seinen Äußerungen immer wieder von sich selbst eingenommen war, sein Werdegang bis 1934 war alles andere als eine Erfolgsbiographie. 1889 in Ricklingen (Hannover) als Spross einer angeblich bis zur Reformation zurückreichenden hannoverschen Pastorendynastie geboren, hatte er in Göttingen mit wenig Erfolg Theologie studiert. Zweimal schei-

terte er an der 1. theologischen Prüfung in Hannover. Eine Anstellung als Hauslehrer in Ahrensbök, nordöstlich von Schwerin,
verschlug ihn 1912 nach Mecklenburg. 1914 scheiterte er in
Güstrow zum dritten Mal an der 1. theologischen Prüfung. Bei
Kriegsausbruch meldete er sich freiwillig und diente als Sanitäts-
unteroffizier im Osten. Im Mai 1915 wurde er aus psychischen
Gründen[12] in die Garnison Osnabrück versetzt, wo er bis April
1919 Dienst tat. 1918/19 war er Soldatenratskommissar. Während des Krieges war es ihm 1917 im nunmehr vierten Anlauf
doch noch gelungen, die 1. theologische Prüfung zu bestehen.
Das Zeugnis wurde ihm jedoch nur mit dem Ausdruck »erns-
ten Bedenkens« ausgehändigt. Nach dem Ende seiner Militärzeit
bezog er das Predigerseminar in Schwerin. Nach der Ordination
verwaltete er ab Februar 1920 die Pfarre Rostock-Gehlsdorf.
Aufgrund heute nicht mehr zu bestimmender »Unmoralitäten«
versetzte ihn der Oberkirchenrat zum 1. Oktober 1924 nach
Schwerin, wo er die Stelle eines hauptamtlichen Direktors des
Ev. Preßverbandes übernahm. Ein eingeleitetes Disziplinarverfahren wurde wegen Mangels an Beweisen eingestellt.[13]

1927 kehrte er in den Pfarrdienst zurück. In der am Ostufer
des Schweriner Sees gelegenen Kirchgemeinde Zittow entdeckte
er seine Leidenschaft für die Heimatgeschichte. 1932–33 hielt
er Vorträge zum Thema und veröffentlichte Zeitungsartikel, in
denen er Amtsbrüder und Lehrer zu einer stärkeren Beachtung
der Heimatgeschichte aufrief.[14] Dabei hob er den besonderen
Wert der Familienforschung hervor, deren Förderung er als eine
Aufgabe der Kirche bezeichnete:»Ueber die Wichtigkeit der Familienforschung besteht heute kaum noch Zweifel; sie hat ihre
Bedeutung ja nicht allein für genealogische Liebhaberei, sondern in wachsendem Maße für Erbkunde und Psychoanalyse,
für Eheschließung und Kindererziehung.«[15] Bei der Organisation des Heimatfestes im Juli 1933 aus Anlass des Mecklenburgischen Heimatjahres hatte Albrecht den Vorsitz im Festaus-
schuss. Pünktlich zum Fest erschien seine Ortschronik.[16]

Am 7. Mai 1933 erklärte Albrecht seinen Beitritt zu dem am
26. April gegründeten Bund nationalsozialistischer Pastoren in
Mecklenburg und zur Glaubensbewegung Deutsche Christen
(DC). Seitdem hielt er engen Kontakt zum Führer des Pastoren-
bundes Walther Schultz, Pastor in Badendiek bei Güstrow, seit
13. September 1933 Landeskirchenführer und seit 23. Mai 1934

Landesbischof. Ihm versuchte er sich über Jahre hartnäckig, mitunter geradezu kriecherisch anzudienen. Weil angeblich der Ortsgruppenführer eine frühere Anmeldung verbummelt habe, war er der Partei »offiziell« erst im März 1933 beigetreten, was ihn sehr zu seinem Verdruss äußerlich in die opportunistische Masse der sog. »Märzgefallenen« einreihte. Gegenüber Schultz beteuerte er Anfang Juni 1933: »Ich schreibe Dir dieses, damit Du weißt, daß Du in mir nicht einen ›Konjunkturpolitiker‹ neuester Prägung vor Dir hast, sondern einen Kämpfer, der schon seit Jahren in der Front steht.«[17] Tatsächlich gibt es vor 1933 wenig Anhaltspunkte für eine nationalsozialistische Gesinnung Albrechts.

Um seine Verbundenheit mit der NS-Bewegung[18] äußerlich zu dokumentieren, gewiss auch weil es sein ausgeprägtes Ego verlangte, machte er gleich nach seinem Beitritt zum Bund nationalsozialistischer Pastoren Vorschläge, wie die Arbeit des Bundes »diplomatisch« und »pressepsychologisch« verbessert werden könnte (der zweite Begriff war eine Kreation Albrechts, auf die er nicht wenig stolz war). Außerdem gründete er – ein Theologe, der dreimal durch die 1. theol. Prüfung gefallen war – einen deutschchristlichen theologischen Arbeitskreis. Schon nach wenigen Monaten zählte er zu den einflussreichsten Mitgliedern des NS-Pastorenbundes. Auf dessen Initiative wurde er am 8. August 1933 zusammen mit Schultz von Landesbischof Heinrich Rendtorff zum ehrenamtlichen Mitarbeiter mit Sitz und Stimme in den Oberkirchenrat berufen.[19]

Doch kaum im obersten Verwaltungsgremium der Kirche angekommen, brachten den Ehrgeizigen neue Anschuldigungen über sittliche Verfehlungen jäh zu Fall. So soll der Familienvater[20] zwei Jahre zuvor dem Dienstmädchen des Pfarrhauses nachgestellt haben. Inzwischen stand die Betroffene im Dienst des Schweriner Schlosspredigers Wilhelm Hunzinger, der auf diese Weise von den Vorwürfen erfuhr. Auf einen Beitritt zur Glaubensbewegung der DC angesprochen, lehnte Hunzinger diesen unter Hinweis auf die unklare Vergangenheit ihres Führungsmitglieds Albrecht ab. Ende August 1933 beging Albrecht die (wie er es später selbst bezeichnete) »taktische Dummheit«, die Angelegenheit vor den Oberkirchenrat zu bringen. Am 30. August wurde Hunzinger zitiert und genötigt, Namen und Fakten zu nennen, wobei es zu unschönen Szenen zwischen ihm

und Albrecht kam. Um Oberkirchenratspräsident Emil Lemcke zuvorzukommen, beantragte Albrecht selbst die Einleitung
eines Disziplinarverfahrens. Dem Antrag wurde stattgegeben,
Albrecht umgehend vom Pfarramt beurlaubt. Den Sturz vom soeben erreichten Höhepunkt seiner Karriere hat Albrecht nie ver-
wunden,[21] gelang doch dem jüngeren Mitstreiter Schultz aus der
selben Position heraus, die Albrecht nun ruhen lassen musste,
nur zwei Wochen später durch die Wahl der deutschchristlich
dominierten Landessynode der Sprung zum Landeskirchenführer.[22] Albrecht und seine Frau bemühten sich in der Folge, das
Verfahren als rein politisch motiviert darzustellen (»eine weitgehende Verschwörung zu meinem ›Sturze‹«). Im gleichen Sinne
intervenierte der Gauobmann der DC. In einem scharfen Brief
an den ehrwürdigen Oberkirchenrat Bernhard Goesch bezeichnete Albrecht Hunzingers Vorgehen als »eine Gemeinheit, eine
feige Gesinnungslumperei, ein Schlag ins Gesicht aller christlichen Ethik!« und gerierte sich als Opfer einer von der kirchenpolitischen Wahlliste »Evangelium und Kirche« eingefädelten
Intrige.[23] Doch entgegen Albrechts hartnäckiger Behauptungen
gehörte Hunzinger nicht zu jener Liste, vielmehr trat er nach
Eröffnung des Disziplinarverfahrens gegen Albrecht tatsächlich
den DC bei.

Die Voruntersuchung zum Disziplinarverfahren verlief nach
einigen Monaten im Sande. Erkundigungen in Zittow ergaben
lediglich einen Hang Albrechts zu ausgiebigen Trinkgelagen sowie die Erhebung unbegründeter Anschuldigungen gegen die
»sozialismus-verdächtigen« Lehrer des Ortes.[24] Dennoch hielten
sich Gerüchte über »Sauf- und Weibergeschichten«.[25] Albrecht
verzichtete Anfang Februar 1934 auf das nur wenige Wochen
ausgeübte Amt eines ehrenamtlichen Mitglieds des Oberkirchenrats. Auch im Zittower Pfarramt war er schwerlich zu halten, zumal er sich inzwischen dem Pfarrdienst auch innerlich
entfremdet hatte. Albrecht wird später (1938) sagen: »…weil
meine weltanschauliche Einstellung im Laufe der Zeit mehr
und mehr in Widerspruch geriet zu den Erfordernissen, die in
geistlicher Hinsicht an den Träger eines Pfarramtes der evangelisch-lutherischen Kirche Mecklenburgs zu stellen sind«.[26] Wie
er mit dieser Einstellung seine späteren Bemühungen um eine
Rückkehr in den Oberkirchenrat rechtfertigte, bleibt freilich ein
Rätsel.

Die Mecklenburgische Kirchenbuchabteilung

Zu Jahresbeginn 1934 gelang den DC die vollständige Machtübernahme in der mecklenburgischen Kirchenleitung. Am 6. Januar legte Landesbischof Rendtorff, zermürbt von den Auseinandersetzungen mit der Landessynode und Landeskirchenführer
Schultz, sein Amt nieder. Zum 1. Februar erfolgte die endgültige
Gleichschaltung des Oberkirchenrats. Präsident Lemcke wurde
bis zur Pensionierung und Oberkirchenrat Goesch bis zu seiner
Versetzung nach Güstrow als Nachfolger des ebenfalls zwangspensionierten Landessuperintendenten Kittel in den Zwangsurlaub geschickt. Zum neuen Oberkirchenratspräsidenten berief
Landeskirchenführer Schultz den DC und Pg. Hermann Schmidt
zur Nedden, den er schon mit Wirkung vom 1. Februar mit der
Führung der Dienstgeschäfte beauftragte. Gleichzeitig übertrug
er sich selbst und dem ebenfalls neu berufenen Schweriner Landessuperintendenten Johannes Heepe, ebenfalls DC und Pg., die
Ämter von geistlichen Mitgliedern des Oberkirchenrats. Von
der früheren Besetzung des Oberkirchenrats blieb nur noch der
juristische Oberkirchenrat von Hammerstein.[27]

Der ämterhungrige Albrecht konnte nun wieder hoffen. Am
16. April wurde seine Berufung zum Leiter der Kirchenbuchabteilung des Oberkirchenrats mit Wirkung zum 1. Mai bekannt
gegeben. Nur zwei Tage zuvor hatte die entscheidende Besprechung mit dem Gaupersonalamt über die Erleichterung der Beschaffung der Ariernachweise stattgefunden. Der Oberkirchenrat plante danach zum 1. Mai »die Einrichtung einer besonderen
Kirchenbuchabteilung, der die Bearbeitung aller Auskünfte aus
den Kirchenbüchern der mecklenburgischen Kirchen, soweit
sie nicht an das Staatsarchiv oder an das Rostocker Ratsarchiv
abgeliefert sind, übertragen wird. Die gesamten noch im Besitz
der Pfarren befindlichen Kirchenbücher, soweit sie über das Jahr
1876 zurückreichen, sollen an diese Stelle abgegeben werden,
sodass in Zukunft nur diese Stelle zur Erteilung aller Auskünfte
in der Lage ist.« Die bei der Besprechung anwesenden Vertreter
des Gaupersonalamts und des Oberkirchenrats versprachen sich
von dieser Einrichtung neben einer wesentlichen Entlastung der
Pastoren, »[…], die Ausschaltung von Reibungsflächen zu Partei
und Kirche, weiter aber auch eine wesentliche Verbesserung der
sachlichen Arbeit.«[28]

Der Oberkirchenrat veranschlagte die jährlichen sachlichen und personellen Kosten der Einrichtung auf etwa 15.000 RM. Den Unkosten standen nennenswerte Einnahmen nicht gegenüber. Zudem war zu erwarten, dass für die gesamten Nachweise der arischen Abkunft Gebührenfreiheit eintreten werde. Zwar wurde von den Vertretern des Gaupersonalamts anerkannt, »dass die mecklenburgische Kirche durch die Herabsetzung der Gebühren […] im Interesse der Sache ein wesentliches Opfer gebracht hat«.[29] Die Frage, ob es möglich sei, der Kirche bei der Einrichtung der Kirchenbuchabteilung zu helfen, ließ man jedoch offen. Der Oberkirchenrat versuchte auch gar nicht erst zu verhandeln, sondern erklärte beflissen, die Kirchenbuchabteilung »zum 1. Mai ds. Js. auf jeden Fall einrichten« zu wollen.[30] Als Lokal wurden in unmittelbarer Nähe zum Schweriner Bahnhof Räume des Grevesmühlener Hagelversicherungsvereins angemietet. In seiner Bekanntmachung vom 16. April 1934 wies der Oberkirchenrat die Pfarrämter an, »die gesamten noch im Besitz der Pfarren befindlichen Kirchenbücher, soweit sie über das Jahr 1876 zurückreichen, in der Zeit zwischen dem 1. und 9. Mai an den ›Oberkirchenrat, Kirchenbuchabteilung‹, zu Schwerin i. M., Raiffeisenhaus, Wismarsche Str. 61/69, abzuliefern.«[31] Die Einlieferung der Kirchenbücher erfolgte weitgehend reibungslos. Proteste der Pastoren waren selten. Kritik an der aktiven Beteiligung der Kirche an der NS-Ausgrenzungspolitik blieb aus. Im Gegenteil bedauerte der Belitzer Pastor Martin Voß in seiner Beschwerde vom 28. April: »[…] von den Kirchenbüchern hat der Pastor eine wertvolle Möglichkeit, seine Gemeinde tiefer kennen zu lernen, als der Umgang mit den Lebenden allein es geben kann. Ja ihm öffnet sich der Blick in die Sippschaftszusammenhänge und die Herkunft der Familien. Diese Möglichkeit wird nun in einem Augenblick verschlossen, in dem gerade eine neue Erkenntnis der Notwendigkeit dieser Dinge, des Zusammenhanges mit Blut und Boden gewonnen ist.«[32] Auch der Vikar Theodor Schliemann aus Levin mochte die Kirchenbücher erst abgeben, nachdem er die Stammbäume der alten Leviner Bauernfamilien ausgearbeitet hatte.[33]

Für die Ausstellung der Ariernachweise benötigte die Kirchenbuchabteilung die Originalkirchenbücher. Die bis dahin von den Kirchgemeinden geforderte feuersichere Unterbringung war im

Abb. 2: Hauptarbeitsraum der Mecklenburgischen Sippenkanzlei 1937

Raiffeisenhaus nicht zu leisten. Daher konnten den Gemeinden auch nicht zum Ersatz die im Staatsarchiv verwahrten Zweitschriften zurückgegeben werden.

Bis 12. Mai waren die Kirchenbücher von insgesamt 274 mecklenburgischen Kirchgemeinden eingeliefert worden. Nun zeigte sich, dass die Anzahl der Bände die ursprünglich erwartete Höhe bei weitem überstieg. Nach Abschluss der Einsortierung am 2. Juni stellte sich heraus, dass etwa doppelt so viele Bücher unterzubringen waren, als ursprünglich erwartet. Im Juli wurde ihre Zahl auf rund 2.000 beziffert, alle aus dem Zeitraum 1780–1880. Gravierender war die Fehlkalkulation hinsichtlich des benötigten Personals. In vollkommener Unterschätzung der zu erwartenden Antragsflut nahmen am 1. Mai neben dem Leiter, Pastor Albrecht, lediglich zwei Bürokräfte die Arbeit auf. Schon nach einer Woche musste das Personal auf sieben Mitarbeiter erhöht werden. Auch reichte die zur Verfügung gestellte Schreibmaschine nicht aus, sodass die Mitarbeiter ihre Schreibmaschinen von zu Hause mitbrachten. Die Zahl der Beschäftigten stieg weiter rapide. Im Januar 1935 zählte die Kirchenbuchabteilung bereits 34 Beschäftigte, während 1937 mit 70 Beschäftigten das Maximum erreicht wurde. Der größte Teil der kirchlichen Sippenforscher rekrutierte sich aus Arbeitslosen, die für ihre Tätigkeit umgeschult wurden. Aufgrund einer fehlenden staatlichen Gebührenordnung konnten sie allerdings lange nicht angemessen entlohnt werden, was teilweise zu heftigen Spannungen innerhalb der Abteilung und mit dem Oberkirchenrat führte.[34]

Die aus einer Initiative der Kirche hervorgegangene Kirchenbuchabteilung war eine bis dahin in der evangelischen Kirche einmalige Einrichtung,[35] die sich selbst als Vorbild für andere Landeskirchen empfand. Schon bald stieß das mecklenburgische Beispiel auf das Interesse der anderen Landeskirchen. Bereits am 1. Juni 1934 bat der sächsische DC-Landesbischof um Auskunft, insbesondere über die Erfahrungen mit der Abgabe der Kirchenbücher. Zwei Tage zuvor hatte der Oberkirchenrat einen neunseitigen Erfahrungsbericht Albrechts an die Reichskirchenkanzlei in Berlin geschickt. Darin unterstreicht Albrecht den Vorbildcharakter der mecklenburgischen »Kirchenbuch-Zentrale« und regt an »dass *in allen deutschen evangelischen Kirchenbezirken* […] *solche Kirchenbuchzentralen möglichst beschleunigt eingerichtet werden.«*[36] Der »tiefere Sinn dieser Nachweisführung« sei, »*ein möglichst umfangreiches Material über den deutschblütigen, d. h. artgemässen Aufbau und Bestand der deutschen Bevölkerung zu gewinnen und diesen deutschblütigen Aufbau für die Zukunft nach Möglichkeit sicherzustellen.«* »Wenn nun aber der … tiefere Sinn des Abstammungsnachweises wirklich erreicht werden soll, so ergibt sich *die notwendige Forderung, dass die Kirche als Lieferantin des Materials und der Staat bezw. die Partei als Verarbeiter des Materials unbedingt zusammenarbeiten müssen,* damit nicht der ›kulturwissenschaftliche Prozess‹ vom ›Rohstoff‹ (Kirchenbücher) zum ›Veredelungsprodukt‹ (deutschblütiger Volksaufbau) durch begrenzte bezw. getrennte Arbeitsinteressen beeinträchtigt wird.« Albrecht schlägt vor: »Es ist daher dringend zu empfehlen, über die oben angeregte Einrichtung von Kirchenbuch-Zentralen und Vereinheitlichung des Abstammungsnachweises hinaus *in Zusammenarbeit von Staat, Partei und Kirche* für jedes deutsche Landesgebiet (Gau) eine Dienststelle (›Landesamt für Rassen- und Abstammungsforschung‹ oder so ähnlich) zu schaffen, von der alle mit der Frage der deutschblütigen Abstammung zusammenhängenden Angelegenheiten einheitlich bearbeitet werden. Bei dieser Dienststelle würden sämtliche Kirchenbücher (auch die jetzt etwa noch in staatlichen oder städtischen Archiven befindlichen) zusammenzuziehen sein, auf Grund derer eine karteimäßige Bestandsaufnahme der deutschblütigen Bevölkerung

Abb. 3: Edmund Albrecht in seinem Arbeitszimmer

(Einzelpersonen, Familien, Sippen) durchzuführen wäre, deren Vollständigkeit und Volkstumswert durch ständigen Arbeitsaustausch zwischen den einzelnen Landesämtern zu steigern sein würde.«[37]

Nachhaltiger als der Oberkirchenrat dies bisher getan hatte, forderte Albrecht nun die Beteiligung von NSDAP und Staat an Kosten und Aufwand ein, denn »die Kirche an sich braucht für ihren Dienst der Wortverkündigung und der Seelsorge einen solchen Nachweis nicht.« Neben einer materiellen verlangte er auch eine ideelle Unterstützung durch Partei und Staat. Nur so könne die Kirche »ihrer bedeutsamen kulturellen Aufgabe im Dienste unseres deutschen Volkes wirklich gerecht werden: der Grundlage für einen deutschblütigen Volksaufbau«. Zwar hätten das Reich und einzelne Länder diese Aufgabe durch Einrichtung des Sachverständigen für Rasseforschung beim Reichsministerium des Innern bzw. Rasseämter bei einzelnen Landesministerien (Thüringen, Hamburg) bereits in Angriff genommen. »Aber diesen Stellen fehlt das für die rassebiologische Forschung im Einzelnen unentbehrliche Material, wie es in den alten Kirchenbüchern nicht allein in den Personalangaben, sondern daneben in mancherlei anderen Eintragungen (Todesursachen!) vorhanden ist, und zwar vielfach als *einziges* Material, das uns für diese Forschungen aus der Vergangenheit überkommen und für die Zukunft auswertbar ist.« Albrecht schließt selbstbewusst: »Im Interesse des deutschblütigen Volksaufbaus werden die beteiligten Stellen in Staat, Partei und Kirche sich der Berechtigung oder gar Notwendigkeit dieses Gedankens nicht verschließen dürfen.« In Mecklenburg sei diesbezüglich bereits ein bescheidener Anfang gemacht.[38]

Genealogen und »Sippenforscher« begrüßten das Mecklenburger Projekt. Der Sachverständige für Rasseforschung und die Berliner Kirchenkanzlei der DEK zeigten zwar Interesse, doch lehnten sie die Zentralisierung von Kirchenbüchern nach wie vor ab.[39] So gab der zuständige Konsistorialrat bei der Berliner Kirchenkanzlei Paul Walzer zu bedenken: »Andererseits bemerke ich jedoch, daß ich eine derartige Zentralisation *nicht ohne weiteres* als das Ideal der Aufbewahrung der Kirchenbücher ansehen kann. Auch der Herr Sachverständige für Rasseforschung beim Reichsministerium des Innern hat Bedenken gegen eine Zentralisation. Werden die Kirchenbücher zentralisiert, so können sie u. a. sämtlich mit einem Schlage vernichtet werden. (Z. B. bei Brand und Fliegerangriffen.) Auch spricht vieles dafür, dass die Kirchenbücher mit dem Blut und Boden verbunden bleiben, auf dem sie gewachsen sind, und dass sie den Pfarrern und eingesessenen Familien am Ort selbst zur Verfügung stehen.«[40] Tatsächlich beeilte sich der Schweriner Oberkirchenrat, den Bericht Albrechts dahingehend zu korrigieren, dass auch der Oberkirchenrat die »getroffene Lösung keineswegs als ideal« ansehe und »die Einrichtung so keineswegs als dauernd gedacht« sei. Dem von Albrecht postulierten »Mecklenburger Modell« schien somit schon nach wenigen Wochen die erhoffte Ausstrahlungskraft genommen. Dies sollte sich jedoch in dem Maße ändern, wie bei den genannten Berliner Stellen ein Prozess des Umdenkens einsetzte.

Soeben zum Kirchenregierungsrat ernannt – ein Titel, der auf sein Drängen hin extra für ihn geschaffen worden war –, nahm Albrecht vom 8. bis 13. Oktober 1934 an der »Verwaltungswissenschaftlichen Woche« der Verwaltungsakademie Berlin teil. Die Tagung stand unter dem programmatischen Thema »Vom

Standesamt zum Sippenamt« und wurde in Verbindung mit
dem *Reichsverein für Sippenforschung und Wappenkunde* und
dem *Reichsbund der Standesbeamten Deutschlands* veranstaltet.
Von dieser Tagung kehrte Albrecht mit neuem Schwung zurück,
hatte sich in Berlin doch der Beauftragte für Kirchenbuchwesen bei der Kirchenkanzlei Konsistorialrat Friedrich Riehm sehr
aufgeschlossen gezeigt und sich angeblich fünf Stunden mit ihm
besprochen. Auch hatte sich in Beratungen mit dem Sachverständigen für Rasseforschung Achim Gercke sowie Albrechts
Sippenforscherkollegen Gerhard Bürger aus Erfurt und Harald
Thomsen aus Heide der Gedanke entwickelt, Erfurt, Heide und
Schwerin »probeweise zu Sippenämtern auszugestalten und
auf diese Weise die notwendigen Erfahrungen für die künftige
Einrichtung staatlicher Sippenämter zu sammeln, und zwar in
Erfurt aus dem Bezirk einer größeren Stadt, in Heide aus dem
Bezirk einer Landschaft (Dithmarschen) und in Schwerin aus
dem Bezirk etwa eines Gaues«.[41]

Mit neuer Entschlossenheit und ohne sich zuvor des Rück-
halts der Landeskirche zu versichern, fasste Albrecht sein an-
fängliches Ziel erneut ins Auge: die Umwandlung der Kirchenbuchabteilung in ein Sippenamt. Noch im Oktober begann er
eigenmächtig den Tätigkeitsbereich der Kirchenbuchabteilung
auf die Kompetenzen eines Sippenamtes auszudehnen. Die Kirchenbuchabteilung bearbeitete nun auch Anfragen, die über die
bloße Nachforschung in den Kirchenbüchern hinausgingen. Vor
allem wurden jetzt die bearbeiteten Fragebögen nicht mehr an
das Sippenamt bei der Gauleitung, sondern unmittelbar an die
Antragsteller zurückgeschickt.

Schon im August und September war es zu scharf formulierten Beschwerden des Abteilungsleiters des Sippenamts bei der
Gauleitung Mecklenburg, Werner Mittag, gekommen, der über
die schleppende Bearbeitung der Fragebögen durch die Kirchenbuchabteilung geklagt hatte sowie über »die schroffe und ab-
weisende Art« Albrechts, »der in schikanöser Weise Äusser-
lichkeiten zum Anlass nähme, um sich den Wünschen und
Anliegen des Sippenamtes verschliessen zu können«. Schon jene
Beschwerden waren unübersehbar von einer tiefen persönlichen
Antipathie getragen, die ganz auf Gegenseitigkeit beruhte. Sowohl als passionierte Heimat- und Familienforscher als auch
in ihrer Funktion als eifersüchtig über ihre Kompetenzen wa-

chende Leiter zweier verwandter Abteilungen empfanden Mittag und Albrecht einander als Rivalen. Dass Mittag umgehend erneut Beschwerde gegen die eigenmächtige Kompetenzausweitung der Kirchenbuchabteilung einlegte, überrascht daher nicht. Nach stattgefundener Besprechung erklärte Albrecht am 12. November die Angelegenheit für beigelegt, hielt sich aber dennoch nicht an die Abmachungen. Im März 1935 schaltete sich auch der Leiter des Gaupersonalamts der NSDAP, Max Milkowski, ein. Mittag und Milkowski beschwerten sich, dass die Kirchenbuchabteilung parteiamtliche Anträge sowie private Anfragen unbearbeitet zurückschicke. Tatsächlich war die finanziell ständig überforderte Kirchenbuchabteilung dazu übergegangen, rigoros Vorkasse zu verlangen. Unbezahlte Anträge wurden, gleichgültig wie lange sie bereits bei der Kirchenbuchabteilung lagen, unter Hinweis auf die Gebühren unbearbeitet zurückgeschickt. Doch auch bei den bereits bezahlten Anträgen beschränkte sich die Kirchenbuchabteilung darauf, nur die von den Antragstellern in die Bögen eingetragenen Daten zu überprüfen. Eigene Nachforschungen wurden nicht angestellt. Außerdem arbeitete die Abteilung weder mit Akten noch mit Karteien.[42]

Das Protokoll einer Unterredung von Landesbischof Schultz und Oberkirchenratspräsident Schmidt zur Nedden mit Mittag und Milkowski am 4. April 1935 verrät dabei viel darüber, wie seine Parteigenossen Albrecht einschätzten:

»Pg Schulz [sic]: Mir unverständlich! Jeder sieht doch darauf, dass es mit der Partei zusammen gut klappt.

Pg Milkowski: Sein Ehrgeiz ist: eine Uniform.

Pg Schm.z.N.: Den Ehrgeiz hat er nicht zu haben.

Pg Schulz: Seine NSKK-Uniform ist doch so schön!

Pg Mittag: Prof. Burmeister hat schon früher geraten, gebt ihm eine Gauuniform. Albrecht steht auf dem Standpunkt, er genösse dann mehr Respekt, Kreisleiter usw. fänden sonst vielleicht nicht den richtigen Ton ihm gegenüber.

Pg Schulz: Dieselbe Begründung, die er uns für seinen Regierungsrat angab. Das ist immerhin interessant!«[43]

Parteigenosse Mittag nutzte darüber hinaus die Gelegenheit zur privaten Rache. Aus den genannten Gründen und wegen zahlreicher anderer, zum Teil äußerst kleinlicher Vorwürfe veran-

laßte er die Einleitung von neun Verfahren gegen Albrecht vor
dem Parteigericht, die jedoch nach einigen Monaten wieder eingestellt wurden oder mit Freispruch endeten.

Die Mecklenburgische Sippenkanzlei

Albrecht zog sich erneut den Zorn Mittags und Milkowskis
zu, als er wiederum eigenmächtig versuchte, die Kommunal-
amtsleiter dazu zu bewegen, in den Kreisstädten, in denen sich
größere Archive befanden, Sippenkanzleien einzurichten. Am
18. März 1935 gelang es ihm, unterstützt durch den Beauftragten für Kirchenbuchwesen bei der Berliner Kirchenkanzlei, vom
Leiter der Reichsstelle für Sippenforschung (RfS, ehem. Sachverständiger für Rasseforschung) die Genehmigung zu erhalten,
die Kirchenbuchabteilung in »Mecklenburgische Sippenkanzlei
Schwerin« umzubenennen.[44] Der Schweriner Oberkirchenrat
war über Albrechts ehrgeizige Pläne kaum unterrichtet und verhielt sich zurückhaltend.[45] Wohl in Unkenntnis der Genehmigung durch die RfS legte das Mecklenburgische Staatsministe-
rium umgehend Beschwerde gegen die neue Bezeichnung der
Kirchenbuchabteilung ein, da sie »den irrtümlichen Eindruck
einer *staatlichen* Stelle« erwecke. Hintergrund der Beschwerde
war nicht zuletzt ein Ansinnen der Ministerialabteilung des
Innern, die Sippenkanzlei dem mecklenburgischen Geheimen
und Hauptarchiv in Schwerin anzuschließen. Im Hinblick auf
die von Albrecht in Aussicht gestellte Einrichtung von Kreis-
und Bezirkssippenämtern sah das Ministerium allerdings bald
von einem weiteren Verfolg der Angelegenheit ab. Mit welchem
Recht Albrecht die Einrichtung kommunaler Sippenämter ankündigte, wurde nicht hinterfragt. Wie zu erwarten, stieß die
Umwidmung der Kirchenbuchabteilung auch bei Gaupersonal-
und Gausippenamt auf wenig Begeisterung.

Der Leiter der Berliner RfS Kurt Mayer begründete die Umbenennung der Kirchenbuchabteilung damit, dass die Kirchenbuchabteilung schon jetzt wesentliche Aufgaben staatlicher Sippenkanzleien wahrnähme. Ein staatliches Sippenamtsgesetz, das
deren Aufgaben definierte, gab es allerdings noch nicht. Nach
Mayers Plänen zählte zu den Aufgaben einer Sippenkanzlei über
die bloße Bearbeitung der Anträge und der Anfertigung von

Kirchenbuchauszügen hinaus die Auskunftserteilung in allen sippenkundlichen Angelegenheiten, die Ausführung von Forschungsaufträgen sippenkundlicher Art, die fotografische Vervielfältigung und Verkartung personengeschichtlicher Quellen, die Sammlung von Veröffentlichungen zur Sippenkunde, die Sammlung von Inschriften, Wappen und Hausmarken an Gebäuden, Geräten und Grabsteinen sowie die Meldung gefährdeter Schriftdenkmäler.

Die Aufsicht über die Mecklenburgische Sippenkanzlei verblieb bei der Landeskirche. Das Neue im Vergleich zu staatlichen Sippenkanzleien war in Mecklenburg die Größe des Bezirks. Mayer behielt sich daher vor, sie zu einem späteren Zeitpunkt in eine Anzahl kleinerer Sippenämter aufzuteilen.[46] Am 15.–16. Oktober 1935 richtete die Schweriner Sippenkanzlei die »2. Tagung für Referenten der Landeskirchenregierungen und Leiter von Sippenkanzleien und Kirchenbuchzentralen« aus. Das Treffen hatte weitgehend informellen Charakter. Auf einem Folgetreffen zwei Monate später in Hamburg, bei dem nur Vertreter der niederdeutschen Landeskirchen teilnahmen, empfahl der Beauftragte der DEK in Berlin Johannes Hosemann, kirchlicherseits nicht auf das staatliche Sippenamtsgesetz zu warten, sondern baldmöglichst selbst auf Kreis- und Stadtebene Kirchenbuchämter einzurichten. Die RfS bezeichnete dies indigniert als »eine ausgesprochene Abwehrreaktion gegen alle staatlichen Bestrebungen auf dem Gebiet des Kirchenbuchwesens«.[47]

Am 1. Februar 1936 wurde die kirchliche Mecklenburgische Sippenkanzlei der Berliner RfS angegliedert und schied aus der betriebstechnischen Verbindung mit dem Oberkirchenrat aus. Sie bekam damit den Charakter einer gemischt staatlich-kirchlichen Einrichtung, denn die Landeskirche behielt die Aufsicht, soweit kirchliche Belange betroffen waren. Die Stellen des Leiters und seines Stellvertreters wurden in gegenseitigem Einverständnis besetzt. Die Bestellung durch die RfS hatte sich Albrecht schon zuvor besorgt, und zwar rückwirkend zum 18. März 1935, dem Datum der Umwidmung der Kirchenbuchabteilung zur Sippenkanzlei. Die Kirchenbücher blieben Eigentum der Kirchgemeinden.[48] Anlässlich der Angliederung an die RfS wurden erstmals Organigramme des Aufbaus der Sippenkanzlei, der Arbeitsabläufe und der Aufgabenverteilung erstellt. Die Kanzlei präsentierte sich jetzt als vollausgebildete Behörde.[49]

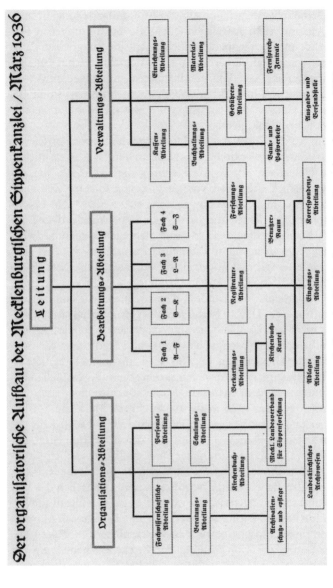

Abb. 4: Der organisatorische Aufbau der Mecklenburgischen Sippenkanzlei, März 1936

Durch die Angliederung an die RfS emanzipierte sich Albrecht in seiner Funktion als Leiter der Sippenkanzlei zunehmend von der Landeskirche. Bei einem Besuch des Reichsbischofs in der Mecklenburgischen Sippenkanzlei am 29. November 1936 händigte er diesem ein Thesenpapier über die Schwierigkeiten bei der Zusammenarbeit von Staat und Kirche in der Sippenforschungsarbeit aus. Darin sprach er sich zugunsten des Staatsinteresses für eine Beschränkung der kirchlichen Selbstverwaltungsrechte aus. Denn das Staatsinteresse habe über dem Kircheninteresse zu stehen: »Diese grundsätzliche Selbstverständlichkeit muß auch gelten im Hinblick auf das kommende Sippenamtsgesetz bzw. Archivalienschutzgesetz und die dadurch gegebenen Erfordernisse. 2. Es »muß verlangt werden, daß die Kirche ihre gesamte Archivalienarbeit im Rahmen der Erfordernisse dem Staate (dem Volk) dienlich macht [...] Wo diesem Verlangen nicht entsprochen wird, ist die Archivalienverwaltung [...] dem einzelnen Pfarramte zu entziehen und [...] in eine kirchliche oder staatliche Zentralverwaltung zu überführen.« 3. »Für den Aufbau der vom Staate vorgesehenen Sippenämter ist die einstweilige Bereitstellung der kirchlichen Archivalien (Kirchenbücher) durch einheitliche kirchliche Anordnung oder Gesetzgebung sofort zu sichern.« 4. Die ideellen und materiellen Rechte der Kirche an ihren Archivalien sind durch Einschaltung eines speziellen Beauftragten der Kirche sicherzustellen.[50]

Diese Vorstellungen stießen beim Staatssekretär im Reichsministerium für die kirchlichen Angelegenheiten, Hermann Muhs, auf Interesse. Am 11. Juni 1937 lud Muhs Albrecht zu einem Gespräch nach Berlin, wo vonseiten Muhs' recht offene Worte fielen. Albrecht berichtete dem Oberkirchenrat in Schwerin (nicht ohne Stolz): »Der Herr Staatssekretär erwiderte [...] darauf, er sei mir dankbar für die gegebenen Hinweise und werde sie weiter verfolgen; im übrigen seien sachliche Schwierigkeiten vonseiten kirchlicher Stellen heute nicht mehr zu fürchten, da der Staat sie erforderlichenfalls zu überwinden wissen werde; das Reichskirchenministerium werde jedenfalls recht bald Zeit und Gelegenheit finden, auch in dieser Beziehung die von mir gegebenen Anregungen zu berücksichtigen und auszuwerten. Auf das von mir dazu geäußerte Bedenken, daß große Teile der Kirche wahrscheinlich hier wieder einen ›unberechtigten staatlichen Eingriff‹ konstruieren würden, erklärte der Herr Staatssekretär dann etwa wörtlich (indem er dabei sehr energisch mit der Hand auf den Tisch schlug): ›Da wird das Reichskirchenministerium rechtzeitig durchgreifen! Der Führer geht mit *uns*!‹« Abschließend lobte Muhs das Mecklenburger Modell: »Mit der Entwicklung, die Sie und Ihr Oberkirchenrat Ihrer vorbildlichen Arbeit gegeben haben, stehen Sie einzig da. Aber seien Sie überzeugt: es ist der richtige Weg! Und gehen Sie ihn weiter!«[51]

Um die Jahreswende 1936/37 begann auch im Schweriner Oberkirchenrat Albrechts Stern langsam wieder zu steigen. Die zahllosen Dienstanerbieten und Vorschläge zur Entlastung des Landesbischofs und zur Verbesserung der Propagandaarbeit, mit denen er Schultz überschüttete, trugen Früchte. So führte Albrecht für Schultz eine »Pfarren-Kartei«, in der die »BK-Leutchen« bzw. die »NS- u. DC-Kameraden« durch entsprechende farbige Reiter gekennzeichnet waren. Gleichwohl blieb Albrecht für viele seiner »Kameraden« mit einem Makel behaftet und »untragbar« für die Propagandaarbeit. Am 16. November 1936 wurde er zum Landeskirchenarchivar bestellt. Mehr Einfluss brachte seine Ernennung zum Sonderbeauftragten des Landesbischofs am 17. April 1937, die ihn mit der Beaufsichtigung der Geschäftsführung der Kirchensteuerämter, des Kirchenarchivamtes und der DC-Geschäftsstelle beauftragte. Auf seinen Wunsch bekam er am 1. Mai 1937 für seine Tätigkeit als Landeskirchenarchivar den Titel eines Konsistorialrats verliehen. Wenig später gelang ihm endlich der lang ersehnte Sprung zurück in den Oberkirchenrat. Mit Wirkung vom 15. Juli wurde er auf Druck von Schultz zum Referenten für den Geschäftsbetrieb im Oberkirchenrat bestellt und in das Kirchenbeamtenverhältnis übernommen. Offensichtlich wurde jedoch vonseiten des Oberkirchenrats erfolgreich versucht, das vermeintliche Organisationstalent kalt zu stellen. Seine zahlreichen Vorschläge zur Verbesserung des Geschäftsbetriebs im Oberkirchenrat wurden genauso wenig umgesetzt wie die von ihm verfolgte Idee der Gründung einer »Bischofskanzlei«. Den ihm mehrfach zugesicherten Arbeitsplatz im Oberkirchenrat fand er meist schon am anderen Tag besetzt vor. Mehr Erfolg war ihm beim Aufbau einer unmittelbar dem Landesbischof unterstellten Landeskirchlichen Nachrichtenstelle (»Dein ›Propagandaministerium‹«) beschieden.[52]

Am 1. Januar 1938 übernahm er die Schriftleitung des im Verlag »Deutsche Christen« erscheinenden Sonntagsblatts »Des deutschen Volkes Kirche«[53]. Seit 1936 entwickelte Albrecht in seiner Funktion als Leiter der Sippenkanzlei eine rege Publikationstätigkeit als Autor und Herausgeber. Gemeinsam mit dem Schweriner Staatsarchivrat Carl August Endler veröffentlichte er das Handbuch »Mecklenburgs familiengeschichtliche Quellen«, ein heute noch unverzichtbares Hilfsmittel mecklenburgischer Familienforschung.[54] Die Mecklenburgische Sippenkanzlei eröffnete 1936 mit einem Beitrag Albrechts über die »Entwicklung von Familiennamen in Mecklenburg« eine eigene Publikationsreihe zur »heimatlichen Sippenforschung«.[55] Im Sommer desselben Jahres gründete Albrecht zudem die Zeitschrift »Der Sippenforscher in Mecklenburg«. Die Monatsschrift war zugleich Mitteilungsblatt des Mecklenburgischen Landesverbandes für Sippenforschung.[56] Die erste Nummer eröffnete der leidenschaftliche Freizeitdichter[57] Albrecht mit einem geradezu wagnerianisch anmutenden Gedicht:

> »Ein Raunen geht durch deutsche Lande:
> des Blutes Stimme ist erwacht
> und sucht die altverschlung'nen Bande
> der Sippenmacht und Ahnenpracht...«

Das Gedicht endet:

> »Und wenn wir faule Stämme roden,
> die bald der Sturm der Zeit verweht:
> wir schaffen deutschem Blut den Boden,
> auf dem des Volkes Zukunft steht – – !«[58]

Obwohl es in Mecklenburg über alle Jahrhunderte hinweg kaum Juden gab,[59] wurde die Ermittlung von Judentaufen zu einem zentralen Forschungsgegenstand Albrechts und der Sippenkanzlei. In der zweiten Ausgabe des »Sippenforschers« (August 1936) veröffentlichte Hans Oberländer, Abteilungsleiter in der Sippenkanzlei, den Beitrag »Ein Kirchenbuch spricht zur Judenfrage« über das Taufregister von Alt Strelitz, in welchem er 24 Eintragungen von Judentaufen feststellte. Daraus zog Oberländer den Schluss: »Die vergilbten Blätter bestätigen der heutigen Nation aufs eindrücklichste die unbedingte Notwendigkeit der Nürnberger Gesetze. Wie außerordentlich dankbar wir unserm Führer für diese Tat sein müssen, vermag wohl nicht zuletzt der

Abb. 5: Kirchenbuchverkartung in
der Mecklenburgischen Sippenkanzlei 1937

Sippenforscher zu entscheiden.« Oberländer berichtete weiter:
»Um nun alle diese Eintragungen zusammenzufassen, ist die
Meckl. Sippenkanzlei zur Anlage einer Judenkartei geschritten.
Es ist jeder Angestellte verpflichtet, jede von ihm beim Durch-
sehen der Kirchenbücher festgestellte diesbezügl. Eintragung sofort herauszuziehen. In absehbarer Zeit wird somit eine durchaus
brauchbare Kartei der Juden aus Mecklenburgs Kirchenbüchern
geschaffen sein.«[60]

Um die Jahreswende 1937/38 veröffentlichten Albrecht und
Oberländer den Aufsatz »Judentum in Mecklenburg um 1800«.
Die Arbeit sollte als »allgemeine Vorbemerkung« zu einer um-
fassender angelegten »Übersicht über Umfang, Verbreitung und
Methode der Judentaufen in Mecklenburg in sippenkundlicher
und kulturgeschichtlicher Beleuchtung« dienen, welche jedoch
nicht mehr erschien. Als Quellenbasis dienten die Kirchenbücher. Wie der Titel der Studie bereits andeutet, gingen die Verfasser von einem »systematischen Streben des Judentums nach
einer einflußreichen Machtstellung in Mecklenburg« und einer
»mehr oder weniger systematisch betriebenen« »blutmäßigen
Verjudung« des deutschen Volkes aus. Dafür, dass seit dem 18.
und 19. Jahrhundert »der jüdische Einfluß wie ein schleichendes
Gift die Kreise der Finanzwirtschaft und des Handels« eroberte,

machten sie den »Finanzbedarf der Herzöge [...] und [...] die jedem Rassebewußtsein fremd gegenüberstehende Frömmigkeitsauffassung jener Zeiten« verantwortlich. Dabei habe gerade die Taufe den Juden »ein weites Feld der Durchsetzung der einheimischen Bevölkerung« eröffnet, »da sie im letzten Grund doch nur Gelegenheit bot, die Ansprüche des Weltjudentums in veränderter Form durchzusetzen: in Form des ›christlich‹ verbrämten Judentums«. Die Autoren dozierten weiter: »Insofern ist die Judentaufe in Tatsache und Tendenz nicht nur eine gelegentliche Begleiterscheinung in der Entwicklung des Judentums, sondern geradezu eine durchaus nicht bedeutungslose Ergänzung oder gar Fortsetzung zu den vom Judentum vertretenen bevölkerungs-politischen Ideen. Von diesem Gesichtspunkte aus betrachtet, ergibt sich erst die wirkliche Bedeutung der lange Zeit hindurch als ›harmlos‹ oder gar ›erfreulich‹ angesehenen Judentaufen [...]«[61] Es sei die »Pflicht der Gegenwart, diese Versündigung an der Rasseeinheit des deutschen Volkskörpers möglichst restlos herauszustellen und für die Zukunft auszuschließen«.[62] Für die folgenden Teile der »Übersicht über Umfang, Verbreitung und Methode der Judentaufen« waren nach Kirchenkreisen geordnete Zusammenstellungen von Judentaufen geplant.[63] Hierzu kam es nicht mehr.

Albrechts Sturz und das Ende der Sippenkanzlei

Anlässlich einer Rechnungsprüfung von Albrechts Dienststellen durch einen Beauftragten für die Kassenaufsicht der Gaugemeinde Mecklenburg der DC und der Nachrichtenstelle wurden gravierende Missstände in der Kassenführung aufgedeckt. Albrecht hatte Zuschüsse aus dem Volkskirchenfonds des Landeskirchenführers über sein Privatkonto laufen lassen und diese häufig nur gekürzt weitergeleitet. Die Kassenführung wurde vom Revisor als »völliges Kunterbunt« bezeichnet. Am Ende ergab sich ein Mindestfehlbetrag von 3.599,77 RM. Hinzu kamen von Albrecht heftig bestrittene Vorwürfe wegen »Verkehr[s] mit weiblichen Gefolgschaftsmitgliedern«, womit seine 25 Jahre jüngere Sekretärin gemeint war.

Am 19. Februar 1938 nahmen Landesbischof Schultz und der Oberkirchenrat sämtliche Berufungen und Bestallungen Albrechts

zurück. Am 1. März 1938 schied Albrecht aus den Diensten der
Sippenkanzlei aus. Verbittert bat er um eine 13monatige Beurlaubung und die Entlassung in den vorzeitigen Ruhestand: »Meine
weltanschauliche Entwicklung ist inzwischen zu Ergebnissen gekommen, die es mir unmöglich machen, noch fernerhin überhaupt ein Amt im Bereich der evangelisch-lutherischen Landeskirche Mecklenburgs zu versehen«. Albrecht wurde am 1. April
1939 in den Ruhestand versetzt und zog nach Wismar, wo ihm
vom Landrat der Aufbau eines Kreissippenamts übertragen worden war.[64] Dina Albrecht trennte sich von ihrem Mann und zog
zu den Schwiegereltern nach Hildesheim. Nach einem äußerst
schmutzigen Prozess wurde die Ehe 1943 rechtskräftig geschieden. Albrecht heiratete bald wieder, und zwar … seine frühere
Sekretärin.[65] Kommissarischer Leiter der Sippenkanzlei wurde
der stellvertretende Leiter Adolf Deichmann. Am 1. April übernahm Oberkonsistorialrat Carl Theodor Clorius die Leitung.
Mit Albrecht hatte die Sippenkanzlei jedoch gewissermaßen ihren Patron verloren und büßte erheblich an Wirkungskraft ein.
Auch das überregionale Interesse erlahmte.

1940 legte die Sippenkanzlei einen Bericht über die ersten
fünf Jahre ihrer Tätigkeit vor. Vom 1. Mai 1934 bis 30. April
1939 hatte sie 418.872 Eingänge bearbeitet und ca. eine Million
Urkunden ausgestellt. 18.127 Personen hatten eigenständig geforscht. Im Krieg erlitt die Arbeit der Sippenkanzlei starke Beeinträchtigungen, indem ein großer Teil der Mitarbeiterschaft zur
Wehrmacht eingezogen wurde und auch Clorius sich verstärkt
anderen Angelegenheiten widmen musste.[66] Anlässlich ihres
zehnjährigen Jubiläums zählte die Sippenkanzlei nur 230.268
hinzugekommene Eingänge sowie ca. 360.000 hinzugekommene
Beurkundungen. Der Geschäftsumfang hatte sich damit im
zweiten Jahrfünft des Bestehens halbiert. Insbesondere seit 1943
war er »stark rückläufig«. Im April 1945 waren von einst 70 Mitarbeitern nur noch acht übrig, von denen nach der Aufhebung
der Sippenkanzlei durch die Militärregierung fünf in das wieder
geschaffene Mecklenburgische Kirchenbuchamt übernommen
wurden.[67]

Albrecht gelang dank des kriegsbedingten Pastorenmangels
im September 1944 kurzzeitig die Rückkehr in den geistlichen
Dienst, indem er die kommissarische Verwaltung der Pfarrämter
Fürstenberg und Sülstorf übernahm. Nach Kriegsende wurde er

vom noch amtierenden Landesbischof Schultz abberufen. Nach der Übergabe der Kirchenleitung an den Landesbruderrat der Bekennenden Kirche erneuerte der neue Landesbischof Niklot Beste die Abberufung mit Wirkung zum 1. Oktober 1945.[68] Am 25. oder 27. April 1946[69] wurde Albrecht ohne Angabe von Gründen durch den NKWD verhaftet und in Neubrandenburg-Fünfeichen sowie ab September 1948 in Buchenwald interniert. Bis 1949 galt er als spurlos verschwunden. Am 3. Juli 1950 wurde er in Waldheim »wegen Verbrechens gegen die Menschlichkeit, begangen durch Förderung der Nürnberger Rassegesetze in Ausfertigung von Kirchenbuchauszügen zum Nachweise der arischen Abstammung (›Meckl. Sippenkanzlei‹) zu 15 Jahren Zuchthaus, Vermögenseinziehung und Berufsverbot verurteilt«.[70]

Am 29. Dezember 1948 war seine Entlassung aus dem Kirchendienst erfolgt. Im Prozess vor der landeskirchlichen Spruchkammer wurden »seine grundsätzliche Judengegnerschaft« und sein fortgesetztes Bemühen als Sippenforscher, »belastendes Material« gegen die Juden zusammenzutragen, zwar erwähnt, in die umfangreiche Urteilsbegründung fanden sie bezeichnenderweise keinen Eingang. Nach seiner Haftentlassung durch Amnestie kehrte Albrecht 1952 nach Hildesheim zurück. Nachdem Bemühungen um eine Übernahme in den Dienst der Landeskirche Hannover scheiterten, unterrichtete er im »Frauenheim vor Hildesheim« in Himmelsthür nichthilfsschulfähige Kinder, wobei auch hier Beziehungen zu einem weiblichen Anstaltspflegling Anstoß erregten. Seine hartnäckigen Forderungen nach einer Revision der in seiner Abwesenheit gefällten Spruchkammerentscheidung und Bezug von Ruhegehalt sollten den Schweriner Oberkirchenrat jedoch noch bis zu seinem Tod am 9. April 1967 beschäftigen.[71]

Ob es der landeskirchlichen Spruchkammer 1948 überhaupt in den Sinn kam, Albrechts Aktivitäten als Leiter der Sippenkanzlei in die Urteilsbegründung aufzunehmen, muss bezweifelt werden. Die Landeskirche Mecklenburgs hat nach dem Krieg, im Gegensatz etwa zur Sächsischen Landeskirche, keine an die Juden gerichtete Schulderklärung abgelegt. Erst anlässlich des 50-jährigen Gedenkens an die Pogromnacht 1988 begann die Landeskirche sich intensiver ihrer Schuld zu erinnern.[72] In seiner Predigt zum Buß- und Bittgottesdienst am 5. November 1988 sprach Landesbischof Christoph Stier in sehr allgemeiner Form die Mitschuld der Landeskirche aus: »Die Kirche, auch unsere Evangelisch-Lutherische Landeskirche Mecklenburgs, war in die Vorurteile und Verblendung hineinverflochten. Sie trägt Mit-Schuld«.[73] Auch die Gottesdienstordnung der Friedensdekade 1988 enthielt ein allgemeines Schuldbekenntnis gegenüber den Juden.[74] Deutlich konkreter fiel das Bekenntnis aus, das die Landeskirche auf ihrer Herbstsynode 1998 ablegte: »Wir gedenken in diesen Tagen der Pogromnacht, die vor sechzig Jahren zum Fanal für den Holocaust an den Juden wurde. Mit Scham müssen wir bekennen, daß damals viele Christen geschwiegen haben und ängstlich beiseite schauten. Noch mehr belastet uns, daß die anti-semitische Rassenideologie in die Gesetzgebung unserer Landes-kirche einfließen konnte und damit nicht nur geduldet, sondern aktiv unterstützt und zum eigenen Anliegen gemacht wurde. Öffentliche Verlautbarungen aus dieser Zeit, die zwar keine Gesetzeswirkung hatten, aber als offizielle Stellungnahmen der Kirche zu verstehen waren, brachten noch deutlicher die Iden-tifizierung mit rassistischem Gedankengut und ihre Verklärung zu einer göttlichen Botschaft zum Ausdruck. […]«.[75]

Trotz solch deutlicher Worte: Die evangelischen Landeskirchen haben erst angefangen, sich des tatsächlichen Umfangs ihrer Be-teiligung an der nationalsozialistischen Ausgrenzungspolitik be-wusst zu werden. Gerade den Kirchenbüchern kam für die NS-Rassenpolitik eine Schlüsselrolle zu. Die Landeskirchen wussten dies. Sie haben den Missbrauch der Kirchenbücher nicht ver-hindert, sondern sich aktiv und – wie das Beispiel Mecklenburg zeigt – mitunter geradezu beflissen an der Identifizierung und Ausgrenzung der Christen jüdischer Herkunft beteiligt.

Anmerkungen

1   Um den kirchenpolitischen Hintergrund erweiterte Fassung des Aufsatzes: Kirchenbücher im Dienst der NS-Rassenpolitik. Pastor Edmund Albrecht und die Mecklenburgische Sippenkanzlei, in: Aus evangelischen Archiven 46 (2006), S. 33–60, u.: Zeitgeschichte regional. Mitteilungen aus Mecklen-burg-Vorpommern 10, H. 1, 2006, S. 62–72. Trotz sehr guter Quellenlage ist die Darstellung des ehemaligen Landesbischofs Niklot Beste zum Kir-chenkampf bis heute die einzige umfassendere Darstellung zur Geschichte

der Landeskirche Mecklenburgs im Nationalsozialismus, die als quellen-
kritisch gelten kann; Niklot Beste, Der Kirchenkampf in Mecklenburg von
1933 bis 1945. Geschichte, Dokumente, Erinnerungen, Berlin 1975. Eine
neue Gesamtdarstellung wird so lange unmöglich sein, wie es an Einzel-
darstellungen mangelt. Neue Aspekte enthält die kürzlich erschienene fa-
cettenreiche Biographie über Pastor Aurel von Jüchen: Ulrich Peter, Möh-
renbach – Schwerin – Workuta – Berlin. Aurel von Jüchen (1902–1991).
Ein Pfarrerleben im Jahrhundert der Diktaturen, Schwerin 2006.

2 Kirchliches Amtsblatt der Evang.-Luth. Landeskirche Mecklenburgs 2000,
   S. 74.

3 Reichsgesetzblatt 1933, Teil 1, 1933, S. 175.

4 Bisher beschäftigen sich nur einzelne, meist regionale Studien zu nord-
   deutschen Landeskirchen mit der Frage des Missbrauchs der evangelischen
   Kirchenbücher zur Ausgrenzung der »nichtarischen« Bevölkerung. Allgemein: Wippermann, Wolfgang: Holocaust mit kirchlicher Hilfe. Neue
   Beweise für die Obrigkeitstreue der Evangelischen im Dritten Reich, in:
   Evangelische Kommentare 9 (1993), S. 519–521. Zu (Alt-)Berlin: Manfred
   Gailus, Beihilfe zur Ausgrenzung. Die »Kirchenbuchstelle Alt-Berlin« in
   den Jahren 1936 bis 1945, in: Jahrbuch für Antisemitismusforschung 2
   (1993), S. 255–280; ders., Vom evangelischen Sozialpfarrer zum nationalsozialistischen Sippenforscher. Die merkwürdigen Lebensläufe des Berliner Theologen Karl Themel, in: Zeitschrift für Geschichtswissenschaft 49
   (2001), S. 796–826. Zu Hannover: Gerhard Lindemann, »Typisch jüdisch«.
   Die Stellung der Ev.-luth. Landeskirche Hannovers zu Antijudaismus, Judenfeindschaft und Antisemitismus 1919–1949, Berlin 1998, S. 243 f. Zu
   Mecklenburg: ders., Antijudaismus und Antisemitismus in den evangelischen Landeskirchen, in: Geschichte und Gesellschaft 29 (2003), S. 575–
   607, hier S. 587–598; Wurm, Kirchenbücher. Zu Nordelbien: Bernhard
   Liesching, »Eine neue Zeit beginnt«. Einblicke in die Propstei Altona 1933
   bis 1945, Hamburg 2002, S. 40–53; Stephan Linck, Die protestantischen
   Kirchenbücher, die Ahnenforschung und die Kirchenarchive in Nordelbien,
   in: Kirche, Christen, Juden in Nordelbien 1933–1945. Die Ausstellung im
   Landtag 2005 (Schriftenreihe des Schleswig-Holsteinischen Landtages 7),
   Kiel 2006, S. 65–77. Zu Württemberg: Eberhard Röhm/Jörg Thierfelder,
   Juden, Christen, Deutsche 1933–1945, 7 Teilbände, Bd. 2: 1935 bis 1938,
   T. 1, Stuttgart 1992, S. 337–347.

5 Archiv für Sippenforschung und alle verwandten Gebiete 10 (1933),
   S. 367–368; Reimund Haas, »Insbesondere die evangelische Kirche bemüht sich nun darum, die Kirchenbuchfrage in der Auseinandersetzung
   zwischen Staat und Kirche zu benutzen, um gegen den Staat Stimmung
   zu machen«. Kirchenarchivare im Spannungsfeld zwischen Kooperation
   und Enteignung 1933–1943, in: Aus evangelischen Archiven 46 (2006),
   S. 65–67.

6 Archiv für Sippenforschung und alle verwandten Gebiete 11 (1934), S. 27.
   Zum Sachverständigen für Rasseforschung, seit 1935 Reichsstelle für Sippenforschung, seit 1940 Reichssippenamt: Wolfgang Ribbe, Genealogie

und Zeitgeschichte. Studien zur Institutionalisierung der nationalsozialistischen Arierpolitik, in: Herold-Jb. N. F. 3 (1998), S. 73–108; Diana Schulle,
Das Reichssippenamt. Eine Institution nationalsozialistischer Rassenpolitik, Berlin 2001.

7 Lindemann, Antijudaismus, S. 587.

8 Erdmann war Anhänger der Bekennenden Kirche. Am 23. August 1933
wurde er von der Pastorenschaft zum stellvertretenden Mitglied der Landessynode gewählt; Beste, Kirchenkampf, S. 48 u. 375.

9 Landeskirchliches Archiv Schwerin (LKAS), Oberkirchenrat (OKR) Gen
1321: Errichtung einer Kirchenbuchabteilung beim Oberkirchenrat sowie die alljährlichen von den Pfarren einzureichenden Kirchenbuchabschriften (Altsignatur OKR II 33f), Bd. 1, 1934–1939.

10 Ebd.

11 Ebd.

12 Albrecht spricht 1917 von »verschiedene[n] seelische[n] Erregungen«,
die ihn ergriffen hätten. Außerdem führte er eine nervöse Ruhelosigkeit
und sein Magenleiden auf seinen Fronteinsatz zurück; LKAS, OKR Perso-
nalia und Examina (PA) A 21: Edmund Albrecht, 1912–1967, Akten zur
1. theol. Prüfung.

13 Gustav Willgeroth, Die Mecklenburg-Schwerinschen Pfarren seit dem
dreißigjährigen Kriege. Mit Anmerkungen über die früheren Pastoren
seit der Reformation, Bd. 1, Wismar 1924, S. 176; ders., Nachtrag, Wismar
1933, S. 136; ders., Nachtrag 1987: Präsident/Präses der Landessynode,
Landessynodalausschuß, Kirchenleitung, Landesbischof, Oberkirchenrat,
Pastoren in allgemeinkirchlichen Aufgaben, bearb. von Johannes Beltz/
Bruno Romberg/Astrid Siegert mit Nachträgen versehen bis 1.9.1993
von Heide-Maria Roettig, Schwerin o. J., S. 50–51; LKAS, Landesbischof
Walther Schultz (LB Schultz) 2–4: Schriftwechsel mit Pastor (Kirchenregierungsrat) Edmund Albrecht, 4 Bde., 1933–1939, 1941–1945; LKAS,
OKR PA A 21; die älteren Personalakten Albrechts sind mit Ausnahme
der Prüfungsakten und der Diensteinkommensakte 1942 beim Bomben-
angriff auf Rostock verbrannt.

14 LKAS, Personengeschichtliche Sammlung (PS) Edmund Albrecht (1889–
1967), 3: Heimatpflege, 1932–1934.

15 Edmund Albrecht, Kirche und Heimatgeschichte, in: Niederdeutsche
Kirchenzeitung. Evangelisch-lutherisches Halbmonatsblatt für Kirche und
Volkstum in Niederdeutschland 2 (1932), S. 329–332, hier S. 332.

16 LKAS, PS E. Albrecht, 4: Vorbereitung und Durchführung des Heimatfestes und des 700jährigen Kirchenjubiläums in der Kirchgemeinde Zittow, 1933, u. 5: Material zu »Geschichte der Wellen« (Geschichte des
Kirchspiels Zittow), 1933–1934; Edmund Albrecht: Im Spiegel der Wellen.
Tatsachen, Berichte und Erzählungen aus der tausendjährigen Geschichte
des Dorfes und der Gemeinde Zittow, Zittow 1933. Für die Chronik hatte
er u. a. seine seit 1928 im »Gemeindeblatt für die Kirchgemeinde Zittow«
erschienene 25-folgige Artikelserie verarbeitet; LKAS, Gemeindeblätter
(GBl), Zittow 1928–1933.

17 Er fügte hinzu: »Im übrigen bin ich wohl in unserem Kreise [gemeint war der NS-Pastorenbund] sogar der älteste ›National-Sozialist‹, denn ich gehörte als Student schon der nat. soz. Bewegung eines Fr. Naumann an und habe viel unter dieser ›Ketzerei‹ leiden müssen!«. Damit erklärte er den liberalen Theologen Friedrich Naumann und seinen demokratisch und sozial gesinnten *Nationalsozialen Verein* kurzerhand zu Vorläufern des Nationalsozialismus. Weiter unten spricht er sogar von »meinen Kämpfen unter Naumann«; LKAS, LB Schultz 2.

18 Anlässlich der Kirchgemeinderatswahl vom Juli 1933 nutzte Albrecht das Gemeindeblatt, um sich als Anhänger der DC zu positionieren und für die »Glaubensbewegung Deutsche Christen« zu werben: »Die geschichtliche Entwicklung unseres Volkes hat weitgehend auch zu einem Wiedererwachen kirchlichen Bewußtseins und kirchlichen Wollens geführt. Machtvoll hat die Glaubensbewegung Deutsche Christen die Geister aufgerüttelt, hat die Gleichgültigen zur Besinnung und die Fernstehenden wieder zur Kirche gebracht durch ihren Ruf zu neuem, lebendigem Glauben. Der neue Staat von heute, durch den Unverstand früherer Machthaber zunächst getrennt von der Kirche, will wieder mit der Kirche Hand in Hand arbeiten, damit die Volksgenossen das verzehrende Gift der Seelenlosigkeit sieghaft überwinden können«; LKAS, GBl Zittow 1933, Nr. 8, 8.

19 LKAS, LB Schultz 2; Beste, Kirchenkampf, S. 52.

20 Albrecht heiratete 1917 Burgardhine (Dina) Röhr, Hotelierstochter aus Hildesheim. Den Entschluss zu heiraten begründete er seinerzeit gegenüber der Prüfungsbehörde ganz rational: »Die mir verordnete Diät und Gelegenheit zur Ruhe zu schaffen, ist mir in dem unruhigen Quartierleben nicht möglich. Ich habe daher die Absicht, zu heiraten und mir dadurch die Gewähr zu schaffen, daß ich die für weitere Arbeitskraft erforderliche Fürsorge und Pflege erhalte«. 1923 erfolgte die Geburt einer Tochter; LKAS, PA 21.

21 Albrecht schrieb seitdem zu jedem 8. August wehmütige Briefe, in denen er Schultz an ihre gemeinsame Berufung in den Oberkirchenrat und ihre vermeintliche Verbundenheit erinnerte und immer neu seine Dienste anbot. In manchen Jahren schrieb er auch erst zu Schultz' Geburtstag, z. B. 20. August 1934: »Vor 12 Tagen (am 8. August) war 1 Jahr vergangen seit dem Tage, an dem Du bei mir in Zittow weiltest und wir beide unsere Berufung in den OKR telephonisch erfuhren. Entsinnst Du? Was alles hat sich in diesem vergangenen Jahre abgespielt und geändert!! Ich weiß, was Du in dieser Zeit an Mühen und Kämpfen hast tragen müssen; und ich bin mit meinen Gedanken und Wünschen bei Dir gewesen – mehr, als Du denkst. Mir wurden ja bald die Hände gebunden. Nichts habe ich in der ganzen Zeit mehr bedauert als die Tatsache, daß ich nicht bei Dir stehen und mit Dir tragen durfte! … Wie ganz anders wäre es heute, wenn ich noch in den Reihen Deiner Mitkämpfer stehen könnte!« Oder 3. Februar 1935: »Es gab einmal Zeiten, in denen wir beide Seite an Seite standen im Kampf um das Neue, das wir sowohl für unsere nationalsozialistische Bewegung wie auch für unsere Kirche wollten.«; LKAS, LB Schultz 2.

22 Ein durch ein rechtlich fragwürdig zustande gekommenes Gesetz des
   Landessynodalausschusses vom 18. Juli 1933 eingeführtes Wahlverfahren
   bevorteilte einseitig die deutschchristliche Seite, indem es den mehrheit-
   lich deutschchristlich gesinnten Kirchenältesten und dem deutschchristlich dominierten Oberkirchenrat die Wahl von mehr als 2/3 der Synodalen übertrug. Am 9. September stimmte Landesbischof Rendtorff der
   Kandidatenwahl des Oberkirchenrats zu. Diese Zustimmung sollte ihm
   nur vier Tage später die Macht kosten. Die Landessynode entzog ihm den
   Vorsitz im Oberkirchenrat sowie die Befugnisse, die Landeskirche nach
   außen zu vertreten, die Berufungsurkunden der Geistlichen und kirchlichen Beamten zu vollziehen sowie kirchliche Gesetze und Verordnungen
   auszufertigen und zu verkünden. Im Gegenzug schuf die Landessynode
   in einer Art Ermächtigungsgesetz (Landeskirchenführergesetz) das Amt
   eines Landeskirchenführers, dem sowohl die Befugnisse der Landessynode als auch des Landesbischofs übertragen wurden. Der Versuch, dem
   Landeskirchenführer auch die Befugnisse des Oberkirchenrats zuzuspre-
   chen, scheiterte vor allem am Widerstand des Oberkirchenrats. Zum Landeskirchenführer wählte die Synode den Führer des NS-Pastorenbundes
   Schultz; Beste, Kirchenkampf, S. 47–58.
23 LKAS, LB Schultz 2. Die Liste »Evangelium und Kirche« vertrat bei den
   Neuwahlen zu den Kirchgemeinderäten am 23. Juli 1933 die Anhänger
   der jungreformatorischen Bewegung bzw. die der Bewegung naheste-
   hende Mecklenburger Gruppe »Deutsche Lutheraner«. Am 7. Juni 1933
   hatte sich auf einer Versammlung einer Gruppe um den zunehmend von
   den DC bestimmten Weg der Kirche besorgter Pastoren und Kirchenäl-
   tester in Schwerin eine Mecklenburger Gruppe der jungreformatorischen
   Bewegung unter dem Namen »Deutsche Lutheraner« gegründet. Aus diesem Kreis ging im September 1933 schließlich der mecklenburgische Pfarrernotbund hervor, dessen Vorsitz Pastor Niklot Beste aus Neubukow und
   Domprediger Johannes Schwarzkopff aus Güstrow übernahmen; Beste,
   Kirchenkampf, S. 39–69.
24 LKAS, LB Schultz 2. Weitere Vorwürfe ergeben sich aus dem Rechtfertigungsschreiben Albrechts an Landesbischof Beste vom 15.8.1945, Bl. 2;
   LKAS, PA A 21; sowie zwei Schreiben von Pastor Gottfried Holtz an Propst
   Wilhelm Vitense vom 4. und 8. Sept. 1933; LKAS, BKGemeinde Waren 7.
25 »Was Albrecht betrifft, so kam der Stoss von Hunzinger, Hunzinger ist
   seit langer Zeit bearbeitet worden, Deutscher Christ und Pg zu werden.
   Die Versuche sind ihm endlich zu dumm geworden, und er hat zu einer
   Parteigrösse gesagt: solange solche Kerle wie Albrecht in der Partei sind
   und Oberkirchenrat werden sollen, trete ich nie in Eure Partei. Darauf
   hat die Partei eine Untersuchung anberaumt. Die Herr[e]n sind nach Zittow gefahren, und da haben sie dann zu hören bekommen, dass ihnen
   schwindelig geworden ist, – Sauf- und Weibergeschichten… Für alle, die
   eine Wiederkehr des gestürzten Zeitgenossen unter allen Umständen vermeiden wollen, ist es jetzt Zeit zu reden«; Pastor Gottfried Holtz an Propst
   Wilhelm Vitense, LKAS, BKGemeinde Waren 7, ebd. 8. Sept. 1933.

26 LKAS, LB Schultz 3.

27 Beste, Kirchenkampf, S. 79–81.

28 LKAS, OKR Gen 1321.

29 Ebd.

30 Ebd.

31 Kirchliches Amtsblatt für Mecklenburg 1934, S. 82–83.

32 LKAS, OKR Gen 1321. Voß war Mitglied und zeitweilig Schriftführer der Bekennenden Kirche; LKAS, BK 197 PA Martin Voß. 1944 versteckten er und seine Frau Anni Rosemarie Dessauer, eine Berliner evangelische Christin jüdischer Herkunft, für vier Wochen im Belitzer Pfarrhaus.

33 »[…] das Eindringen in die Versippung war mir von solchem Wert für die Beurteilung der Gemeinde […]«; LKAS, OKR Gen 1321. Auch Schliemann war Mitglied der Bekennenden Kirche; Beste, Kirchenkampf, S. 376.

34 LKAS, OKR Gen 1321, auch 1326–1327: Der Leiter und die Angestellten der Sippenkanzlei (Kirchenbuchabteilung) (Altsign. OKR II 33f²), 2 Bde., 1934–1964. Die Personalakten der Angestellten haben sich zum großen Teil erhalten; LKAS, Mecklenburgische Sippenkanzlei (MSK) PA 1–51, 1934–1950.

35 Vgl. hierzu: Zweitausend mecklenburgische Kirchenbücher. Ein Besuch in Deutschlands erstem evangelischen Sippenamt, der Kirchenbuchabteilung der mecklenburgischen Landeskirche, in: *Rostocker Anzeiger*, 8.7.1934, 4. Beibl.

36 »Die Einrichtung der Kirchenbuch-Abteilung, […], steht […] einstweilen im Deutschen Reiche einzig da; eine ähnliche Zusammenfassung von Kirchenbüchern zu einheitlicher Bearbeitung ist nach diesseitiger Kenntnis bisher nur in einigen mehr oder weniger eng begrenzten Bezirken vorhanden, so z. B. teilweise in Berlin, in Hamburg, in Lippe (Detmold) […] Wenn es auch zunächst die Aufgabe der Kirchenbuch-Abteilung ist, für den nach Massgabe der parteiamtlichen oder behördlichen Verordnungen zu erbringenden Nachweis der deutschblütigen Abstammung die erforderlichen Unterlagen aus den Kirchenbüchern zu liefern, so werden im Laufe der Zeit weitere Aufgabengebiete hinzukommen, die ebenfalls das in den Kirchenbüchern […] niedergelegte Material benötigen. Es sei nur auf die […] wissenschaftlichen Forschungszwecke hingewiesen, die gerade in der gegenwärtigen Zeit im Hinblick auf einen deutschblütigen Aufbau unseres Volkes bzw. auf eine erbbiologische Bestandsaufnahme der gesamten mecklenburgischen oder gar deutschen Bevölkerung ihre besondere Bedeutung gewinnen werden […]«; LKAS, OKR Gen 1321.

37 Zitate in: Ebd.

38 Zitate in: Ebd.

39 Ebd.; LKAS, MSK 10: Reichsstelle für Sippenforschung, 1934–1944.

40 LKAS, OKR Gen 1321.

41 Ebd. Zu Thomsen und der Sippenkanzlei in Heide vgl. Linck, Kirchenbücher, S. 66–67.

42 LKAS, OKR Gen 1321; LKAS, MSK 15: Gaupersonalamt. Gaukulturamt, 1934–1937. Mit der systematischen Verkartung der Kirchenbücher

wurde erst 1935/36 begonnen. Seit November 1936 wurde sie zudem mit finanzieller und personeller Unterstützung von Reichsnährstand und Landesbauernschaft durchgeführt. Die von der Verkartungsabteilung der Sippenkanzlei erarbeiteten Karteien sind größtenteils noch vorhanden (Alt Meteln, Badresch, Basse, Bellin, Boitin, Boizenburg, Eichhorst, Frauenmark, Groß Raden, Groß Upahl, Tarnow, Waren, Zehna, Zernin); von der Verkartung durch die Landesbauernschaft hat sich nur die Kartei Klütz erhalten; LKAS, MSK 16 Landesbauernschaft, 1936–1938; MSK 31 Grundlisten zur Kirchenbuchverkartung; MSK 44 Verkartete Kirchenbücher; LKAS, Kirchenbuchverkartungen; Verkartung von Kirchenbüchern, in: Der Sippenforscher in Mecklenburg. Mitteilungsblatt des Meckl. Landesverbandes für Sippenforschung 1938, S. 19–20. Zur Kirchenbuchverkartung Weiss, Volkmar: Die Auseinandersetzung zwischen Reichsnährstand und Reichssippenamt um die Kirchenbuchverkartung. Ein Beitrag zur Geschichte der Genealogie in der Zeit des Nationalsozialismus, in: Genealogie 49 (2000), S. 1–17.

43 Hierauf klagt Mittag: »Mich hat er deswegen in Berlin verklatscht, ich hätte dafür gesorgt, dass er die Gauuniform nicht bekäme.« Und weiter unten spricht Schultz sogar vom »Grössenwahn« Albrechts; LKAS, OKR Gen 1321.

44 LKAS, OKR Gen 1321; LKAS, MSK 10.

45 So Schultz an Milkowski: »Wir wissen auch von nichts, er ist auch für uns nie zu erreichen. Und wenn der liebe Gott selbst kommt, ist er nicht da. Wir kennen ihn als schwierigen Charakter«; LKAS, OKR Gen 1321.

46 LKAS, OKR Gen 1321; LKAS, MSK 10.

47 LKAS, OKR Gen 1321; LKAS, MSK 14: Sippenkanzleien. Reichsbund der Standesbeamten Deutschlands. Sippenforschung, 1934–1939; Lindemann, Antijudaismus, S. 593.

48 LKAS, OKR Gen 1321.

49 LKAS, LB Schultz 2.

50 LKAS, LB Schultz 3.

51 Ebd.

52 Ebd.; darin auch die Aufgabengliederung.

53 Des deutschen Volkes Kirche. Sonntagsblatt für deutsche Christen, Hg.: Hossenfelder, Joachim, 3/1938, Nr. 1, S. 8; LKAS, PS E. Albrecht 6: Schriftleitung von »Des deutschen Volkes Kirche«, 1937–1938.

54 C[arl] A[ugust] Endler,/Edmund Albrecht, Mecklenburgs familiengeschichtliche Quellen, Hamburg 1936.

55 Aus vergilbten Blättern. Hefte zur heimatlichen Sippenforschung, hg. von der Mecklenburgischen Sippenkanzlei, 1/1936.

56 LKAS, MSK 11: Der Sippenforscher in Mecklenburg, Bd. 2, 1936–1937.

57 Beispiele für veröffentlichte Gedichte in LKAS, PS E. Albrecht 7: Gedichte und andere Ausarbeitungen, 1910–1932. 1936 widmete er Schultz ein deutschchristliches Kampflied »Heraus, ihr deutschen Christen!«. Nicht minder peinlich berührt das »Lied der Me-Si-Ka«, das er für den Liederzettel zur Maifeier anlässlich des zweijährigen Jubiläums der Mecklenbur-

gischen Sippenkanzlei dichtete. Das Lied war nach der Weise »Im Krug zum grünen Kranze« zu singen. Hieraus nur die letzten Strophen: »Wir wollen helfen bauen / des deutschen Volkes Glück! / Dem Führer wolln wir trauen / mit zukunftsfrohem Blick! // Uns grüßt das Blut der Ahnen / und macht uns stolz zugleich! / Wir grüßen froh die Fahnen / vom dritten deutschen Reich!«; LKAS, LB Schultz 2.

58 Edmund Albrecht: Zum Geleit!, in: Der Sippenforscher 1936, S. 1. Das Gedicht hatte er bereits in die von ihm aus Anlass der oben genannten Maifeier verfasste »M-S-K-Zeitung« aufgenommen, die sich formal und inhaltlich stark an die in seinem Nachlass überlieferten Bierzeitungen aus seiner Studenten- und Militärzeit anlehnte und an Albernheit und Peinlichkeit nur schwer zu überbieten ist; LKAS, PS E. Albrecht 1: Unterlagen aus der Studenten- und Militärzeit, 1911–1919; LKAS, LB Schultz 2.

59 1933 gab es in ganz Mecklenburg lediglich 1.003 Juden; Axel Seitz, Geduldet und vergessen. Die jüdische Landgemeinde Mecklenburg zwischen 1948 und 1990, Bremen 2001, S. 9. Die Zahl der Juden war in Mecklenburg absolut und verhältnismäßig (0,04 %) die geringste im Reich; freundliche Auskunft von Dr. Michael Buddrus, Institut für Zeitgeschichte, Berlin.

60 Oberländer, Hans: Ein Kirchenbuch spricht zur Judenfrage, in: Der Sippenforscher 1936, S. 7–8. Die Kartei der Judentaufen befindet sich heute im Mecklenburgischen Kirchenbuchamt. Sie umfasst etwa 600–700 Personen; LKAS, MSK 45: Kartei der Judentaufen.

61 Edmund Albrecht/Hans Oberländer, Von Juden und Judentaufen in Mecklenburg. Eine Übersicht über Umfang, Verbreitung und Methode der Judentaufen in Mecklenburg in sippenkundlicher und kulturgeschichtlicher Beleuchtung. 1. Teilheft: Judentum in Mecklenburg um 1800 (Allgemeine Vorbemerkung). Sonderdruck aus »Der Sippenforscher in Mecklenburg«, in: Aus vergilbten Blättern 4/1938, S. 1–15, hier S. 1, 10–11.

62 Ebd., S. 13.

63 Ebd., S. 15. »Der Sippenforscher« erschien letztmalig im August 1938. Schon im Juni hatte Albrecht die Schriftleitung abgegeben; Der Sippenforscher 1938, S. 25. Erst 1943 griff Albrecht als Leiter des Schriftleitungsarchivs des *Niederdeutschen Beobachters* seine antijüdischen »Forschungen« in Form der geradezu hasstriefenden Artikelreihe »700 Jahre jüdische Heimsuchung« wieder auf. Die Einleitung zur Artikelreihe stammte wahrscheinlich ebenfalls aus seiner Feder:»Es ist immer mehr klargestellt, daß die wirklichen Kriegsschuldigen unserer Tage in den Reihen des Weltjudentums zu suchen sind, das unsere Kultur zerstören und unser Volk ausrotten möchte. Es mobilisiert seinen Ungeist gegen uns mit hinterhältiger und feiger Grausamkeit, wie es sich immer im Laufe der Geschichte gegen seine Gastvölker betätigt hat. Annähernd 700 Jahre lang hat das Judentum auch unsere mecklenburgische Heimat heimsuchen und ausbeuten können, bis der Nationalsozialismus ihm auch bei uns diese Möglichkeit genommen hat. Wir wollen aber nicht vergessen, was unsere Vorväter unter den jüdischen Machenschaften durch 7 Jahrhunderte haben leiden müssen. Hierzu einen kurzen geschichtlichen Ueberblick zu geben,

ist der Sinn der Artikelreihe unseres Mitarbeiters«; eigenhändige Zusammenstellung der Artikel durch Albrecht; LKAS, LB Schulz 5; LKAS, OKR PA A 21.

64 Seit 15.12.1942 leitete er zudem das Schriftleitungsarchiv des *Niederdeutschen Beobachters* in Schwerin und nahm seine Publikationstätigkeit wieder auf; LKAS, LB Schulz 3–4; OKR, PA A 21. Zur Tätigkeit Albrechts als Kreissippenamtsleiter: Kranz, Greta: Das erste Sippenarchiv seiner Art ist in Wismar. Ganze Dörfer werden in allen Einzelheiten planmäßig erfaßt / Interesse des Reichsführers, in: *Niederdeutscher Beobachter*, 8.3.1941, S. 5. Ergebnis dieser Tätigkeit war das Verzeichnis: Edmund Albrecht (Bearb.), Bauernstellen im Kreis Wismar. Eine Übersicht über Eigentümer, Besitzwechsel und Wirtschaftsentwicklung auf Grund aktenmäßigen Materials, hg. vom Landrat des Kreises Wismar (Abt. Sippenarchiv), Wismar 1940–1941.

65 LKAS, LB Schulz 5.

66 LKAS, OKR Gen 1322: Errichtung einer Kirchenbuchabteilung beim Oberkirchenrat sowie die alljährlichen von den Pfarren einzureichenden Kirchenbuchabschriften (Altsign. OKR II 33f), Bd. 2, 1939–1942.

67 LKAS, OKR Gen 1323: ebd., Bd. 3, 1942–1968; Zeitungsausschnitte zu den Jubiläen in LKAS, MSK 1: Allgemeiner Schriftverkehr, Bd. 3, 1939–1945; Zusammenstellung aller Betriebsübersichten seit Mai 1934 in LKAS, MSK 4: Betriebsübersichten, Bd. 3, 1944–1946.

68 LKAS, LB Schulz 5; LKAS, OKR, PA A 21; dort auch das »aufschlußreiche« Rechtfertigungsschreiben Albrechts an Landesbischof Beste vom 15.8.1945.

69 In der Personalakte finden sich beide Daten. Noch am 24. April 1946 vermerkt ein Pro memoria: »In Sülstorf entfaltet Albrecht eine sehr bedenkenerregende Tätigkeit und unterhält alkoholische Beziehungen. Jetzt versucht er, in eine links gerichtete Partei aufgenommen zu werden.« Schon im März gab Ortspastor Friedrich Helwig gegenüber Landesbischof Beste zu Bedenken: Es »bestehe die Gefahr, daß A's Haltung und die seiner Frau das Ansehen des Pfarrhauses vermindere. Im Pfarrhause sei eine schwer ertragbare Belastung. Es sei auch Flüchtlingsgepäck durch seine Einwirkung verschwunden. In Sülte u. Mirow könnte er sich durch pfarramtl. Aushilfe nützlich machen. Freilich lasse seine Labilität, auch hinsichtlich des Alkohols, jeden derartigen Versuch als gewagt erscheinen«; LKAS, OKR, PA A 21.

70 Ebd.

71 Albrecht gelang es immer wieder einflussreiche Fürsprecher zu finden. Sogar Martin Niemöller versuchte er für sein Anliegen zu gewinnen, – in diesem Falle allerdings ohne Erfolg; LKAS, OKR, PA A 21. In Hildesheim fand Albrecht mit der Erarbeitung der Chronik seines Heimatortes auch wieder zur Heimatgeschichte zurück; Edmund Albrecht, Ortschronik Himmelsthür, hg. von der Gemeinde Himmelsthür, 3 Hefte, [Himmelsthür] 1966–1967.

72 Artikel in: Mecklenburgische Kirchenzeitung 1988, Nr. 45–46.

73 Zitat nach Silke Maier, Auswirkungen des Kirchenkampfes in Mecklenburg. Darstellung der geistlichen und strukturellen Auswirkungen des Kirchenkampfes auf dem Weg der Kirche in Mecklenburg, Wiss. Hausarbeit zum Fakultätsexamen im Fach Kirchengeschichte, Heidelberg 1998, S. 61–71.

74 Annahme von Schuld und Scham, in: Mecklenburgische Kirchenzeitung 43 (1988), Nr. 45.

75 XII. Landessynode der Ev.-Luth. Landeskirche Mecklenburgs, 10. Tagung, Beschluß XII/10–12, S. 15. November 1998.

Manfred Gailus

»Hier werden täglich drei, vier Fälle einer nichtarischen Abstammung aufgedeckt«

Pfarrer Karl Themel und
die Kirchenbuchstelle Alt-Berlin

Am 26. November 1934 richtete der Berliner Pfarrer Karl Themel ein Schreiben an den nationalsozialistischen Sippenforscher Achim Gercke, worin er ihm, dem »Sachverständigen für Rasseforschung beim Reichsministerium des Innern«, seine Mitarbeit anbot: »Wie ich gehört habe, besteht die Absicht, das Kirchenbuchwesen in Berlin zu einer Sippenkanzlei zusammenzufassen. Nach Rücksprache mit dem Herrn Bevollmächtigten der Deutschen Evangelischen Kirche für das Kirchenbuchwesen, Konsistorialrat Riehm, möchte ich mich Ihnen hierfür zur Verfügung stellen.«[1] Themel berichtete von seinen einschlägigen Qualifikationen für eine solche Tätigkeit, die in der 1933 neu entstandenen nationalsozialistischen Dienststelle des Innenministeriums beeindrucken mussten.[2] Bereits seit 1908 arbeite er auf dem Gebiet der Familienforschung und sei mit den wichtigsten Quellen der Sippenforschung, den Berliner Kirchenbüchern, bestens vertraut. Nachdem er kurz zuvor seine Leitungsaufgabe bei der Inneren Mission aus kirchenpolitischen Gründen verloren habe, wolle er seine Kraft nun »dem Nationalsozialismus irgendwie ehrenamtlich anbieten und würde mit besonderer Freude auf meinem alten Arbeitsgebiet der Sippenforschung mithelfen.«[3] Pfarrer Themel verwies auf seine Parteimitgliedschaft seit April 1932 und seinen Einsatz als Sturmmann bei der SA. An der Preußischen Staatsmedizinischen Akademie habe er zudem einen Kurs über »Erblehre und Rassenkunde« absolviert und sei auch auf diesem Gebiet mit den grundlegenden Erkenntnissen vertraut.

Mit diesem aus freien Stücken dargebrachten Angebot eines politisch ehrgeizigen Berliner Pfarrers an eine mit nationalsozialistischer Rassenforschung und -politik befasste staatliche Dienststelle begann eine enge, teils subversive Kooperation zwischen

Teilen der Berliner Kirche und dem NS-Staat auf dem Gebiet der Ariernachweise, die in allen ihren Auswüchsen mit zum Skurrilsten gerechnet werden muss, was in dieser Hinsicht zwischen 1933 und 1945 überhaupt geschah.[4] Wie überall im Deutschen Reich, so hatte seit April 1933 auch in der Hauptstadt ein Ansturm auf die Kirchengemeinden wegen Ausstellung von Abstammungsnachweisen eingesetzt. Vielfach erwiesen sich die Gemeinden von der zeitaufwendigen Sucharbeit überfordert. Zugleich wuchs der politische Druck von Partei und Staatsstellen auf die Kirche, die Kirchenbücher für Zwecke der staatlichen Rassenpolitik zur Verfügung zu stellen. Schon im November 1933 begannen Mitarbeiter der Reichsstelle für Sippenforschung, Berliner Kirchenbücher für ihre spezifischen »Forschungszwecke« zu fotokopieren. Das zu diesem Zeitpunkt weitgehend von Nationalsozialisten und Deutschen Christen beherrschte Konsistorium der Mark Brandenburg sah hierin eine gefällige Amtshilfe für den neuen Staat.[5] Gleichwohl kam es zu vielerlei Reibungen und Konflikten, vielfach befürchteten die Gemeinden den Verlust ihres Eigentums an den Büchern. Langwierige Verhandlungen zwischen den offiziell Beauftragten der Reichskirchenleitung, namentlich Oberkonsistorialrat Johannes Hosemann von der DEK, und Partei- bzw. Staatsstellen über Verwendung der Kirchenbücher waren von gegenseitigem Misstrauen geprägt und kamen seit 1935/36 nicht zu klaren Resultaten.[6]

In dieser Situation mischte sich der um 1933 einflussreiche, vielseitige, umtriebige Berliner Pfarrer Themel ein und schuf, unterstützt von einem Kreis Gleichgesinnter in der Berliner Kirche, eigenmächtig Tatsachen für den Raum Berlin.[7] Themel, seit 1923 Pfarrer in der Hauptstadt, hatte sich frühzeitig für eine Synthese von völkischer Bewegung und Christentum eingesetzt.[8] Seit 1931 zum nebenamtlichen »Sozialpfarrer« für Berlin berufen, wirkte er an vorderster Kirchenfront im Kampf gegen »Marxismus«, »Gottlosigkeit«, »Bolschewismus« – ganz in der Tradition des von ihm verehrten Adolf Stoecker.[9] 1932 schloss er sich der SA und NSDAP an und gehörte seit September 1932 der 1. Reichsleitung der »Glaubensbewegung Deutsche Christen« (DC) an. Als doppelt gläubiger christlicher Nationalsozialist erlebte er mit Hitlers Machtantritt kurzfristig einen wundergleichen kirchlich-politischen Höhenflug, der ihm eine Vielzahl von Führungspositionen bescherte: Referent im Kirchenregi-

Abb. 1: Pfarrer Karl Themel (rechts) im ehemaligen Freidenkerhaus,
jetzt kirchliche Reichszentrale zur Bekämpfung des Gottlosentums
(März 1933)

ment des designierten Reichsbischofs Ludwig Müller seit September 1933, »Präsident des Centralausschusses für die Innere Mission«, »Reichsführer des Evangelischen Männerwerks« und dergleichen mehr.

In zahllosen Vorträgen und Artikeln propagierte Themel 1933 und 1934 sein religiös-politisches Doppelbekenntnis, etwa im Rundfunkvortrag »Evangelium und Deutscher Sozialismus« vom Februar 1934.[10] Der »deutsche Mensch« sei kein Einzelwesen: »In seinen Adern rollt das Blut von Ahnen und Urahnen, in ihm lebt die Seele und der Geist der Eltern und Voreltern weiter. Auf ihrem Ringen und Kämpfen bauen wir unser Leben auf. Die Arbeit vergangener Geschlechter und die Haltung der Volksgenossen um uns und mit uns trägt uns alle und bindet uns mit einem unsichtbaren und geheimnisvollen Band. Wir alle sind Volk, so-

lange wir hier auf Erden leben. Der Satz ›Ich glaube, daß mich
Gott geschaffen hat‹, bedeutet auch: ›Ich glaube, daß Gott Volk
geschaffen hat‹. [...] Wie der elektrische Strom alle Lampen an
seiner Leitung aufglühen läßt, wie das Leben im Frühjahr durch
den Baum alle Aeste mit Laub und Blüte schmückt, so schafft
Gott Leben und Geist im Menschen und durch Volk, Blut und
Rasse. Das Wissen des deutschen Sozialismus um die geheim-
nisvolle Gabe des Volkstums ist ein Stück Erkenntnis der Schöp-
fermacht des ewigen Gottes.« Der angeblich den Deutschen dro-
hende »Volkstod« und die tief eingerissene »Volkszersetzung«
seien daher Vernichtung von Gottes Schöpfung. Die evangelischen Christen bejahten den deutschen Sozialismus, den
»Volk, Führer und Jugend« forderten und gingen diesen Weg in
der Gewissheit, Gottes Willen zu tun. Christen stünden im Ab-
wehrkampf gegen Sünde, Tod und Teufel, daher bekämpften sie
jene dunklen Mächte, die den Weg des Volkes aus Schmutz, Un-
reinheit und Entartung heraus verbauen wollten. Anlässlich der
ersten Reichstagung der Deutschen Christen im April 1933 hatte
Themel beteuert, »wir Christen« unterstützten die Reinigungs-
und Säuberungsaktion des Staates: in den Schulen, im Kampf
gegen Schmutz und Schund, gegen Sexualbolschewismus, bei
der Bekämpfung der Gottlosigkeit. Bei alledem übersähen wir
nicht, dass es das Judentum gewesen sei, das die Gottlosigkeit in
Presse, Kunst und Recht vor allem gefördert habe. Den Kirchengemeinden wies der Pfarrer die Aufgabe zu, künftig »Zellen der
Gesundung im kranken Volkskörper« zu werden.[11]

Als im Herbst 1934 der politische Stern des Hitlervertrauten
und NS-Reichsbischof Ludwig Müller zu sinken begann, büßte
auch Themel, ein enger Mitstreiter des Reichsbischofs, seine
zahlreichen Führungspositionen ein.[12] In dieser Situation eines
ihm drohenden schmerzlichen Karriereabbruchs besann er sich
seiner familien- und sippenkundlichen Kenntnisse und bot der
Reichsstelle für Sippenforschung seine Mitarbeit und enge kirchliche Kooperation an. Ohne eine Legitimation der zuständigen
Kirchenleitung (Evangelischer Oberkirchenrat) abzuwarten, bildete Themel im Verlauf des Jahres 1935 eine inoffizielle kirchliche Vorbereitungsgruppe, um die räumliche Zusammenlegung
und rassistisch motivierte personengeschichtliche Auswertung
sämtlicher Alt-Berliner Kirchenbücher in Gang zu bringen. Seine
engsten Vertrauten in der Kirche waren dabei Kämmerer Karl

Drohmann und der mit Bauangelegenheiten befasste Amtmann Max Stewien von der Berliner Stadtsynode.[13] Wiederholt suchten Themel, Drohmann und Stewien die Reichsstelle für Sippenforschung (RfS) auf – unautorisiert und geradezu subversiv –, um dort über den Fortgang ihrer eigenmächtigen Vorbereitungen zu berichten. Man habe die von der Landeskirche Hannovers eingerichtete »Sippenkanzlei« besichtigt und wolle ein ähnliches Projekt für Berlin verwirklichen.[14] Am 30. Dezember 1935 erschienen die drei Genannten wieder in der Dienststelle am Schiffbauerdamm und kündigten an, die geplante Kirchenbuchzentrale werde in Kürze in Räumen des Gemeindehauses der St. Georgen-Gemeinde (Berlin-Mitte) eingerichtet. Geplant sei nicht allein die Zusammenlegung der Kirchenbücher, sondern die »Verkartung« sämtlicher Eintragungen von 1775 bis 1874. Schon im Januar 1936 solle mit der Verkartung der Jahrgänge 1800 bis 1850 begonnen werden. RfS-Kirchenbuchreferent Gerhard Kayser hielt nach dem Besuch in einer Aktennotiz fest: »Die Herren möchten in enger Fühlung mit der Reichsstelle vorgehen, legen auch, wie mir Pfarrer Themel telefonisch mitteilt, Wert darauf, die Bezeichnung Sippenkanzlei zu führen.«[15]

Zweifellos hatte Pfarrer Themel bei der sich seit 1935 anbahnenden, überaus engen und teilweise subversiven Zusammenarbeit zwischen RfS und kirchlichen Stellen eine Schlüsselrolle inne. Als nationalsozialistischer Überzeugungstäter verknüpfte er die Beziehungen zwischen Parteigenossen in der RfS und kirchlichen Stellen (Berliner Stadtsynodalverband, Konsistorium der Mark Brandenburg), brachte seine einschlägigen Kenntnisse ein und half, kirchliche Ressourcen für Zwecke der NS-Bevölkerungspolitik zu mobilisieren. Nicht zuletzt schuf er sich selbst, neben seiner Pfarrstelle in der Luisenstadt-Gemeinde, ein neues Wirkungsfeld, um sich nach dem kirchenpolitischen Disaster mit dem Reichsbischof bei Partei- und Staatsstellen als wertvoller Mitkämpfer aufs Neue zur Geltung zu bringen. Zentrales Motiv Themels war nicht allein die Rationalisierung der Sucharbeit für die Ariernachweise, sondern vor allem die »Verkartung« der personengeschichtlichen Informationen der Kirchenbücher und deren rassenpolitische Auswertung im Sinne nationalsozialistischer Bevölkerungspolitik. Zu diesem Zweck verfasste Themel 1936 ein Anleitungsheft »Wie verkarte ich Kirchenbücher«, das umgehend mit Finanzmitteln der RfS publiziert wurde.[16] Themel galt auf diesem Gebiet durchaus als Spezialist. Es hatte daher guten Grund, wenn die RfS für die Auswertung von Kirchenbüchern in den zukünftigen staatlichen Sippenämtern reichsweit das »System Themel« propagierte. Was Themel und die RfS so eng miteinander verband war das gemeinsame Anliegen, möglichst lückenlos zu rekonstruieren, wann und in welchem Umfang »jüdisches Blut« in den »deutschen Volkskörper« eingedrungen sei und zu welchem Ausmaß »fremdrassiger Unterwanderung« dies im angeblich gottlos-bolschewistisch degenerierten Berlin geführt habe.[17]

Für die seit Februar 1936 in den Räumen der St. Georgen-Kirchengemeinde anlaufenden Verkartungsarbeiten, an denen bis zu fünfzig Personen beteiligt waren, verfasste Themel im April 1936 eine sehr konkrete »Anweisung für Sonderfälle«, in der es unter Punkt 6 hieß:[18]

»Für jede Judentaufe sind außer der gewöhnlichen Karteikarte 2 Doppel auszufüllen. (Eins für die Reichszentrale für Sippenforschung und eins für die Fremdstämmigen-Kartei für die Berliner Zentralstelle). Bei Namensänderungen (z. B. der Jude Israel erhält in der Taufe den Familiennamen Leberecht) ist der christliche bezw. jüdische Name in dem Feld für Familiennamen in Klammern hinzuzufügen. […] Bei Judentäuflingen sind auf der Rückseite des ersten Doppels die Paten zu vermerken. Diese Karten sind für die eigene Fremstämmigen-Kartei bestimmt. Die 2. und 3. Karte sind in getrennten Briefen zu verpacken. Der Brief für die eigene Fremdstämmigen-Kartei trägt die Aufschrift: Fremdstämmige-K. Der Brief für die Reichsstelle für Sippenforschung die Aufschrift: Fremdstämmige-R. Der Beruf des Judentäuflings ist auf der Rückseite der Karteikarte zu vermerken. Seine eigene Wohnung ist in die Zeile ›Wohnung‹ einzusetzen. Hinter dem Worte Wohnung ist der Zusatz ›d. Tfl.‹ (des Täuflings) anzubringen. Der Ort der Herkunft ist auf der Rückseite zu verzeichnen.

Das gleiche gilt für alle Farbigen und Zigeuner. Türken gelten als Fremdstämmige. Als fremdstämmig ist auch der zu betrachten, dessen einer Elternteil fremdstämmig ist.«

Bis Jahresende 1936 waren die Vorbereitungsarbeiten so weit vorangeschritten, dass die kirchliche Sippenkanzlei, die nun offiziell den Namen »Kirchenbuchstelle Alt-Berlin« tragen sollte, am 12. Dezember feierlich eröffnet werden konnte. Der Berliner Stadtsynodalverband lud zu einem Festakt im Gemeindesaal der St. Georgen-Gemeinde. Zur Begrüßung sprach der zeitweilig der Bekennenden Kirche anghörende Superintendent Richard

Abb. 2: Blick in das Sekretariat der Kirchenbuchstelle Alt-Berlin,
untergebracht im Gemeindehaus der St. Georgen-Gemeinde
in Berlin-Mitte (November 1936)

Zimmermann, Präses der Berliner Stadtsynode. Anschließend
berichtete Pfarrer Themel über den »Aufbau der Kirchenbuchstelle Alt-Berlin«. Im *Völkischen Beobachter* war tags darauf unter der Überschrift »Alle Judentaufen seit 1880 [richtig: 1800] in
der Kirchenbuchstelle Alt-Berlin« zu lesen:

»Sonnabendmittag wurde das neue Georgenstädtische Gemeindehaus
in der Kurzen Straße eröffnet. Gleichzeitig übergab Oberkirchenrat
Dr. Themel vor Vertretern der Partei, des Staates und der Gemeinde
die ›Kirchenbuchstelle Alt-Berlin‹ der Öffentlichkeit. Dr. Kurt Mayer,
der Leiter der Reichsstelle für Sippenforschung, konnte den herzlichen
Dank für die wertvolle Mithilfe beim Aufbau dieses neuerrichteten
Archivs persönlich entgegennehmen. […] Bei der Anlage der Riesen-
kartei ging man mit größter Sorgfalt ans Werk. Die Kirchenbuchstelle
verwertete die Erfahrungen bereits vorhandener ähnlicher Archive in
München, Nürnberg und Hannover. […] In einer besonderen Abteilung sind alle Judentaufen von 1800 bis 1936, die in Berlin stattfanden,
zusammengetragen. Hier werden täglich drei, vier Fälle einer nichtarischen Abstammung aufgedeckt. Interessant ist dabei die Familie
Naphtalin [!] Baruch; der Baumeister Hitzig ist ein direkter Nachkomme
dieses getauften Juden, ebenso erscheint an dieser Stelle der Name Paul
Heyses. Max Sklarek, unrühmlichen Angedenkens, ist ebenfalls einer
dieser Täuflinge.«[19]

Die neuerrichtete kirchliche Dienststelle, deren rassenpolitische Zielsetzungen spätestens durch den Artikel im nationalsozialistischen Zentralorgan allgemein bekannt gemacht worden waren, expandierte rasch. Sie wurde von Themel, der weiterhin als Pfarrer an der Luisenstädtischen Gemeinde amtierte, als nebenamtlichem »Betriebsführer« im Sinne eines nationalsozialistischen Musterbetriebs in der Kirche geführt. Als stellvertretenden Leiter hatte er den befreundeten Parteigenossen und SS-Mann Henry Baer eingesetzt.[20] Im Oktober 1937 waren in der kirchlichen Sippenkanzlei 29 Mitarbeiter tarifmäßig angestellt. Hinzu kam eine größere Gruppe von Hilfskräften, die weiterhin mit der Verkartung beschäftigt waren. Millionen von Karteikarten waren zu beschriften. Der erste Jahreshaushalt 1937/38 schloss mit Ausgaben in Höhe von gut 100.000 Reichsmark, davon etwa drei Viertel Personalkosten. Dem standen Einnahmen von etwa 87.000 Reichsmark gegenüber, die vor allem aus Gebühren für die Unterlagen zum Ariernachweis resultierten. Das Defizit wuchs in den Folgejahren bis zu vierzig Prozent der jährlichen Betriebskosten an. Mit anderen Worten: Die Kirchenbuchstelle Alt-Berlin, faktisch auch eine Arbeitsbeschaffungsmaßnahme für Parteigenossen in der Kirche, wurde wesentlich durch Finanzmittel des Berliner Stadtsynodalverbands mitgetragen.[21]

Sämtliche entdeckten Nichtarierfälle wurden in einer eigenen »Judenkartei«[22] registriert und zugleich der RfS und anderen Staats- und Parteistellen zugeleitet. Solche »Meldungen« betrafen auch aktuelle Erkenntnisse, die sich aus der laufenden Nachfrage nach Urkunden für den Ariernachweis ergaben. Ende 1936 bat der Berliner Polizeipräsident um Amtshilfe. Zwecks Zusammenstellung einer Judenkartei für die »Durchführung des Reichsbürgerrechts« bat er um »Material über getaufte Juden«. Themel hielt Rückfrage bei der RfS, ob sie mit der Weitergabe der Erkenntnisse einverstanden sei. Am 16. Januar 1937 notierte Kirchenbuchreferent Kayser in den Akten, dass Themel auf Weisung des RfS-Chefs Mayer der Bitte des Polizeipräsidenten entsprochen habe.[23] Auch ein kircheninterner, kontroverser Schriftwechsel des Jahres 1938 mit Otto Lerche, Archivar des Konsistoriums der Mark Brandenburg, bestätigt eine solche kirchliche Praxis der Weitergabe von »Forschungsergebnissen«. In der »Praxis der Arbeit«, so Themel, habe sich

die Notwendigkeit ergeben, mit einer Reihe von Dienststellen
in ein »Austauschverhältnis« zu treten. Neben der RfS habe
man dem Reichsführer SS Heinrich Himmler, dem Polizeipräsidenten von Berlin und diversen Gauleitungen der NSDAP mit
Informationen geholfen.[24]

Unter tätiger Mithilfe kirchlich einflussreicher Parteigenos-
sen wie Reichskirchenminister Hanns Kerrl und EOK-Präsident
Friedrich Werner erreichte Themel 1938 die Beförderung zum
nebenamtlichen Konsistorialrat mit dem Referat Kirchenbuch
und Archivwesen. Damit hatte er eine geistliche Ratsstelle beim
Konsistorium inne und nahm an den Sitzungen der Berlin-
Brandenburger Kirchenleitung teil, einem seit 1933 entschieden
deutschchristlich beherrschten Gremium, dem als Präsident
Johannes Heinrich vorstand – Parteigenosse, Jurist und enger
Themel-Vertrauter.[25] Reichskirchenminister Kerrl, EOK-Präsident Werner, Konsistorialpräsident Heinrich, schließlich RfS-
Leiter Mayer – dieser Personenkreis beschreibt die maßgebliche
personelle Vernetzung von Parteigenossen, mit deren Rücken-
deckung und ausdrücklicher Förderung versehen Themel seine
sippenkundlichen Forschungen, kirchliche Hilfsarbeiten für die
Rassenverfolgung, betreiben konnte.[26] Wie viele Indizien und
Gesten belegen, bewunderte Themel besonders den jungen,
machtbewussten und skrupellosen SS-Obersturmführer Mayer,
der ursprünglich aus dem Rasse- und Siedlungs-Hauptamt kam,
sich 1935 usurpatorisch der RfS-Leitung bemächtigte und stets
im unmittelbaren Kontakt zu Heinrich Himmler und Reinhard
Heydrich stand.[27] Seit 1935 leistete Themel verdeckte Zuträger-
dienste aus dem Kirchenbereich für Mayer, wie zahlreiche interne Aktennotizen der RfS belegen. Anfang 1939 begrüßte Themel seinen heimlichen Vorgesetzten: »Die Jahreswende 1938/39
soll nicht vorübergehen, ohne dass ich Ihnen persönlich, sowie
im Namen der Vereinigung der Berufssippenforscher die herz-
lichsten Wünsche ausspreche. Möge das Jahr 1939 Ihnen und
Ihrer Arbeit viele Fortschritte und Erfolge schenken. Ich ver-
binde mit diesen Worten zugleich den Dank und für die viele
Hilfe, die die Vereinigung der Berufssippenforscher und ich
von Ihnen empfangen haben und bitte Sie, uns Ihr Wohlwollen
auch im neuen Jahr zu erhalten. Ich verspreche Ihnen, daß wir
in Treue hinter Ihnen stehen und Sie, wo nur möglich, unterstützen werden.«[28] Mayer dankte postwendend: »Hoffentlich bringt

uns das Jahr 1939 das Sippenamtsgesetz und damit die Gelegenheit, noch stärker wie bisher an der uns lieb gewordenen Sache
zusammen zu arbeiten.«[29]

Jenes »Sippenamtsgesetz«, auf das Mayer und Themel gemeinsam hofften, um ihre kooperierenden Forschungen in
staatlich geführten Sippenämtern reichsweit, flächendeckend
und gewiss mit mehr Personal noch professioneller fortzufüh-
ren, kam bekanntlich nicht.[30] Gleichwohl liefen die Themel-
schen Kirchenbuchauswertungen auch zu Kriegszeiten weiter,
wenn auch kriegsbedingt mit reduzierten Belegschaften. Wenige Wochen nach Beginn der Deportationen von Juden in
Berlin feierte die Kirchenbuchstelle ihr fünfjähriges Bestehen.
Dies veranlasste Pfarrer Themel zu einer Leistungsbilanz, über
die auch im *Völkischen Beobachter* berichtet wurde.[31] Im Laufe
von fünf Jahren seien für über 160.000 Anträge auf deutschblütige Abstammung exakt 332.595 »Feststellungen« getroffen
worden. Über 250.000 Urkunden für den Ariernachweis seien
ausgestellt worden. Zahlreiche Partei- und Staatsstellen hätten
um Auskünfte gebeten. Besonders gewissenhaft sei bei der Feststellung der »Fremdstämmigkeit« verfahren worden. Eine besondere »Fremdstämmigen-Kartei«, beginnend mit der ersten
Judentaufe in Berliner Kirchenbüchern und bis zum Jahr 1874
reichend, sei eingerichtet worden. »Im ganzen wurden in 2.612
Fällen jüdische Abstammung festgestellt. Das scheint an und für
sich nicht viel zu sein, aber es sind doch in jedem Jahr über 520
Feststellungen gewesen, je Tag fast 2 Feststellungen.« Auf diese
»Feststellungen« war Themel besonders stolz. Über die »Arbeit
an der sachlichen Feststellung deutschen, artverwandten oder
auch fremden Blutes hinaus«, so betonte Themel, habe die Kirchenbuchstelle auch einen großen ideellen Dienst geleistet. Ihre
Forschungen hätten dem Menschen der Gegenwart das Bewusstsein vermittelt, »daß er getragen wird von der Blutsgemeinschaft
des Volkes und von seiner Sippe, und daß er nur ein Glied in der
Kette von den Ahnen zu den Enkeln ist, deren bestes Erbgut er
weiterzugeben hat zum Heil des ewigen Deutschland.«

Vieles deutet darauf hin, dass Themels stetig gewachsene
nationalsozialistische Gläubigkeit gegenüber seiner christlichen
Herkunftsprägung inzwischen dominant geworden war. Nicht
nur, dass er – der im kirchlichen Dienst stehende Pfarrer – seine
primäre Loyalität eindeutig Parteileuten und staatlichen Stellen

entgegenbrachte, wie besonders der vertrauliche und geradezu subalterne Umgang mit RfS-Leiter Mayer zeigt. Einige Indizien sprechen dafür, dass der sippenforschende Pfarrer sich während der Kriegsjahre mit dem Gedanken trug, vollständig in den Dienst des NS-Staates überzutreten. Eine Kartei im Reichssicherheitshauptamt über »Geistliche, die aus dem Kirchendienst ausgeschieden« sind, belegt, dass Themel gegen Ende 1943 einen Antrag auf Übernahme in den Staatsdienst gestellt hatte. Vermutlich sah er sich zukünftig, nach dem erwarteten siegreichen Krieg, in der Position eines staatlichen Sippenamtsleiters. Auf der Karteikarte ist vermerkt: »Themel ist Leiter der Kirchenbuchstelle der evangelischen Kirche in Berlin. Auf Veranlassung des Reichssippenamtes ist er vorerst noch im Kirchendienst geblieben.«[32]

Pfarrer Themels verblüffende Nachkriegskarriere kann als ein Lehrstück für die besondere Art von Vergangenheitspolitik der Berliner Kirche gelten.[33] Zunächst entfernte sich Themel bei Kriegsende von seiner Berliner Gemeinde und zugleich aus dem unmittelbaren Einflussbereich der russischen Besatzungsmacht und ließ sich vom Konsistorium Magdeburg mit der kommissarischen Verwaltung einer verwaisten Pfarrstelle in Bertkow (Kreis Osterburg/Altmark) westlich der Elbe betrauen.[34] Erste Kontakte mit dem zuständigen Konsistorium der Mark Brandenburg in Berlin zeigten, dass man dort offenbar wenig über seine einschlägigen NS-Sippenforschungen wusste. Im Februar 1947 wurde er von dort aufgefordert, über seine kirchliche Vergangenheit, insbesondere seine Tätigkeiten als Leiter der Kirchenbuchstelle Alt-Berlin, Auskunft zu geben.[35] Im Dezember 1948 kam ein in Berlin eingeleitetes Spruchverfahren gegen Themel vorläufig zum Abschluss. Die kirchliche Spruchkammer I entschied zunächst auf »Entfernung aus dem Amt«.[36] Im Berufungsverfahren erreichte Themel im Juni 1949 eine entscheidende Revision, indem auf »Versetzung in eine andere Stelle« entschieden wurde. Seine Mitarbeit in der SA, der NSDAP, bei den DC und sein Vertrauensverhältnis zu führenden Parteileuten wurden ihm zwar weiterhin angelastet, jedoch hielt man ihm zugute, dass er trotz aller außerkirchlichen Abhängigkeiten die ihm gestellten Aufgaben stets so zu lösen versucht habe, dass der Kirche kein Schaden entstanden sei. Es müsse ihm zugestanden werden, dass er sein »Archivpflegeramt« trotz parteimäßiger Einstellung sachlich und objektiv ausgeübt habe.[37] Faktisch war die Beurteilung Themels durch die Nachkriegskirchenleitung eine Mischung von Nichtwissen und Nichtwissenwollen. Eine Befragung von kirchlichen Mitarbeitern im Konsistorium und in der Stadtsynode, insbesondere des Archivars Otto Lerche, hätte der landeskirchlichen Spruchstelle leicht die Augen öffnen können. Man wollte unter der alles beherrschenden Ägide von Bischof Otto Dibelius, so der deutliche Anschein, die peinliche ›Angelegenheit Themel‹ möglichst stillschweigend unter den Teppich kehren.[38]

Schritt für Schritt arbeitete Themel – vorübergehend in die brandenburgische Provinz ›verbannt‹ – nun an seiner rehabilitierenden Rückkehr nach Berlin. 1952 bot er Präses Kurt Scharf seine Dienste auf dem Gebiet des Kirchenbuch- und Archivwesens an.[39] Nach seiner Emeritierung (1954) als Pfarrer in Markau (Kreis Nauen) konnte Themel nach West-Berlin, in den innerkirchlich so sehr begehrten Geltungsbereich der DM-West, umziehen. Die Strafversetzung in den Osten war damit behoben. Nach Ableben des landeskirchlichen Archivars Lerche bestellte das Berliner Konsistorium Themel 1954 zum nebenamtlichen Sachbearbeiter für das Archiv- und Kirchenbuchwesen. Zugleich engagierte er sich an führender Stelle in der »Arbeitsgemeinschaft für Berlin-brandenburgische Kirchengeschichte«.[40] Anlässlich seines 75. Geburtstags im Jahr 1965 erhielt der Jubilar vom Konsistorium ein Buchgeschenk und »10 Flaschen Sekt«.[41] Der HEROLD (Verein für Heraldik, Genealogie und verwandte Wissenschaften zu Berlin), dem Themel seit 1941 angehörte, verlieh dem verdienten Sippenforscher zu seinem 80. Geburtstag den Ehrentitel der »korrespondierenden Mitgliedschaft«.[42] Im Nachruf auf den 1973 Verstorbenen würdigte der landeskirchliche Archivar Volkmar Drese den Begründer der Kirchenbuchstelle Alt-Berlin: »Den von ihm entwickelten Methoden und seiner Initiative ist es zu danken, dass in den Folgejahren [seit 1935] die Kirchenbücher der Berliner Gemeinden von Beginn bis 1875 fast lückenlos verfilmt und damit nach dem in den Kriegsjahren bis 1945 eingetretenen Verlust der meisten Originale in dieser Form als die wesentlichen Quellen zur Berliner Bevölkerungsgeschichte überliefert worden sind. Durch unermüdlichen Fleiß, Hilfsbereitschaft und leidenschaftliches Interesse an der Genealogie hat Karl Themel weit über die Grenzen unserer Stadt und des Landes Brandenburg hinaus der wissenschaftlichen Genea-

logie einerseits und der Familienforschung im speziellen andererseits außerordentlich wertvolle Dienste geleistet.«[43]

*

Es vergingen weitere zwei Jahrzehnte, in denen die kircheneigenen Judenforschungen im Umkreis der Themelschen Kirchenbuchstelle Alt-Berlin aktiv beschwiegen wurden.[44] Erst 1993
deckten zeitgleich zwei Publikationen diese direkte kirchliche
Partizipation an der nationalsozialistischen Judenverfolgung
auf.[45] Auch das hatte zunächst wenig Folgen im Kirchenbereich,
es gab keinen Aufschrei. Erst in diesem Jahrzehnt (1990er Jahre),
fünfzig Jahre nach dem Geschehen, konnte die in Berlin besonders langwährende kirchliche Wahrnehmungsverweigerung
ansatzweise durchbrochen und ein Bewusstsein dafür geschaffen werden, dass hier – in der Frage des kirchlichen Umgangs
mit den Christen jüdischer Herkunft – ein sehr großes, bisher
verdrängtes und völlig brachliegendes Aufarbeitungsthema
kirchlicher Erinnerungskultur liegt.[46] Parallel zum Erscheinen
einschlägiger Gesamtdarstellungen, etwa der verdienstvollen
Analyse und Dokumentation von Eberhard Röhm und Jörg
Thierfelder, und konkreter Regionalstudien, beispielsweise von
Sigrid Lekebusch zum Rheinland oder Gerhard Lindemann
über die Landeskirche Hannovers, wuchsen auch innerkirchlich
die Bestrebungen, dieses schwierige, angstbesetzte Thema für
den Raum Berlin-Brandenburg endlich in Angriff zu nehmen.[47]
Einen wesentlichen Impuls lieferte schließlich die bischöfliche
Bußtagspredigt Wolfgang Hubers vom November 2002 in der
Berlin-Zehlendorfer Pauluskirche, die die Dinge beim Namen
nannte und zu nachhaltiger kirchlicher Erinnerungsarbeit und
Entwicklung einer angemessenen Gedenkkultur aufrief.[48] Dieser Appell und weitere publizistische Anstöße[49] hatten schließlich zur Folge, dass sich seit einigen Jahren ein Arbeitskreis
»Christen jüdischer Herkunft im Nationalsozialismus« intensiv
dieser Thematik annahm und ein kircheninternes Forschungs-
projekt zu den Schicksalen evangelischer Nichtarier im Raum
der Berlin-Brandenburger Kirche in Gang setzte.[50] In diesem
Zusammenhang wird auch im einzelnen zu erforschen sein,
welche Konsequenzen die »Erkenntnisse« der Themelschen Sippenforschungen in der Kirchenbuchstelle Alt-Berlin und deren

Weitergabe als »Meldungen« an Partei- und Staatsstellen für die Betroffenen hatten. Es bleibt zu hoffen, dass eines Tages die Namen der verfemten und verfolgten evangelischen Christen jüdischer Herkunft in den Kirchengemeinden öffentlich auf Tafeln genannt werden und dass auch die Namen der kirchlichen Mittäter nicht länger verschwiegen werden.

Anmerkungen

1 Vgl. Geheimes Staatsarchiv Preußischer Kulturbesitz (GStAPK), Rep 309, Nr. 545; Schreiben Themel vom 26.11.1934 an den Sachverständigen für Rasseforschung beim Reichsministerium des Innern.

2 Der »Sachverständige für Rasseforschung beim Reichsministerium des Innern« leitete die im Zuge des Gesetzes zur Wiederherstellung des Berufsbeamtentums eingerichtete Dienststelle, die ab 5.3.1935 offiziell »Reichsstelle für Sippenforschung« hieß und am 12.11.1940 in »Reichssippenamt« umbenannt wurde. Achim Gercke hatte die Position bis Januar 1935 inne. Er wurde von Kurt Mayer verdrängt, der die Behörde bis Kriegsende führte. Hierzu ausf. Diana Schulle, Das Reichssippenamt. Eine Institution nationalsozialistischer Rassenpolitik, Berlin 2001.

3 Schreiben Themel an Sachverständigen für Rasseforschung (wie Anm. 1).

4 Vgl. zu dieser Allianz: Manfred Gailus, Beihilfe zur Ausgrenzung. Die »Kirchenbuchstelle Alt Berlin« in den Jahren 1936 bis 1945, in: Jahrbuch für Antisemitismusforschung 2 (1993), S. 255–280; ders., Vom evangelischen Sozialpfarrer zum nationalsozialistischen Sippenforscher. Die merkwürdigen Lebensläufe des Berliner Theologen Karl Themel (1890–1973), in: ZfG 49 (2001), S. 796–826.

5 Gerhard Kayser, Kirchenbuchfürsorge der Reichsstelle für Sippenforschung, in: Archivalische Zeitschrift 45 (1939), S. 141–163, S. 148.

6 Ausf. hierzu: Gailus, Beihilfe zur Ausgrenzung, S. 261 ff.

7 Karl Themel, geb. 1890, absolvierte 1908 bis 1912 ein Theologiestudium in Halle, Tübingen und Berlin. Bereits mit 24 Jahren wurde er 1914 zum Pfarramt ordiniert. Den Ersten Weltkrieg machte er als freiwilliger Feldgeistlicher mit. Nach ersten Pfarrstellen in der Provinz Brandenburg gelang ihm 1923 der wichtige Karrieresprung auf eine Pfarrstelle an der Berliner Samariter-Gemeinde, 1928 wechselte er an die traditionsreiche Luisenstadt-Gemeinde. Ausf. zur frühen Biographie: Gailus, Vom evangelischen Sozialpfarrer.

8 Vgl. insbesondere: Karl Themel, Der religiöse Gehalt der völkischen Bewegung und ihre Stellung zur Kirche, Berlin 1926.

9 Hierzu programmatisch: Karl Themel, Lenin anti Christus. Eine Einführung in die Lehre und Methode der Gottlosen für jedermann, Berlin 1931; ders., Dienst am Erwerbslosen. Ein Merkbuch, Berlin 1932.

10 Karl Themel, Evangelium und deutscher Sozialismus. Eine Rundfunk-rede, gehalten über den Deutschlandsender, in: Mann und Kirche 2, Nr. 2, Februar 1934 (alle folgenden Zit. ebd.).

11 Karl Themel, Referat »Sozialfragen«, in: Volk und Kirche (Schriftenreihe der »Deutschen Christen«, H. 4), Berlin 1933, S. 35–39.

12 Zum dramatischen Positionsverlust Reichsbischofs Müller im Herbst 1934: Thomas Martin Schneider, Reichsbischof Ludwig Müller. Eine Untersuchung zu Leben, Werk und Persönlichkeit, Göttingen 1993; Jochen Christoph Kaiser, Sozialer Protestantismus im 20. Jahrhundert. Beiträge zur Geschichte der Inneren Mission 1914–1945, München 1989, S. 298–315, bes. Anm. 217, S. 311 f.

13 Vgl. zu Drohmann (1895–1945): Landeskirchliches Archiv der evange-lischen Kirche Berlin-Brandenburg-schlesische Oberlausitz (LABB), Per-sonalakte Direktor Drohmann; zu »Baumeister« Stewien (1875–1958), Leiter des Baubüros des Stadtsynodalverbands, vgl. ebd., Personalakte Amtmann Max Stewien.

14 Geheimes Staatsarchiv Preußischer Kulturbesitz (GStAPK), Rep 309, Nr. 545; Notiz Kayser vom 7.11.1935 über ein Gespräch der Herren Droh-mann und Stewien von der Berliner Stadtsynode in der RfS mit Dr. Mayer. Zur etwa zeitgleich eingerichteten kirchlichen »Sippenkanzlei« in Hanno-ver vgl. den Beitrag von Hans Otte in diesem Band.

15 Ebd., Aktennotiz Kayser vom 3.1.1936.

16 Karl Themel, Wie verkarte ich Kirchenbücher? Der Aufbau einer alpha-betischen Kirchenbuchkartei, Berlin 1936. Für diese Hilfsarbeiten für den NS-Staat, so betonte Themel, dürften nur »politisch einwandfreie Leute« eingesetzt werden. »Fremdstämmige, Mischlinge und jüdisch Versippte kommen für diese Arbeit, die eine Vertrauensarbeit ist, nicht in Frage.« (ebd., S. 24 ff.).

17 Dieses war die Terminologie, in der Themel und seine kirchlichen Helfer dachten und die sie vollständig mit der Ideenwelt der RfS teilten.

18 Vgl. GStAPK, Rep 309, Nr. 545; Karl Themel: »Anweisung für Sonder-fälle« (ca. 28.4.1936).

19 Völkischer Beobachter, 13.12.1936.

20 Vgl. Karl Themel, Zum Gedächtnis an Henry Baer, in: Familie, Sippe, Volk 7 (1941), S. 109; im Nachruf auf den im August 1941 bei Leningrad Ge-fallenen schreibt Themel: »Sein Vermächtnis an uns ist Treue und Zuver-lässigkeit in der Weiterarbeit an unserer Aufgabe, der Aufartung unseres Volkes zu dienen.«

21 Zu den Betriebsverhältnissen der Kirchenbuchstelle s. GStAPK, Rep 309, Nr. 546; Aktenvermerk Schofeld vom 20.10.1938.

22 Die Kartei der Kirchenbuchstelle Alt-Berlin, einschließlich der Themel-schen »Judenkartei«, existiert noch heute als ein papierenes Monument nationalsozialistischen Rassenwahns in der Kirche, aufbewahrt und für ak-tuelle Familienforschungen genutzt im landeskirchlichen Archiv in Berlin.

23 GStAPK, Rep 309, Nr. 607; Schreiben des Polizeipräsident in Berlin vom 16.12.1936 an die Kirchenbuchstelle Alt-Berlin; Leiter der Kirchenbuch-

stelle Alt-Berlin Themel vom 21.12.1936 an RfS; Aktennotiz Kayser vom 16.1.1937.

24 Ebd., Rep 309, Nr. 546; Schreiben Themel vom 5.10.1938 an das Ev. Konsistorium der Mark Brandenburg; zum Archivar Otto Lerche (1885–1954), in mancher Hinsicht ein kirchlicher Gegenspieler Themels, vgl. LABB, Bestand 616, Nr. 1; Archivar Dr. Otto Lerche, Bde. 1–4.

25 Zu diesen Vorgängen: LABB, Personalakten Karl Themel, Ergänzungsband 1939.

26 Zu dieser einflussreichen, durch NSDAP-Mitgliedschaft definierten Vernetzung von kirchlichen und staatlichen Funktionsträgern in Berlin: Manfred Gailus, Protestantismus und Nationalsozialismus. Studien zur nationalsozialistischen Durchdringung des protestantischen Sozialmilieus in Berlin, Köln 2001, bes. S. 490–494.

27 Eine Biographie dieses extrem fanatischen NS-Überzeugungstäters fehlt bisher. Vgl. jedoch die biographischen Hinweise in: Wolfgang Ribbe, Genealogie und Zeitgeschichte. Studien zur Institutionalisierung der nationalsozialistischen Arierpolitik, in: Herold-Jahrbuch, N. F. 3 (1998), S. 73–108, bes. S. 92 ff.; und durchgängig: Schulle, Reichsstelle für Sippenforschung. Mayer (1903–1945) entstammte einer Pfarrerfamilie. Er studierte Jura und Geschichte und wurde 1929 mit einer historischen Studie (»Genealogisch-heraldische Untersuchungen zur Geschichte des Königreichs Burgund«) promoviert. Schon als Student schloss er sich der NSDAP an. Im Juli 1935 war er neben seiner hauptamtlichen Stellung als Leiter der RfS »Amtsleiter im Stabe des Stellvertreter des Führers«, »SS-Obersturmführer im Stabe Reichsführer SS«, »Hauptabeilungschef im Rasse- und Siedlungs-Hauptamt SS«. 1942 bekannte er hinsichtlich seiner Leitungsposition in der RfS, er habe sich an dieser Stelle stets als Platzhalter für den Reichsführer SS gesehen. Im September 1942 bezeichnete er die »Ausmerzung der Juden aus dem deutschen Volkskörper« als eines der wichtigsten Arbeitsgebiete der Sippenamtsverwaltung. Sie sei in dieser Hinsicht bereits entscheidend tätig geworden und noch tätig. Zit. n. Volkmar Weiss, Die Auseinandersetzungen zwischen Reichsnährstand und Reichssippenamt um die Kirchenbuchverkartung. Ein Beitrag zur Geschichte der Genealogie in der Zeit des Nationalsozialismus, in: Genealogie 49 (2000), H. 1–2, S. 1–17, hier S. 3 und 12. Zusammen mit seiner Ehefrau und mehreren Kindern beging er im Juni 1945 Familien-Suizid in Bad Oldesloe.

28 Bundesarchiv Berlin (BArch), R 39, Nr. 35, Schreiben Themel vom 4.1.1939 an RfS-Leiter Kurt Mayer.

29 Ebd., Antwortschreiben Mayer vom 6.1.1939 an Pfarrer Themel; Mayer hatte Themel 1935 als Obmann der NS-offiziellen »Vereinigung der Berufssippenforscher« einsetzen lassen; in dieser Eigenschaft sandte Themel seinen Brief.

30 Seit 1935/36 erwarteten die Mitarbeiter der RfS die Verabschiedung eines Sippenamtsgesetzes. Vorgesehen war die reichsweite Errichtung von Kreissippenämtern. Sie sollten als staatliche Behörden die Ausstellung der Urkunden übernehmen. Nicht zuletzt aus finanziellen Gründen konnte das

Projekt bis 1939 nicht realisiert werden und blieb zu Kriegszeiten unerledigt. Näheres bei Schulle, Reichsstelle für Sippenforschung.

31 Vgl. Karl Themel, Fünf Jahre Kirchenbuchstelle Alt-Berlin, in: Familie, Sippe, Volk 8 (1942), S. 3–5 (die folgenden Zit. ebd.); sowie *Völkischer Beobachter*, 18.12.1941, Artikel »255.000 Urkunden für die Ahnenforschung. Fünf Jahre Kirchenbuchstelle Alt-Berlin«. Der namentlich nicht gezeichnete Artikel basiert auf den von Themel publizierten statistischen Daten.

32 BArch, R 58, Reichssicherheitshauptamt, Nr. 1157; Kartei aus dem Kirchendienst ausgeschiedener Geistlicher…, 1940–1944, Bd. 5. Auch hier ist wieder zu sehen, wie sehr Themel durch den RfS-Leiter Mayer dirigiert wurde. Übrigens stellte auch Themels eng vertrauter parteipolitischer Mitstreiter, Konsistorialpräsident Johannes Heinrich, einen entsprechenden Antrag.

33 Diese spezifisch West-Berliner Form des extremen Beschweigens unter den Bedingungen der West-Ost-Konfrontation ist bisher wenig bearbeitet. Vgl. Manfred Gailus, Vom selbstzerstörerischen Bruderkampf zur ängstlichen Verschweigegemeinschaft und verspäteten Aufarbeitung. Berliner Kirchenverhältnisse 1930 bis 2000, in: ders./Wolfgang Krogel (Hg.), Von der babylonischen Gefangenschaft der Kirche im Nationalen. Regionalstudien zu Protestantismus, Nationalsozialismus und Nachkriegsgeschichte 1930 bis 2000, Berlin 2006, S. 161–179, bes. S. 170 ff.

34 LABB, Personalakten Themel, Bd. 2; darin: Spruchverfahren vom 29.6.1949, S. 1–10, hier S. 2.

35 Ebd., Ev. Konsistorium der Mark Brandenburg vom 25.2.1947 an Pfarrer Themel.

36 Ebd., Spruchverfahren (wie Anm. 34).

37 Ebd.

38 Vgl. die Skizze zur frühen Entnazifizierung: Gabriel Lind af Hageby, Selbstreinigung und Entnazifizierung der Pfarrerschaft der Evangelischen Kirche in Berlin-Brandenburg nach dem Zweiten Weltkrieg, in: Jahrbuch für Berlin-Brandenburgische Kirchengeschichte 62 (1999), S. 183–200. Eine erschöpfende Aufarbeitung der kirchlichen Entnazifizierung in Berlin fehlt.

39 LABB, Personalakten Themel, Bd. 2; Schreiben Themel vom 8.1.1952 an Präses Scharf; Themel bat um Zuweisung einer Pfarrstelle in Berlin oder Umgebung. Zur Begründung führte er an: »Ich bin einer der besten Kenner der Berliner und Brandenburgischen Kirchen- und Heimatgeschichte«.

40 Damit war Themel faktisch landeskirchlicher Archivar und hatte exklusiven Zugang zu allen landeskirchlichen Archiven und Aktenbeständen der Vorkriegszeit. Er übte dieses Amt ca. 15 Jahre aus. Was das für die innerkirchliche Aufarbeitung der NS-Vergangenheit bedeutete, liegt auf der Hand.

41 LABB, Personalakten Themel, Bd. 2, Aktennotiz vom 26.2.1965.

42 Schreiben Pfarrer Themel vom 3.8.1971 aus Mülheim/Ruhr an einen Berliner Pfarrer (Privatbesitz).

43 Volkmar Drese, In memoriam Karl Themel, in: Mitteilungen des Herold, N.F. 2. Jg., Nr. 2, April-Juni 1973, S. 21 f.

44 Kennzeichnend für dieses Beschweigen ist noch: Christa Stache, Einführung. Die Kirchenbuchstelle Alt-Berlin, in: Verzeichnis der Kirchenbücher im Evangelischen Zentralarchiv Berlin, Teil 2: Alt-Berlin, Berlin 1987, S. 11–16. Diese Darstellung ist geprägt von einem geradezu aufreizenden Mangel an Sensibilität für die tatsächlichen Zielsetzungen dieser kirchlichen Institution im »Dritten Reich«. Themels erhalten gebliebene »Fremdstämmigen-Kartei« wird mit keinem Wort erwähnt.

45 Vgl. Wolfgang Wippermann, Holocaust und kirchliche Hilfe. Neue Beweise für die Obrigkeitstreue der Evangelischen im Dritten Reich, in: Evangelische Kommentare 1993, H. 9, S. 519–521; Gailus, Beihilfe zur Ausgrenzung.

46 Vgl. als Anstöße in den 1990er Jahren: Manfred Gailus (Hg.), Kirchengemeinden im Nationalsozialismus. Sieben Beispiele aus Berlin, Berlin 1990; Georg Uehlein (Hg.), Kreuz und Pickelhaube. Großstädtische Gesellschaft und Kirche zwischen 1850 und 1945 am Beispiel der Heilig-Kreuz-Gemeinde in Berlin, Berlin 1995; Marlis Kaltenbacher, Ein Rädchen im Getriebe. Fragmente zur Geschichte der St. Jacobi-Gemeinde in der nationalsozialistischen Epoche 1933–1945, Berlin 1995; Gerhard Schäberle-Koenigs, Und sie waren täglich einmütig beieinander. Der Weg der Bekennenden Gemeinde Berlin/Dahlem 1937–1943 mit Helmut Gollwitzer, Gütersloh 1998.

47 Vgl. Eberhard Röhm/Jörg Thierfelder, Juden – Christen – Deutsche. 7 Teilbände, Stuttgart 1990–2006; Sigrid Lekebusch, Not und Verfolgung der Christen jüdischer Herkunft im Rheinland 1933–1945. Darstellung und Dokumentation, Köln 1995; Gerhard Lindemann, »Typisch jüdisch«. Die Stellung der Evangelisch-lutherischen Landeskirche Hannovers zu Antijudaismus, Judenfeindschaft und Antisemitismus 1919–1949, Berlin 1998; Ursula Büttner/Martin Greschat, Die verlassenen Kinder der Kirche. Der Umgang mit Christen jüdischer Herkunft im »Dritten Reich«, Göttingen 1998; Aleksandar-Saša Vuletić, Christen jüdischer Herkunft im Dritten Reich. Verfolgung und organisierte Selbsthilfe 1933–1939, Mainz 1999. Zuletzt: Annette Göhres/Stephan Linck/Joachim Liß-Walther (Hg.), Als Jesus »arisch« wurde. Kirche, Christen, Juden in Nordelbien 1933–1945, Bremen 2003; Axel Töllner, Eine Frage der Rasse? Die Evangelisch-Lutherische Kirche in Bayern, der Arierparagraf und die bayerischen Pfarrfamilien mit jüdischen Vorfahren im ›Dritten Reich‹, Stuttgart 2007.

48 Wolfgang Huber, Unsere Kirche und ihre jüdischen Glieder in der Zeit des Nationalsozialismus. Predigt am 20.11.2002 in der Pauluskirche Berlin-Zehlendorf.

49 Vgl. u. a. Peter Noss, Martin Albertz (1883–1956). Eigensinn und Konsequenz. Das Martyrium als Kennzeichen der Kirche im Nationalsozialismus, Neukirchen-Vluyn 2001; Gailus, Protestantismus und Nationalsozialismus (2001); ders., Vom evangelischen Sozialpfarrer zum nationalsozialistischen Sippenforscher (2001); ders., Die vergessenen Brüder und Schwestern. Zum

Umgang mit Christen jüdischer Herkunft im Raum der evangelischen Kirche Berlin-Brandenburgs, in: ZfG 51 (2003), H. 11, S. 973–995; Marlies Flesch-Thebesius, Zu den Außenseitern gestellt. Die Geschichte der Gertrud Staewen 1894–1987, Berlin 2004.

50 Vgl. zu diesen Aktivitäten als erste Zwischenberichte: Gerlind Lachenicht, Getauft und deportiert. Evangelische Gemeinden recherchieren über Christen jüdischer Herkunft. Einige Zwischenergebnisse, in: Jahrbuch für Berlin-Brandenburgische Kirchengeschichte 66 (2007), S. 188–232; Wolfgang Krogel, »Christen jüdischer Herkunft im nationalsozialistischen Berlin«. Ein Workshopbericht, in: ebd., S. 233–236; Katrin Rudolph, »Gilt die Taufe der Juden nicht, so erklären auch wir unsere Taufe für ungültig …«. Zur Situation Berliner Christen »jüdischer Herkunft« im Nationalsozialismus, Berlin 2007.

Hannelore Schneider

Thüringer Kirchenbücher im Visier nationalsozialistischer Sippenforschung

Es ist immer wieder erstaunlich und erschütternd, wie eine heute so harmlos erscheinende historische Hilfswissenschaft, die Genealogie, durch den Arierwahn im »Dritten Reich« derart missbraucht werden konnte und zu so schlimmen Folgen führte. Dabei war die Kategorie »Arier« gar keine Erfindung der nationalsozialistischen Propaganda. Dieser eigentlich ethnologisch-sprachwissenschaftliche Begriff ist auch schon Ende des 19. Jahrhunderts zunehmend politisch missbraucht worden. Der mittelalterliche Judenhass erwies sich keineswegs als überwunden und erhitzte schon Ende des 19. Jahrhunderts die Gemüter im kaiserlichen Deutschland. Liberale deutsche Fürsten, wie gerade der Thüringer – Georg II. von Sachsen-Meiningen – versuchten damals schon, dem zunehmenden Antisemitismus gegenzusteuern. Er wies zum Beispiel an, Versammlungen, in denen Rassenhass gepredigt würde, aufzulösen und suchte die Anfänge dieser Bewegung mit »Hilfe eines Staatsanwalts zu unterdrücken«. Die Nachweisung arischer Abkunft, wie sie in den 1890er Jahren schon von antisemitischen Bewegungen gefordert wurde, hielt er für »einen richtigen Blödsinn!« und stellte bedenklich die Frage: »Wohin würde das Verlangen solcher Nachweisung führen?!!!«[1]

Nach dem Ersten Weltkrieg und der Novemberrevolution 1918 führte die politische Desorientierung breiter Schichten besonders in den rechten, antiparlamentarisch eingestellten Kreisen zu einer nie da gewesenen Zunahme des Antisemitismus an Umfang und Schärfe. Man machte die Juden – wie so oft in der deutschen und europäischen Geschichte – zum Sündenbock. Nach der nationalsozialistischen Machtübernahme und der Errichtung eines diktatorischen Regierungssystems wurde die deutsche Gesellschaft sowohl auf administrativ-gesetzlichem Wege als auch unter dem Druck terroristischer Aktionen radikalisiert und gewalttätig umgeformt.[2] Der Arierwahn wurde durch seine Verknüpfung mit dem Antisemitismus zur tödlichen Waffe gegen die Ausgegrenzten. Dieser Missbrauch gipfelte in der Rassentheorie der Nazis und führte zur Vernichtung von etwa sechs Millionen europäischen Juden sowie etwa einer halben Million Sinti und Roma.

Jener »Blödsinn«, der Nachweis arischer Abkunft, wurde seit 1933 für viele Deutsche gesetzliche Pflicht. Der Ariernachweis hatte indes zwei Seiten. Wer ihn vorwies, gehörte sozusagen zur »besseren Art«, konnte die »Überlegenheit der arischen weißen Rasse« auf sich beziehen und beruflich bzw. karrieremäßig vielleicht auch Kapital daraus schlagen. Ohne Ariernachweis durfte man kein Beamter werden, nicht als Arzt oder Jurist arbeiten, ja nicht einmal eine Höhere Schule besuchen (abgesehen vom Beitritt zu NS-Gruppierungen, zur NSDAP, zur SS oder SA). Im eigentlichen Sinne freiwillig war der Ariernachweis also nicht. Er war eine Art Eintrittskarte in die offizielle NS-Gesellschaft. Indem die Nazi-Diktatur den Weg in öffentliche Ämter und wichtige Berufe mit der Forderung des Nachweises der Zugehörigkeit zur »auserwählten Rasse« verknüpfte, schuf sie eine neue Art von ›Massenbewegung‹ in Gestalt der Ariernachweise. Ohne diesen Zwang hätte die überwiegende Mehrzahl der Deutschen in den dreißiger und vierziger Jahren des 20. Jahrhunderts wohl nicht in so breiter Front daran gedacht, vor staatlichen Stellen und Parteistellen ihre Ahnen zu dokumentieren.

Bei der Eröffnung des Reichstages am 21. März 1933 hatte Hitler erklärt: »Die nationale Regierung sieht in den beiden christlichen Konfessionen die wichtigsten Faktoren zur Erhaltung unseres Volkstums [...] Möge der allmächtige Gott unsere Arbeit in seiner Gnade segnen, unseren Willen recht gestalten, unsere Einsicht segnen und uns mit dem Vertrauen des Volkes beglücken.«[3] Das haben viele Christen geglaubt. Die Idee von einer einheitlichen evangelischen deutschen Reichskirche, die seit 1848 nie ganz verstummt war, schien wieder näher zu rücken.

Die Thüringische Evangelische Kirche erwies sich als besonders anfällig für den Rausch der nationalsozialistischen Revolution und wurde Schauplatz eines sehr erbitterten Kirchenkampfes.[4] Mit ihrem fanatischen Sendungsbewusstsein sahen die Thüringer Deutschen Christen (DC) ihre Kirche als »Bollwerk ... von dem aus die ganze Deutsche Evangelische Kirche in ihrem Sinne erobert werden sollte.«[5] Der Landeskirchentag als synodales Organ wurde hier ausgeschaltet, für seine Aufgaben war nun der Landeskirchenrat zuständig. Die Alleinherrschaft der Kirchenleitung, die nach 1934 mit Ausnahme des Kirchenrates Otto Volk nur noch aus DC bestand, war damit zementiert.[6]

Im September 1933 wurde der Arierparagraph in der Thüringer Evangelischen Kirche durchgesetzt. Für die DC in Thüringen drückte sich das staatlich angestrebte »Führerprinzip« im Bischofsgedanken aus. Seit dem 15. Juli 1933 gab es in Thüringen einen »Landesbischof«. Martin Sasse, ein fanatischer »Deutscher Christ«, führte seit dem 15. Mai des folgenden Jahres die Landeskirche. Man radikalisierte sich immer mehr. Ein Eisenacher Kirchenrat – zufällig jener Paul Lehmann[7], der auch für das Kirchenbuchwesen zuständig war – äußerte damals im Blick auf den Opfertod Christi, dass man das deutsche Volk »vor diesem Leichengift bewahren müsse.«[8] Vor diesem Kirchenrat Lehmann sollen sich selbst die anderen Kirchenräte gefürchtet haben, nicht nur wegen seiner kompromisslosen Härte im Kampf der DC um Einfluss und Machtpositionen, sondern weil er nachweislich als Spitzel der Gestapo gearbeitet hat und eine Anzahl Pfarrer – bis zu seinen unmittelbaren Kollegen im Landeskirchenrat – dort anschwärzte, worauf es zu Verhaftungen und Verhören kam. Diese Situation war selbst dem DC-Bischof Sasse so unerträglich, dass er das Inkrafttreten des Präsidialgesetzes[9] nutzte, um Lehmann aus seiner unmittelbaren Umgebung im Landeskirchenrat zu entfernen. Lehmann wurde trotz seiner heftigsten Gegenwehr im Sommer 1943 in den Wartestand und mit einem Forschungsauftrag nach Jena versetzt (»Erforschung des Verhältnisses der deutschen Geistesgeschichte zu den völkischen Glaubensfragen der Gegenwart«)[10].

Infolge des »Gesetzes zur Wiederherstellung des Berufsbeamtentums« ergoss sich ein Strom von Anträgen auf Abstammungsurkunden in die Pfarrämter, der den Umfang der sonstigen Gesuche um Kirchenbuchbescheinigungen bei weitem überstieg. In den Thüringer Pfarrämtern, wie anderswo auch, wurde die Überlastung der Pfarrer durch zahllose Anträge auf Erledigung von Ariernachweisen zum Problem. Gebührenfragen waren unklar und bedurften dringend neuer Regelungen.[11] Manchmal erschienen in monatlichen Abständen neue Ergänzungen, Berichtigungen, Änderungen – insbesondere zur Gebührenfreiheit bei amtlich geforderten Nachweisen. Eines der vielen Probleme dabei war die Tatsache, dass die Thüringer Kirche ihre Gebühren nicht mehr selber festlegen konnte. Diese Kompetenz hatte das Reichsministerium des Innern an sich gezogen.

Ursprünglich war man in Kirchenkreisen davon ausgegangen, dass nach dem 22. September 1933 neue Anfragen kaum noch anstehen würden. Im Gegensatz dazu kamen nun zahlreiche neue Anträge hinzu. Die Gründe zur Beantragung von Ariernachweisen waren unübersehbar geworden: Wiederherstellung des Berufsbeamtentums, Verordnung zum Reichserbhofgesetz, Erlangung von Ehestandsdarlehen, Kauf besonderer Hausgrundstücke, Einsatz als nebenamtliche Gemeindevorsteher, Eintritt in das Beamtenverhältnis, Bewerbung für bestimmte Stellen, Tätigkeit als Schriftleiter, Nachweise für »Listen des reinblütigen deutschen Adels« und dergleichen mehr.[12]

Aus der preußischen Kirchenprovinz Sachsen wurde über einen besonders krassen Fall der Überlastung am Beispiel des Pfarramtes Dederstedt berichtet. Durchschnittlich gingen dort täglich einhundert Anfragen ein. Der Pfarrer klagte, er selber, seine Frau und seine 70-jährige Tante säßen bis 2.00 und 3.00 Uhr morgens an der Beantwortung der Anträge. »Hier warten z. Zt. fast 700 arische Scheinanforderungen«, hieß es in seinem Brief. Bis jetzt wüssten die Antragsteller immer wieder Mittel und Wege zu finden, die Bearbeitung ihrer Anfragen vor der Pfarramtsverwaltungsarbeit zu erzwingen. Kurzum, er fühle sich schrecklich überarbeitet und wirklich krank. Die arischen Nachweise hätten jede Planarbeit über den Haufen geworfen. »Diese Verpflichtung habe ich vor Gott und den Menschen nicht mit meinem Amtsgelübde übernommen. Ich kann und werde diesen Zustand nicht länger verantworten«, schrieb er. Der zuständige Superintendent und das Konsistorium in Magdeburg bestätigten, dass diese unhaltbaren Zustände leider den Tatsachen entsprächen.[13] Dass in den Thüringer Pfarrämtern ähnliche Zustände geherrscht haben, belegen zahlreiche Anfragen und Beschwerden in zwei dicken Aktenbänden.[14]

Die Frage der Gebühren ist häufig Gegenstand der Beratungen im Landeskirchenrat gewesen. In der Sitzung vom 23. Oktober 1935 wurde dort beispielsweise eine vorgelegte Bekanntmachung über die Verwendung der Gebühren für Abstammungsnachweise gebilligt. In vorauseilendem Gehorsam vermerkt das Protokoll dabei: »Es ist selbstverständlich, dass die Kirche dem

Bestreben der N.S.D.A.P. nach Rassenreinheit ihrer Mitglieder volles Verständnis entgegen bringt und bereit ist, nach dem Maße ihrer Kräfte und ihrer Möglichkeiten diese Bemühungen zu unterstützen.«[15]

Die Forderung nach Einrichtung von Thüringer Kirchenbuchämtern

Zu einer Zeit, als man in Thüringen eigentlich noch keine Notwendigkeit sah, waren anderswo im Reich längst Bestrebungen im Gange, Kirchenbücher zu zentralisieren. Seit dem 1. Mai 1934 gab es die kirchliche Mecklenburger Sippenkanzlei.[16] 1935 hatte der Berliner Pfarrer Karl Themel Bestrebungen zu einer Berliner Zentralstelle für Kirchenbücher eingeleitet, die 1936 offiziell als »Kirchenbuchstelle Alt-Berlin« eröffnet wurde.[17]

Im Mai und Juni 1935 gingen mehrere Schreiben des Beauftragten für Kirchenbuchwesen bei der Kanzlei der Deutschen Evangelischen Kirche, Johannes Hosemann, und der Reichsstelle für Sippenforschung, sowie entsprechende Richtlinien für die Errichtung und die Amtsführung von Sippenkanzleien im Eisenacher Kirchenamt auf dem Pflugensberg ein.[18] Trotz der von den Deutschen Christen (DC) immer wieder postulierten Systemtreue gegenüber dem nationalsozialistischen Regime bewegte sich in der Thüringer Kirche in dieser Hinsicht kaum etwas. Aus Thüringen gab es nichts zu berichten. Hier dachte man zunächst nicht daran, Sippenkanzleien oder Kirchenbuchstellen einzurichten. Im September 1935 teilte der Wallendorfer Hilfspfarrer Heinrich Reinemann dem Landeskirchenrat mit, was er bei einem Kursus in Friedrichroda gehört hatte: Dort wäre unmissverständlich zum Ausdruck gekommen, »dass an eine Zentralisierung der Kirchenbücher gedacht wird und zwar nicht nur von staatlichen Stellen. Im Gespräch mit einigen Amtsbrüdern habe ich allgemeine Sorge um die Kirchenbücher festgestellt. Eine staatliche Zwangslösung dieser Frage wäre das Allerbetrüblichste, was uns widerfahren könnte. Denn jeder Pfarrer, der auch nur einigermaßen an seiner Gemeinde hängt und mit ihr verwachsen ist, der braucht seine Kirchenbücher […] Wenn sich aber eine Teilzentralisierung durchaus nicht vermeiden lässt, möchte ich den Landeskirchenrat bitten, dafür einzutreten, dass in dieser Richtung nur das Allernötigste geschieht.«[19] Kirchenrat Lehmann notierte darunter, dass er sich in Friedrichroda sogleich gegen eine Gesamtkirchenbuchstelle ausgesprochen habe.[20]

Im März 1938 berichtete Jan Jürgen Lencer, Pfarrer von Troistedt, aufgeschreckt an den Landeskirchenrat: »Es verlautet gerüchteweise, die berufsmässige Sippenforschung wäre in Thüringen so weit, dass den dörflichen Pfarrämtern die Kirchenbücher enteignet und in besonderen Kirchenbucharchiven vereinigt würden. […] Die Kirchenbücher sind nun solch ein Gemeinschaftsbesitz, etwas ganz und gar *dorfeigenes* […] Und hier soll nun auch an die Stelle des Menschen die Behörde, das Kirchenbuchamt treten. Warum denn immer an die Stelle des Lebendigen das Tote? […] Wir wollen sicherlich gern mitmachen bei der Hebung der Schätze. Aber abgeben: nie und nimmer! […] macht nicht die Vergangenheit des deutschen Dorfes tot! Und sie wird tot, wenn die Kirchenbücher in grosse Archive kommen, wo jeder gegen Bezahlung Einsicht nehmen kann. […] Ich bitte diesen Ton zu entschuldigen! Aber es ist die Liebe zu meiner Dorfheimat und meiner Wirkungsstelle, die mich drängt zu bitten und zu flehen: Lasst uns die Kirchenbücher!«[21] Lehmann machte auf der Troistedter Eingabe eine Notiz: »Die zu den Kirchenbüchern ausgesprochene Ansicht teile ich vollständig.«[22] Etwa zur gleichen Zeit bot der Oberbürgermeister von Altenburg dem Landeskirchenrat die »Roten Spitzen« (den Rest eines ehemaligen Klosters aus der Barbarossazeit) als Räumlichkeit an, weil er gehört habe, dass in Ostthüringen eine Zentralbehörde für Kirchenbücher geschaffen werden solle.[23] Aus Eisenach wurde ihm geantwortet, dass nicht beabsichtigt sei, eine zentrale Einrichtung für die Bearbeitung der Nachweise der arischen Abstammung nach Altenburg zu verlegen.[24]

Im Mai 1938 warb auch der Evangelische Oberkirchenrat in Berlin für die Einrichtung zentraler Kirchenbuchstellen. In einem Schreiben an die kirchlichen Oberbehörden hieß es: »Eine Reihe Kirchgemeinden in den Städten ist dazu übergegangen, eine gemeinschaftliche Kirchenbuchstelle für den Bereich ihrer Stadt zu errichten, um die langwierige und kostspielige Sucharbeit in den einzelnen Gemeinden nach beantragten Nachweisen der Deutschblütigkeit oder nach Ergebnissen der Sippenforschung zu vermeiden.«[25] Drei Monate später mahnte

der Beauftragte für Kirchenbuchwesen der Deutschen Evangelischen Kirchenkanzlei auf einer Postkarte die Errichtung ge-
meinschaftlicher Kirchenbuchstellen an und forderte Erledigung
der Angelegenheit.[26] Aus Eisenach teilte man ihm daraufhin mit,
dass sein Rundschreiben dem Oberpfarramt Gehren zur Kenntnis gegeben worden wäre und dass es »für andere Stellen […] im
Bereich unserer Landeskirche nicht in Betracht« käme.[27] Hosemann war damit nicht zufrieden und hakte am 12. September
in einem weiteren Rundschreiben nach: »Bedauerlicherweise
sind mir nur von einem Teil der Landeskirchen Antworten zu-
gegangen […] Um ein genaues Verzeichnis, das sich den staatlichen Stellen gegenüber verwerten lässt, auf meiner Dienststelle
zur Hand zu haben und um den Landeskirchenbehörden eine
Übersicht über die jetzt bestehenden Kirchenbuchämter geben
zu können, beabsichtige ich eine Zusammenstellung der bereits
bestehenden und im Aufbau begriffenen Kirchenbuchämter bekannt zu geben.«[28] Bis zum 15. Oktober wollte er Bericht haben.
Mit Schreiben vom 11. November 1938 erhielt er zur Antwort,
dass »im Bereich der Thüringer evangelischen Kirche […] nur
ein Kirchenbuchamt in Gehren für die beiden Kirchenkreise
Gehren und Königsee eingerichtet«[29] worden sei.

Anträge verschiedener Thüringer Kirchenvorstände zur Zu-
sammenführung von Kirchenbüchern beschied der Landeskirchenrat abschlägig,[30] auch die Aktivitäten des Meininger Kreiskirchenamtes, Kirchenbücher in seinen Amtsräumen zusammenzuziehen.[31] Dort hatte man sich durch eine Anweisung des
Reichsstatthalters Fritz Sauckel an alle Landräte unter Druck
gesetzt gefühlt, nach der die Bürgermeister angewiesen worden
seien, sich um die Kirchenbücher zu kümmern. Der Landeskirchenrat beschloss, dass in Meiningen noch kein Kirchenbuchamt eingerichtet werden solle. Gegen die Durchführung der
Verkartung in einem Raum des Kreiskirchenamtes wurde nichts
eingewendet, »insoweit keine andere geeignete Möglichkeit« bestehe.[32]

Von einer Anweisung des Reichsstatthalters, die besagen würde, dass die Bürgermeister sich um die Kirchenbücher zu kümmern hätten, wusste man auf dem Eisenacher Pflugensberg bis
dahin nichts. Auf Beschluss des Landeskirchenrats wurde deshalb Kirchenarchivwart Rudolf Herrmann[33] im Januar 1939 be-
auftragt, sich beim Thüringer Staatsarchivdirektor Willy Flach

danach zu erkundigen.[34] Anlässlich des Thüringer Archivtages in Coburg am 10. Juni 1939 ergab sich dazu die nächste Gelegenheit. Ein Vertreter des Reichsarchivs deutete an, dass die Reichsarchivleitung eine Überführung der Kirchenbücher an staatliche Stellen für richtig halte, aber keine Schritte in dieser Beziehung zu tun beabsichtige. Die Sicherheit der Kirchenbücher in den Pfarrämtern sei, ihrem Wert entsprechend, nicht groß genug, die Pfarrer könnten die älteren Kirchenbücher nicht sachgemäß lesen und gäben infolgedessen nicht selten falsche Auskünfte. »Die Kirche selbst müsse wünschen, dass sie die Kirchenbücher los werde, da gerade bei der gegenwärtigen Lage die Pfarrer ihre Zeit für andere Aufgaben brauchten, als für die Herstellung von arischen Nachweisen.«[35] Der Weimarer Staatsarchivdirektor Flach wusste allerdings auch, dass sich »die große Mehrheit der deutschen Archivare [...] gegen die Zentralisierung der Kirchenbücher in Archiven« wehre.[36]

Laut Schreiben des Landeskirchenrats vom 6. März 1940 gab es in Thüringen nur eine Stelle, die als »Kirchenbuchamt« gelten konnte. In Gehren (bei Ilmenau) hatte man auf eigene Initiative die Kirchenbücher der Oberpfarramtsbezirke Gehren und Königsee zusammengezogen. Diese Stelle existierte aber nur vorübergehend. Im Oktober 1937 wurden die Kirchenbücher wieder an die einzelnen Pfarrämter zurückgegeben. Auch dem Kirchenarchivwart Herrmann war, wie er am 5. Januar 1940 berichtete[37], nicht bekannt gewesen, dass diese Stelle überhaupt existiert hatte. Die vom Evangelischen Archivamt in Breslau mit Datum vom 22. November 1939 vorgelegte Liste der Kirchenbuchämter[38] entsprach also hinsichtlich des dort angeführten Kirchenbuchamtes in Gehren schon seit zwei Jahren nicht mehr dem aktuellen Stand. Thüringen hatte zu dieser Zeit überhaupt kein Kirchenbuchamt.

Aus diesem Kontext heraus, der von dauernden Unsicherheiten gegenüber den Maßnahmen des NS-Staates gekennzeichnet war, ist auch die Einrichtung der Stelle des Kirchenarchivwarts der Thüringer evangelischen Kirche, dessen erster Leiter Dr. Rudolf Herrmann werden sollte, erfolgt. Im Juli 1938 war dem Landeskirchenrat bekannt geworden, dass in nächster Zeit mit der Ernennung von staatlichen Archivpflegern zu rechnen wäre.[39] Den entscheidenden Hinweis hatte Herrmann vom Weimarer Staatsarchivdirektor erhalten, mit dem er aufgrund seiner kirchengeschichtlichen Forschungen seit Jahren gut bekannt war. Die Kompetenzen dieser staatlichen Archivpfleger sollten beträchtlich sein. Nach Flachs Aussagen hätten sie u. a. die Pflicht, sich vom Zustand aller Archive – auch der Pfarrarchive – zu überzeugen, und sämtliche Gebäude, in denen noch Akten zu vermuten seien (auch Wohnungen von Dorfbürgermeistern oder Pfarrhäuser) gründlich nach Akten zu durchsuchen.[40] Das wäre wiederum eine eklatante Einmischung des Staates in kirchliche Angelegenheiten gewesen. Um das zu verhindern, wurde noch im gleichen Monat auf dem Pflugensberg intensiv über Archivfragen beraten, auch Hosemann und Flach waren anwesend. Hosemann betonte, der Staat sei nicht habgierig, aber er müsse und werde sich auch um das Archivgut der Körperschaften des öffentlichen Rechts kümmern. »Wir müssen jetzt an diese Dinge herangehen, denn sonst kann es uns passieren, dass der Staat sagt: Wenn Ihr das Archivgut nicht gut betreut, muß ich es Euch nehmen.«[41] Flach pflichtete ihm bei: »Die Kirche muß jetzt von sich aus die Sache in die Hand nehmen […] Der Staat kann und will nichts wegnehmen. Die Gründe dafür sind: Gebäudemangel und Mangel an Arbeitskräften. Nur im Notfall wird der Staat eingreifen, um das Archivgut dem Volke zu erhalten.« Hosemann ging noch auf die Frage der Kirchenbücher ein und beruhigte, vorerst wären vom Reich keine besonderen Bestimmungen über Kirchenbücher zu erwarten. Auch die Eigentumsfrage würde man kaum berühren. »Wenn die Kirche ihre Pflicht auf diesem Gebiete tut, wird sie die Kirchenbücher behalten, wenn nicht, wird sie die Kirchenbücher verlieren!«[42] Worin diese »Pflicht« zu bestehen hatte, legte allerdings der NS-Staat fest, dem zu gehorchen die meisten Pfarrer mit folgendem Diensteid gelobt hatten: »Ich schwöre: Ich werde dem Führer des Deutschen Reiches und Volkes Adolf Hitler treu und gehorsam sein, die Gesetze beachten und meine Amtspflichten gewissenhaft erfüllen, so wahr mir Gott helfe.«[43]

Verkartung und Verfilmung
der Thüringer Kirchenbücher

Bereits seit Ende Juli 1934 lag im Landeskirchenrat ein Schreiben vor, in dem der Sachverständige für Rasseforschung beim Reichsministerium des Innern die Namensregister, also die Verkartungen der Kirchenbücher, in einheitlicher Form erarbeitet haben wollte. Gleichzeitig bot er seine Richtlinien an und stellte auch eine »Musterkarteikarte« zur Verfügung. Die Karteikarten sollten unter der Bedingung, dass ein Doppelstück der ausgefertigten Kartei der Reichsstelle für Sippenforschung (RfS) zur Verfügung gestellt würde, kostenlos abgegeben werden. Andernfalls müssten sie zum Herstellungspreis bezahlt werden.[44] Im ersten Punkt der Richtlinie erweckte man den Anschein, als habe die Verkartung »mit der Auswertung des Inhalts der Kirchenbücher nach vererbungs-, gesellschaftswissenschaftlichen und anderen Gesichtspunkten nichts zu tun.«[45] In der Folge wurde den Pfarrämtern gegenüber immer wieder betont, dass der Hauptzweck der angestrebten Kartei die Schonung der Kirchenbücher sei.

Aus Eisenach wurde der Reichsstelle für Sippenforschung geantwortet, dass es zurzeit (also im Juli 1934) »gerade in Rücksicht auf die gegenwärtige überaus starke Beanspruchung der Geistlichen durch die Abstammungsnachweise« unmöglich sei, »ihnen auch noch die Anfertigung von Karteien zuzumuten«[46]. Ein Vierteljahr später, im Oktober 1934, und noch einmal im Dezember, verlangte die Kirchenkanzlei unter Hinweis auf die gleiche Richtlinie wiederum die Verkartung der Thüringer Kirchenbücher. Da aus Thüringen keine Reaktion gekommen war, ging ein Jahr später, im Oktober 1935, noch einmal dieselbe Richtlinie von der Kirchenkanzlei nach Eisenach, man erinnerte nachdrücklich an die Verkartung. Daraufhin bestellte der Landeskirchenrat schließlich 1.000 Exemplare der Richtlinien und 1.000 Karteikarten, die mit Rundschreiben vom 23. Oktober 1935 an die Oberpfarrämter zur Weiterleitung an die Pfarrämter verteilt wurden. Bis zum 20. Mai 1936 sollte berichtet werden, wo schon mit der Verkartung begonnen worden wäre und wie weit sie gediehen sei.[47]

In den Berichten, die daraufhin aus allen Landesteilen auf dem Pflugensberg eingingen, fand sich keine Spur von der seinerzeit üblichen »Blut und Boden«-Agitation. Nicht ein einziges Pfarr-

amt sah einen Grund, die Verkartung der Kirchenbücher zu begrüßen; einige hatten angefangen, wenige stellten den Beginn in
Aussicht. In der Mehrzahl wurde berichtet, dass mit einer Verkartung noch nicht begonnen worden sei. In vielen dieser Berichte an die Kirchenleitung wurde allerdings eine überraschend
deutliche Sprache gesprochen. Die Thüringer Pfarrer empfanden
das Ansinnen, jetzt auch noch ihre Kirchenbücher zu verkarten,
eindeutig als Zumutung. Der Landeskirchenrat möge sich dafür
einsetzen, dass von einer Verkartung abgesehen werde.[48]

Zurückhaltend verhielten sich noch diejenigen, die über die
»schwere Belastung« durch diese »unnütze«, »undurchführbare«,
»unmögliche« und »unerträgliche« zusätzliche Arbeit klagten,
für die sie »keine Notwendigkeit« sahen. Außerdem wussten sie
nicht, woher sie das Geld dafür nehmen sollten, waren doch
die Pfarramtshaushalte auch so schon ständig überstrapaziert.
Kopfschütteln gegenüber den Forderungen der Kirchenleitung,
ja vielfach Wut und Verbitterung über so viel Unverständnis
gegenüber der schwierigen Lage in den über 700 Thüringer
Pfarrämtern spricht aus den Berichten.

In Dermbach hatte man gerade erst Register angelegt, die
teilweise noch gar nicht fertig waren. »Wenn diese Arbeit been-
det ist, wird geschehen sein, was für unsere Verhältnisse nötig
ist«[49], heißt es von dort recht selbstbewusst. Die Bad Köstritzer
sahen sich, wie die anderen auch, nicht in der Lage, die Kosten
aus eigener Kraft aufzubringen. Dort hatte man berechnet, dass
für die Verkartung der Kirchenbücher des gesamten Oberpfarr-
amtsbereiches ca. 150.000 Karteikarten und ein Zeitaufwand
von 7.500 Arbeitsstunden benötigt würden. Bei einer Entlohnung von 75 Pfennigen pro Arbeitsstunde ergäben sich 6.000
Reichsmark Lohnkosten, die Materialkosten hinzugerechnet,
stünden nur in diesem einen Falle Kosten von 7.500 Reichsmark
zu Buche. Hochgerechnet auf ein 65-Millionenvolk müssten also
insgesamt 140 Millionen Mark aufgebracht werden. Ob der Vorschlag einer Arbeitsbeschaffungsmaßnahme, die dann für viele
Tausende von Volksgenossen »auf Jahre hinaus ein befriedigen-
des und lohnendes Arbeitsfeld«[50] erschließen würde, sarkas-
tisch oder ernst gemeint war, lässt sich aus dem Zusammenhang
schwer erschließen.

Das Oberpfarramt Altenburg-Stadt wies darauf hin, dass die
Anträge auf Ausstellung von arischen Nachweisen so zahlreich

seien, dass keine Zeit bliebe zum Verkarten der 342 Kirchenbücher. Hier wurden – knapp kalkuliert – Kosten von 30.000
Reichsmark befürchtet, aber auch nur dann, wenn ein Mann pro
Stunde 30 Karten schreiben könnte.[51] Unverständnis gegenüber
der ganzen Aktion spricht auch aus dem Apoldaer Bericht. Hier
war ebenfalls noch nirgendwo eine einzige Karteikarte ausgefüllt
worden, und es sei in nächster Zeit auch nicht damit zu rechnen.
»In dem Augenblick, wo der Kampf gegen das Christentum auf
der ganzen Front entbrannt ist, ist hier die ganze Kraft des Pfarrers einzusetzen […] Die Verkartung der Kirchenbücher müsste
auf gelegenere Zeit vertagt werden«[52], heißt es da.

Auch in Buttstädt fühlte man sich unter Druck gesetzt. In
einem Pfarramt war der Beginn der Verkartungsaktion beschlossen worden. Hier wurde ärgerlich angemerkt: »Von den Pfarrern,
die jahrelang schon die Registrierung der Kirchenbücher durchgeführt haben, kann nicht verlangt werden, dass sie jetzt […]
auch noch die Verkartung selbst vornehmen. Sollte das gefordert
werden, dann müsste auf jegliche kirchliche und seelsorgerliche
Tätigkeit der Pfarrer verzichtet werden.«[53] Aus Bad Frankenhausen kamen ähnliche Signale: »Gerade die fleißigsten Seelsor-
ger leiden arg an Überlastung und bedauern, dass ihre kostbare
Zeit immer noch weiter für Schreibarbeiten niederer Art eingesetzt werden soll.«[54] Ebenso aus Gräfenroda, wo alle Gemeinden
die Verkartung ablehnten: »Auf dem Lande bleibt die Arbeit
auf dem Pfarrer und seiner Familie hängen zum Schaden des
Gemeindelebens.«[55] Während der Meininger Pfarrerkonferenz
hatte die Aussprache über die angeordnete Verkartung der Kirchenbücher eine »lebhafte Diskussion hervorgerufen« – man sah
»fast unüberwindliche Schwierigkeiten« und fürchtete in einigen Pfarreien, dass eine Lebensarbeit daraus werden könnte.[56]

Weil diese Arbeit nach Lage der Dinge nicht geleistet werden
könne, verlangten die Rudolstädter, »dass die Kanzlei der Deutschen evang. Kirche zu der Anregung zur Verkartung auch die
Wege zeigen« sollte, wie die »der praktischen Durchführung
im Wege stehenden Schwierigkeiten überwunden werden können.«[57] Auf der Pfarrkonferenz in Sonneberg am 11. November
1935 gab es eine ähnlich aufgeregte Diskussion über diesen »un-
endlich umfangreichen« Auftrag. »Die vorgesehene Verkartung,
die eigentlich nichts weiter als ein Suchregister für das Namens-
vorkommen ist, hat in unserem ganzen Kreis keine freudige Be-

grüßung gefunden«, heißt es dazu im Bericht. An die Adresse des Beauftragten für Kirchenbuchwesen bei der Deutschen Evangelischen Kirche richtete sich die deutliche Kritik, dass man »zuerst einmal die Frage der feuersicheren Aufbewahrung (der Kirchenbücher) allen Ernstes aufgreifen«[58] möge.

Das Weimarer Oberpfarramt meldete »grundsätzliche Bedenken gegen die Verkartung«[59] an. Hier hatte man Berechnungen angestellt, wonach entsprechend dem System des Beauftragten für Kirchenbuchwesen für die Verkartung der Weimarer Kirchenbücher ca. eine Million Karteikarten notwendig wären, die hintereinander geordnet eine Länge von 200 Metern ergeben würden und in mehreren Räumen Aufstellung finden müssten. Bei Anstellung einer erfahrenen schriftbelesenen Person dauere das Ganze mindestens acht bis zehn Jahre, abgesehen vom Anschaffungspreis der Karteikarten (ca. 3.000 Reichsmark). So gesehen durfte die Schlussfolgerung nur lauten, dass das Verkartungssystem des Beauftragten für Weimar keinen praktischen Sinn haben konnte.[60]

Der Bericht des Pfarramtes Liebstedt brachte auf den Punkt, was die Thüringer Pfarrerschaft in Aufruhr versetzte. Dass die Kirchenbücher durch Verkartung geschont würden, glaubte dort niemand. Vielmehr wurde befürchtet, »dass nach der Erledigung der Verkartung die Kirchenbücher nur noch Trümmer einstiger Herrlichkeit darstellen dürften.« Angemahnt wurde auch die vom Reichsbischof seinerzeit befürwortete Entlastung des Pfarramtes von Schreib- und Verwaltungsdienst und dass es »darum nicht im Sinne dieser Linie zu liegen scheint, den Pfarrämtern eine neue ganz ungeheuerliche Arbeit aufzubürden […] Endlich wolle man den Gesichtspunkt nicht als unwesentlich beiseite schieben, dass in einer Zeit, wo Kirche und Evangelium in dem Entscheidungskampf über Leben und Tod stehen, es nicht verantwortet werden kann, wenn gleichsam die berufenen und lebenswichtigsten Organe dieser Kirche dadurch aus der Kampffront entfernt werden, dass ihnen Arbeiten übertragen werden, die ihre beste Kraft für Jahre absorbieren, die aber ebenso gut von einem 15jährigen Mädchen mit Dorfschulbildung und einjährigem Besuch der Handelsschule erledigt werden könnten. Der Dienst der Kirche und ihrer Pfarrer liegt zur Stunde auf anderem Gebiet, da wo um ihr Leben gekämpft wird. Und da stelle man uns Pfarrer hin.«[61]

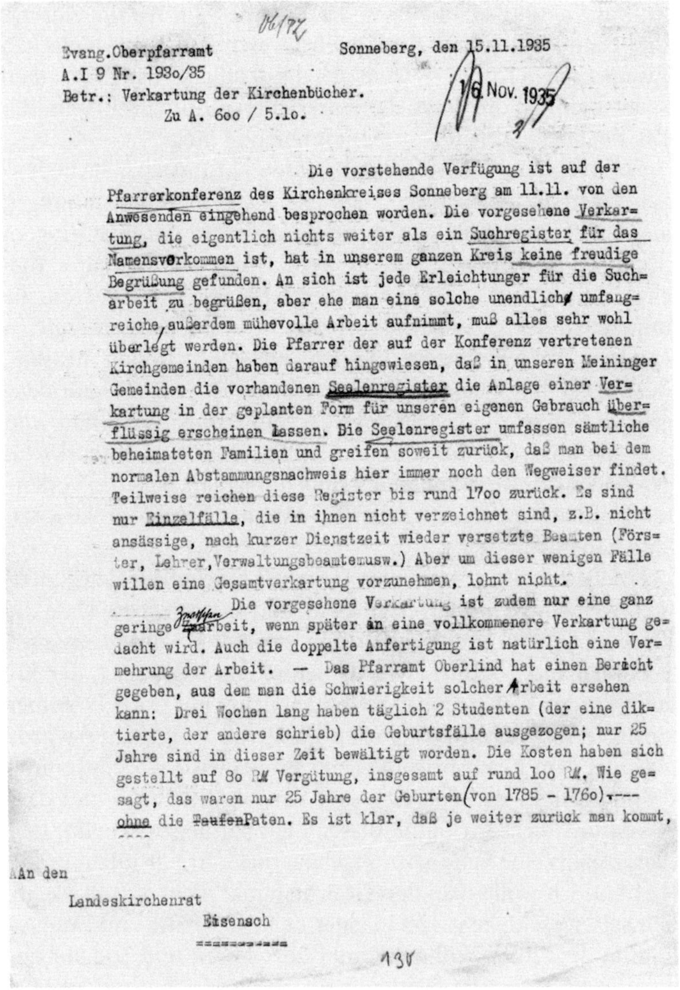

Evang.Oberpfarramt   Sonneberg, den 15.11.1935

A.I 9 Nr. 193o/35

Betr.: Verkartung der Kirchenbücher.

Zu A. 6oo / 5.1o.

      Die vorstehende Verfügung ist auf der Pfarrerkonferenz des Kirchenkreises Sonneberg am 11.11. von den Anwesenden eingehend besprochen worden. Die vorgesehene Verkar= tung, die eigentlich nichts weiter als ein Suchregister für das Namensvorkommen ist, hat in unserem ganzen Kreis keine freudige Begrüßung gefunden. An sich ist jede Erleichterung für die Such= arbeit zu begrüßen, aber ehe man eine solche unendlich umfang= reiche, außerdem mühevolle Arbeit aufnimmt, muß alles sehr wohl überlegt werden. Die Pfarrer der auf der Konferenz vertretenen Kirchgemeinden haben darauf hingewiesen, daß in unseren Meininger Gemeinden die vorhandenen Seelenregister die Anlage einer Ver= kartung in der geplanten Form für unseren eigenen Gebrauch über= flüssig erscheinen lassen. Die Seelenregister umfassen sämtliche beheimateten Familien und greifen soweit zurück, daß man bei den normalen Abstammungsnachweis hier immer noch den Wegweiser findet. Teilweise reichen diese Register bis rund 17oo zurück. Es sind nur Einzelfälle, die in ihnen nicht verzeichnet sind, z.B. nicht ansässige, nach kurzer Dienstzeit wieder versetzte Beamten (Förs= ter, Lehrer,Verwaltungsbeamtemusw.) Aber um dieser wenigen Fälle willen eine Gesamtverkartung vorzunehmen, lohnt nicht.

      Die vorgesehene Verkartung ist zudem nur eine ganz geringe Vorarbeit, wenn später an eine vollkommenere Verkartung ge= dacht wird. Auch die doppelte Anfertigung ist natürlich eine Ver= mehrung der Arbeit. — Das Pfarramt Oberlind hat einen Bericht gegeben, aus dem man die Schwierigkeit solcher Arbeit ersehen kann: Drei Wochen lang haben täglich 2 Studenten (der eine dik= tierte, der andere schrieb) die Geburtsfälle ausgezogen; nur 25 Jahre sind in dieser Zeit bewältigt worden. Die Kosten haben sich gestellt auf 8o RM Vergütung, insgesamt auf rund 1oo RM. Wie ge= sagt, das waren nur 25 Jahre der Geburten (von 1785 - 176o).— ohne die Taufen Paten. Es ist klar, daß je weiter zurück man kommt,

An den

    Landeskirchenrat

      Eisenach

Abb. 1: Bericht des Sonneberger Oberpfarrers Lüdecke an den Landeskirchenrat vom 15.11.1935 über den Stand der Verkartung von Kirchenbüchern

die Arbeit immer schwieriger wird wegen zum Teil unleserlicher
Schrift, Abkürzungen, Fremdsprachen usw. Die zu verkartenden Namen
auf die Hunderttausende in etwas größeren Gemeinden bedeuten also
eine ungeheuere Arbeit und es lohnt u.E. nicht einfach anzufangen,
ehe man nicht sieht, wie die Durchführung gewährleistet werden kann.

Da unsere Gemeinden fast alle in schwieriger geldlicher Lage
sind, ist an Aufwendungen für eine Verkartung aus dem normalen
Haushaltsmittel nicht zu denken. Aber auch die aus den Urkunden auf=
kommenden Einnahmen werden fast restlos für Sachkosten (Buchbinder=
arbeiten, Formulare%, Vergütungen für die teilweise besonders ange=
stellten Schreibhilfen) verwendet.-- Es ist auf der Konferenz mit
Recht betont worden, daß viel wichtiger als eine solche Verkartung
die Schaffung feuersicherer Aufbewahrungsmöglichkeit sei.

Im Hinblick auf das Vorstehende gestatte ich mit den Landeskir=
chenrat zu bitten, doch durch den Beauftragten für das Kirchenbuch=
wesen bei der Kanzlei der Deutschen Evangelischen Kirche entsprechen=
de Vorstellungen zu erheben und darum zu bitten, daß zunächst erst
einmal die Frage der feuersicheren Aufbewahrung allen Ernstes aufge=
griffen werde; es würde hier die amtliche Empfehlung von besonders
geeigneten Material durchaus am Platze sein, vielleicht auch direkt
die Schaffung besonderer, dafür geeigneter Schränke, die in ihren
Maßen auf die entsprechenden Klein- und Großformate der alten und
neueren Kirchenbücher eingestellt sind.

Ich bezweifle, daß ich zum 3o.November aus irgendeiner Ge=
meinde des Kirchenkreises Berichten könnte, daß mit der Verfügung
A. 6oo / 5.1o. empfohlend Verkartung begonnen ist. Es fehlen ja
neben den Mitteln dazu auch die Menschen, die das machen können.
Wir Pfarrer selbst haben dazu keine Zeit.

Oberpfarrer

Zur Sammlung

Dass in Berichten die wirkliche Stimmung unter den Pfarrern gewöhnlich etwas vorsichtiger formuliert wurde, wusste man auch auf dem Eisenacher Pflugensberg. Man darf also voraussetzen, dass im Landeskirchenamt der förmliche Aufschrei der Thüringer Pfarrer gegenüber dem Ansinnen, sämtliche Thüringer Kirchenbücher zu verkarten, sehr wohl verstanden worden war. Aus Gehren wurde unter Anmerkung der völligen Überlastung mit sonstigen Aufgaben angefragt, ob es »Pflicht«[62] sei, die Kirchenbücher zu verkarten. Die Antwort des Landeskirchenrats konnte nur vorsichtig ausfallen: »Die Verkartung der Kirchenbücher kann jetzt nicht für alle Kirchgemeinden vorgeschrieben werden.«[63] Jedoch sollte man die Verkartung im Auge behalten und gegebenenfalls fördern. Der Landeskirchenrat befand sich in einer schwierigen Lage, da der Staat immer mehr Druck ausübte, um seine Ziele zu erreichen. Die Lage der Pfarrer spielte dabei ganz offensichtlich gar keine Rolle.

Wiederum ein Jahr später (1936) trafen in Eisenach Grundsätze zur Verkartung von Kirchenbüchern und Regelungen für eine Beteiligung des Reichsnährstandes, der NS-Lehrerschaft und anderer ähnlicher Organisationen ein, die das Archivamt im Auftrag der Reichsstelle für Sippenforschung an die obersten Kirchenbehörden weitergereicht hatte.[64] Die Kirchengemeinden als eigentliche Eigentümer der Kirchenbücher sind an diesen Verhandlungen nicht beteiligt worden. »Die Verantwortung für die Durchführung der Verkartung im Einzelnen liegt den zuständigen Kirchenbuchführern und Pfarrern ob [...]. Das Material des Reichsnährstandes dient in erster Linie der Betreuung der deutschen Bauern auf Grund der Bestimmungen des Reichserbhofgesetzes (Feststellung der Deutschblütigkeit der Bauern und Aufstellung der Stammlisten der Bauernfamilien für die Ehrung der Altbauern).«[65]

Mit beherrschendem Unterton »wünschte« am 1. Februar 1937 Dr. Ernst Schubart als Vertreter des Reichsnährstandes, Landesbauernschaft Thüringen, eine Aussprache mit dem Landeskirchenrat über die Kooperation des Reichsnährstandes mit der Thüringer evangelischen Kirche zum Zwecke der Verkartung von Kirchenbüchern und Erstellung von Familienbüchern. Die Kirchenbücher als »Urdokumente« müssten, so hieß es, geschont werden. Ein ehrenamtlicher Mitarbeiterstab für bäuerliche Dorf-, Hof- und Sippenforschung, der sich durch ein Arbeitsabkommen mit dem NS-Lehrerbund erweitern sollte, würde bei der Verkar-

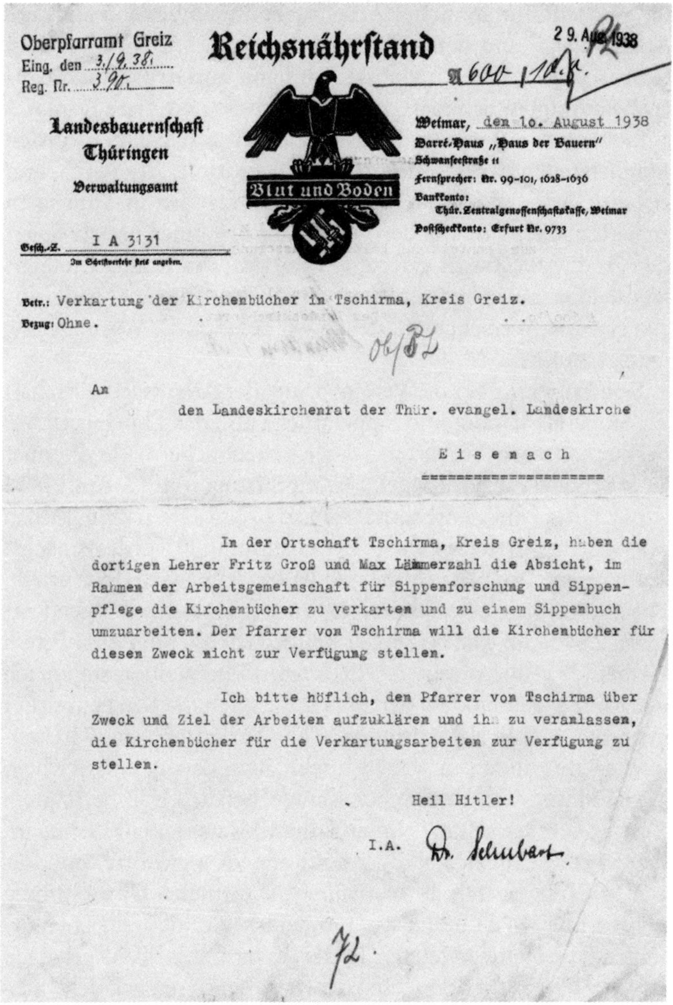

Oberpfarramt Greiz
Eing. den 3./9. 38.
Reg. Nr. 3 9.

Reichsnährstand   2 9. Aug. 1938

Landesbauernschaft
Thüringen
Verwaltungsamt

Blut und Boden

Weimar, den 10. August 1938
Darré-Haus „Haus der Bauern"
Schwanseestraße 11
Fernsprecher: Nr. 99–101, 1628–1636
Bankkonto:
      Thür. Zentralgenossenschaftskasse, Weimar
Postscheckkonto: Erfurt Nr. 0733

Gesch.-Z.   I A 3131
Im Schriftverkehr stets angeben.

Betr.: Verkartung der Kirchenbücher in Tschirma, Kreis Greiz.
Bezug: Ohne.

An

den Landeskirchenrat der Thür. evangel. Landeskirche

Eisenach
=========================

        In der Ortschaft Tschirma, Kreis Greiz, haben die
dortigen Lehrer Fritz Groß und Max Lämmerzahl die Absicht, im
Rahmen der Arbeitsgemeinschaft für Sippenforschung und Sippenpflege die Kirchenbücher zu verkarten und zu einem Sippenbuch
umzuarbeiten. Der Pfarrer von Tschirma will die Kirchenbücher für
diesen Zweck nicht zur Verfügung stellen.

        Ich bitte höflich, den Pfarrer von Tschirma über
Zweck und Ziel der Arbeiten aufzuklären und ihn zu veranlassen,
die Kirchenbücher für die Verkartungsarbeiten zur Verfügung zu
stellen.

                Heil Hitler!

        I.A.   Dr. Schubart

Abb. 2: Schreiben Dr. Schubarts an den Landeskirchenrat
vom 10.8.1938, in dem er die Kirchenbücher von Tschirma
zur Verkartung anfordert

tung helfen. Ein ähnliches Arbeitsabkommen bestehe mit dem Arbeitsdienst und den NS-Formationen SS, SA, HJ.[66] Bei dem Gespräch zwischen Kirchenrat Lehmann und dem Landesbauernbeauftragten Schubart, das offensichtlich die erste Kontaktaufnahme zwischen den beiden »Partnern« darstellte, wurden Möglichkeiten der »Zusammenarbeit« erörtert. Der Kirchenrat sicherte dabei zu, eine Aufstellung der Pfarreien in Thüringen zu liefern, die schon mit der Verkartung begonnen hätten. Sogar den zu diesem Zweck gefertigten Entwurf des Rundschreibens an die Pfarrämter legte er ihm vor: »Sollten Ihnen Abänderungen erwünscht erscheinen, stellen wir anheim, die Wünsche geltend zu machen.«[67]

Den Entwurf über die Vereinbarung der Arbeitsgemeinschaft für Sippenforschung und Sippenpflege und der Thüringer Landeskirche wegen Verkartung der Kirchenbücher hatte offenbar auch Schubart ausgearbeitet.[68] In der Sitzung vom 12. April 1938 stimmte der Landeskirchenrat ihm zu – ohne Diskussion, jedoch mit späteren Irritationen.[69] Die Zustimmung wurde zunächst zurückgenommen, dann aber ein halbes Jahr später doch erteilt. Die offene Frage betraf das Eigentumsrecht an den fertigen Karteien. Zu klären war, ob sie der politischen oder der kirchlichen Gemeinde gehören sollten.[70] Lehmanns Intervention zugunsten der Kirchengemeinden, denen ja schließlich die Kirchenbücher gehörten, wurde abgeschmettert. Die Verkartung der Kirchenbücher ging indessen weiter, unabhängig davon, auf welchem Verhandlungsstand man sich gerade befand. Nach erfolgtem Vertragsschluss teilte Lehmann dem »Kameraden« Schubart, der wie er selbst der NSDAP und der SA angehörte, mit: »Es war mir immer klar, dass wir über die formalen Dinge hinweg von vornherein zu bester Zusammenarbeit und praktischen Erfolgen, auf die es ja letzten Endes ankommt, alsbald gelangen würden.«[71] Kirchenrat Lehmann hatte auch eingefädelt, dass die Landeskirche einen jährlichen Mitgliedsbeitrag von 1.000 Reichsmark an die Arbeitsgemeinschaft zahlte.

Die Vorgänge zeigen, dass die Kirchenbücher nur noch de jure den Kirchengemeinden gehörten. In der Realität bestimmte die Arbeitsgemeinschaft, allen voran Schubart, wie mit ihnen umzugehen sei. Nach den gültigen Regeln durften Kirchenbücher eigentlich keinesfalls ausgeliehen werden, eine Versendung sollte nur in ganz dringenden Fällen stattfinden. Aber hier machte man die Ausnahme zur Regel. Schließlich wurden die Herausgabeforderungen gleich bündelweise beim Landeskirchenrat abgegeben.[72] Meist hieß es darin, dass der Pfarrer des Ortes X ein bestimmtes Kirchenbuch herauszugeben hätte. Den Kirchenbuchverkartern mussten alle möglichen Rechte eingeräumt werden. Sie durften die Bücher schließlich mit in ihre Wohnung nehmen.

Dieses Bild änderte sich mit Kriegsbeginn schlagartig. Die Landesbauernschaft Thüringen hatte nun mit der Verkartung der Kirchenbücher nichts mehr zu tun. Der neue Leiter des Reichsnährstandes stellte die Arbeit der Arbeitsgemeinschaft für Sippenforschung und Sippenpflege bis auf weiteres ein. Nach dem Krieg, so hieß es, würde die Verkartungsarbeit auf eine neu zu gründende Dienststelle der NSDAP übergehen.[73] Durch intensive Werbung hatten sich inzwischen etwa zwei Drittel der Pfarrer bereiterklärt, an der Verkartung mitzuarbeiten.[74] Aber faktisch wurde daraus nichts, weil ein großer Teil von ihnen zum Kriegsdienst eingezogen wurde, bzw. durch Kriegsvertretungen in anderen Pfarrämtern zeitlich ohnehin völlig überlastet war.

Durch Neubesetzung der Ämter des Wirtschaftsministers und des Reichsbauernführers war für die Verkartung der Kirchenbücher und die Herstellung der Dorfsippenbücher nun das Gauamt für Agrarpolitik zuständig. Die Arbeiten sollten weitergehen, wie bisher, erfuhr Kirchenarchivwart Herrmann auf Nachfrage.[75] Ein paar Wochen später, im Herbst 1943, hörte er mehr zufällig, dass an die Stelle des Reichsnährstandes jetzt die Arbeitsgemeinschaft für das deutsche Landvolk getreten sei (vorher Agrarpolitisches Amt der NSDAP Thüringen).[76] Bei dem allgemeinen Durcheinander und der Tatsache, dass während des Krieges in Thüringen an der Kirchenbuchverkartung kaum gearbeitet werden konnte, hatte Herrmann Mühe, die Pfarrämter davon abzuhalten, bei den öfter anstehenden Altpapieraktionen zu verhindern, dass die unbeschriebenen Karteikarten nicht auch noch in die Altpapiersammlung gegeben wurden.[77]

Formell galt die Vereinbarung über die Verkartung der Kirchenbücher weiterhin. Die Umstände des Krieges schlossen fast aus, dass Kirchenbuchverkartung oder Sippenforschung noch weiter betrieben wurde. Aber Übertreibungen gab es auch da noch. So beklagte sich der Oberpfarrer Paul Gerber aus Bad Frankenhausen unter dem 8. Februar 1941, dass er schon »Schreckträume von Ariern und Kirchenbüchern mit schlechter Hand-

schrift« hätte. Von den zwanzig Pfarrern in seinem Amtsbereich
seien nur noch vier im Dienst und jeden Tag gingen allein per Post
über achtzig Arieranfragen ein. »Dadurch werden die Geistlichen von ihrer eigentlichen Aufgabe: Wortverkündigung in Predigt und Seelsorge in einer geradezu unverantwortlichen Weise
abgezogen [...] Neuerdings kommen vielfach von Soldaten, die
ihre öde Freizeit bei abgelegenem Kommando dazu benützen,
Stammbaumforschung zu treiben. [...] Über die Forschung nach
dem Status quo und den Toten dürfen die Lebenden nicht ver-
kümmern, wenn wir uns für die Zukunft nicht ganz aufgeben
und künftighin nur noch als Kirchenbuchausschreiber fungieren wollen!«[78]

Im Dezember 1943 verlangte die Landesbauernschaft von
Herrmann, dass dem Gubener Staatsanwalt Karl Geisel die Kirchenbücher von Dannheim, Kreis Arnstadt, zur Verkartung geschickt werden sollten.[79] In diesem Zusammenhang teilte nun
tatsächlich der Staatssekretär des Reichsstatthalters in Thüringen
dem Landrat von Arnstadt mit: »Ich genehmige ausnahmsweise
die Herausgabe der von Staatsanwalt Dr. Geisel zu Forschungs-
zwecken benötigten Kirchenbücher von Dannheim (1599 bis
1630, 1631 bis 1670). Alles Weitere ist mit dem Pfarramt Arnstadt-Oberndorf zu regeln.«[80] Als Rechtsgrundlage wurde der
Runderlass des Reichsjustizministeriums und des Reichsminis-
teriums des Innern vom 28. Dezember 1942 über die geschützte
Unterbringung von Kirchenbüchern und kirchlichen Archivalien[81] herangezogen. Die Sache war Herrmann, dem zuständigen
Beauftragten des Landeskirchenrates, nur deshalb zu Ohren gekommen, weil der Pfarrer von Dannheim sich entsprechend der
für ihn als Pfarrer gültigen Rechtsvorschriften geweigert hatte,
die Kirchenbücher herauszugeben. Herrmanns Hoffnung, dass
wenigstens hinsichtlich der Versendung die bisherigen Bestimmungen noch bestünden, dass also der Kirchenarchivwart die
Entscheidungsbefugnis über jene Ausnahmen hätte, zerschlug
sich. Wie sich herausstellte, war das ein Irrtum, »wer das Recht
habe, die Benutzung zu genehmigen, habe darin eingeschlossen,
auch das Recht, die zur Benutzung nötigen Maßnahmen zu treffen.«[82] »Sie müssen also schon die beiden Kirchenbücher von
Dannheim [...] nach Guben schicken«, schrieb er schließlich
dem Pfarrer, »natürlich unter Beachtung der vorgeschriebenen
Massnahmen. (Gut verpackt, möglichst Wellpappe, Wertangabe).

Ich bitte Sie recht sehr, das zu tun, sobald die Paketsperre wieder aufgehoben ist, und mir davon Nachricht zu geben.«[83]

Aus einem Nachkriegsbericht von Herrmanns Nachfolger, Reinhold Jauernig[84], geht hervor, dass bis 1945 in insgesamt 359 Kirchengemeinden Verkartungen der Kirchenbücher vorgenommen worden waren.[85]

Mit der Frage der Kirchenbuchverfilmung beschäftigte sich der Landeskirchenrat erstmals 1935, als die Reichsstelle für Sippenforschung über das Archivamt ihre Pläne zur kostenlosen Verfilmung von Kirchenbüchern bekannt gab.[86] Eine nicht näher zu beziffernde Anzahl Kirchenbücher wurde daraufhin bereits bis 1938 verfilmt. Aufgrund eines Erlasses des Reichsministers des Innern, in dem gefordert wurde, dass sich die Landesregierung der fotografischen Vervielfältigung der Kirchenbücher zuwenden solle, weil die Kraft der Reichsstelle für Sippenforschung hierfür nicht ausreiche[87], wurden verschiedene Initiativen zur Kirchenbuchverfilmung an die Landeskirche herangetragen. Der Deutsche Gemeindetag, Landesdienststelle Thüringen, wollte eine gemeinschaftliche Einrichtung für die Kreise und Gemeinden zur Verfilmung der Kirchenbücher schaffen[88] und verschiedene Thüringer Kommunen verlangten nun von sich aus die Verfilmung ihrer Kirchenbücher.

Bei den kirchlichen Stellen herrschte Unklarheit, weil man dort den zitierten Erlass des Reichsministers des Innern nicht kannte. Vom Leiter der Reichsstelle für Sippenforschung und vom Landeskirchenrat wurde Aufklärung verlangt.[89] Die Reichsstelle für Sippenforschung betonte auf Anfrage, dass es der Zweck dieses Erlasses sei, »die für die Bevölkerungsgeschichte und die Sippenforschung unersetzlichen Kirchenbücher durch fotografische Aufnahmen auf Filmstreifen gegen alle Gefahren eines Verlustes oder einer Zerstörung zu sichern.«[90] Diese Maßnahme läge auch im Interesse der Kirchen. Im Februar 1939 lag der fragliche Erlass schließlich auch im Landeskirchenrat vor. Durch den Kriegszustand wurden weitergehende Initiativen zur Verfilmung der Thüringer Kirchenbücher vorläufig zurückgestellt. Nach den Notizen des Kirchenarchivwarts Herrmann hatte man bis zum Kriegsende insgesamt 730 Kirchenbücher fotokopiert, die ersten dreihundert unter Regie des Reichssippenamtes, die restlichen mit Hilfe einer Mischfinanzierung aus Reichs-, Landes- und Kirchengeldern.[91]

Versuch eines Resümees

Am Beispiel Thüringens wird deutlich, dass trotz der starken Zentralisierungstendenzen im »Dritten Reich« in verschiedenen Landesteilen und Landeskirchen unterschiedlich mit Fragen der sippenkundlichen Auswertung von Kirchenbüchern umgegangen worden ist. Das mag nicht zuletzt geschichtliche Gründe gehabt haben. Als der Ansturm auf die Kirchenbücher losbrach, war die Thüringer Evangelische Kirche, die sich aus sieben einzelnen Landeskirchen zusammengeschlossen hatte (Reuß ä. L. kam erst 1934 hinzu), gerade erst zwölf Jahre alt. Man hatte sich nicht nur organisatorisch, sondern auch theologisch zusammenschließen und dabei die bestehenden Gegensätze unter einen Hut bringen müssen. Die Pfarrer dieser damals noch jungen Kirche stellten keine homogene Gruppe dar. Die älteren unter ihnen, noch geprägt vom Lebensgefühl in der Monarchie, waren die Staatskirchen in ihren früheren Fürsten- und Herzogtümern gewohnt, in denen der Landesherr gleichzeitig als oberster Kirchenherr fungierte. Dort war die Geistlichkeit eine der staatstragenden Kräfte gewesen, die Pfarrer verstanden sich als treue Diener von Staat und Regierung. Damals dienten sie dem Staat und der Kirche gleichzeitig, weil über beidem die gleiche Obrigkeit stand. Von den jüngeren Pfarrern hatten viele – auch noch unter dem Einfluss monarchischer Erziehung – die Begeisterung zu Beginn des Ersten Weltkrieges mitgetragen. Beiden Pfarrergenerationen gemeinsam war eine Art innere Distanz, eine Unfähigkeit, sich in den Verhältnissen der Weimarer Republik zurecht zu finden. Sie waren schließlich im Prinzip bereit, auch dem nationalsozialistischen Staat zu dienen. Es ist zu vermuten, dass diese Umstände maßgebend dafür waren, dass sich viele Thüringer Pfarrer zu den völkischen Bekenntnissen der DC hingezogen fühlten. Das Parteiprogramm der NSDAP bekannte sich zu einem »positiven Christentum«, Hitlers Regierungserklärung vom 23. März 1933 schloss Kirchen und Christentum in das Fundament für den nationalen Wiederaufbau mit ein, Demokratieverachtung und Judenfeindlichkeit waren an der Tagesordnung.

Parallel zu den politischen Entwicklungen, die im November 1938 in dem brutalen Judenpogrom gipfelten, verschärfte man auch in der Thüringer Landeskirche die kirchenrechtlichen, theologischen und kirchenpolitischen Maßnahmen gegen die Christen jüdischer Herkunft.[92] Das »Gesetz über die kirchliche Stellung evangelischer Juden« vom 10. Februar 1939 legte fest, dass »Judenchristen« nicht mehr Mitglied der evangelischen Kirche sein konnten. Die Pfarrer wurden gleichzeitig von Amtshandlungen an diesem Personenkreis entpflichtet. Zur Zahlung von Kirchensteuern durften sie ebenfalls nicht mehr herangezogen werden.[93] Einen Monat später erließ der Landeskirchenrat eine dienstliche Anordnung, die Amtshandlungen an evangelischen »Nichtariern« untersagte.[94] Als seit September 1941 die Kennzeichnungspflicht eingeführt und der Judenstern getragen werden musste, wurden diese Maßnahmen von der Kirchenleitung mitgetragen. Als »Solidaritätsbezeugung« gegenüber dem NS-Staat ergriff sie eigene Initiativen zur »Reinigung der Kirchen von allem Jüdischen«.[95] Opfer dieser Politik wurde unter anderem der Pfarrer Werner Sylten, Leiter des Mädchenheims in Bad Köstritz, der wegen seiner jüdischen Abstammung bereits 1936 entlassen, 1941 nach Dachau verschleppt und 1942 im KZ Schloss Hartheim ermordet wurde.[96] Die Gründung des »Instituts zur Erforschung und Beseitigung des jüdischen Einflusses auf das deutsche kirchliche Leben« war die logische Fortsetzung dieses Weges.

Die Thüringer DC haben mit ihren Bestrebungen, das Hakenkreuz über das Kreuz zu stellen, der Evangelischen Kirche einen Stempel aufgedrückt, dem schwer etwas entgegenzusetzen ist. Allerdings ist es nicht so gewesen, dass die gesamte Thüringer Kirche aus DC bestanden hätte. Für die damals lebenden evangelischen Christen muss die Situation sehr viel unübersichtlicher gewesen sein, als sie sich uns heute darstellt. Einerseits orientiert sich das heutige Bild über die damalige Zeit hauptsächlich an den Handlungsweisen der Kirchenführung und an deren offiziellen Verlautbarungen. Andererseits wird oft übersehen, dass die Wirklichkeit an der Basis viel diffiziler war: Mehr als die Hälfte der Thüringer Pfarrer waren keine Deutschen Christen (27 % Wittenberger Bund, 21 % Lutherische Bekenntnisgemeinschaft, 43 % DC und 9 % Neutrale).[97]

Auch Widerstand der Pfarrer gegen Anwendung des Arierparagraphen in der Kirche hat es gegeben. Der von Martin Niemöller gegründete Pfarrernotbund erreichte bis Weihnachten 1933 an die 6.000 Mitglieder. Wer diesem Bund beitrat bezeugte,

»dass eine Verletzung des Bekenntnisstandes mit der Anwendung des Arierparagraphen im Raum der Kirche Jesu Christi
geschaffen ist.«[98] Auch in Thüringen stieß der Notbund auf star-
kes Echo, es wurden in vielen Landesteilen monatliche Konvente
abgehalten. Die 1934 gegründete Lutherische Bekenntnisgemeinschaft wollte von Anfang an auch Laien für den Kirchenkampf
gegen die DC mobilisieren. Der Bekenntnisgemeinschaft gehörten in Thüringen in ihren besten Zeiten (1935–1937) etwa
140–200 Pfarrer an.[99] Davon haben 86 die Erfurter Erklärung
unterschrieben, in der der Bruderrat der Bekenntnisgemeinschaft – nicht die DC-Kirchenleitung – als geistliche Obrigkeit
anerkannt wurde.[100]

In den kirchlichen Kämpfen, die stattfanden, nachdem die
DC im Landeskirchenrat fest im Sattel saßen, hat es nicht wenige
Vernehmungen, disziplinarische Bestrafungen, Strafversetzungen
und Amtsenthebungen gegen Pfarrer, auch Verhaftungen durch
die Gestapo gegeben. Widerstand gegen das DC-Regime wurde
also gewaltsam unterdrückt. Insgesamt 34 Pfarrer, Hilfspfarrer
und Vikare haben aus kirchenpolitischen Gründen freiwillig
das Land verlassen. Disziplinarmaßnahmen ausgesetzt waren 24
Geistliche. Bereits vor dem Antritt ihres Dienstes wurden 24 junge
Theologen vom Dienst in der Landeskirche ausgeschlossen.[101]

Der eingangs genannte Kirchenrat Paul Lehmann hat gezielt
Pfarrer bei der Gestapo denunziert, worauf diese verhaftet wurden. Selbst bei Einstellung des auf die Verhaftung folgenden
Untersuchungsverfahrens wurden die Geistlichen vom Landeskirchenrat ihres Pfarramtes enthoben, also »brotlos« gemacht.
Im Spruchkammer-Urteil vom 28. Juni 1946 nach dem Reini-
gungsgesetz vom 12. Dezember 1945 heißt es über Paul Lehmann: »Er ist eine der schlimmsten Erscheinungen – vielleicht
die schlimmste – in der Reihe derjenigen gewesen, die die Ver-
derbnis der Thüringer evangelischen Kirche herbeigeführt«[102]
hat. Nach 1946 verdiente er sich sein Brot als Bauhilfsarbeiter.

Wenn die Pfarrer zu jener Zeit noch den Mut hatten, sich zu
beschweren, dann über den Missbrauch der Kirchenbücher, über
den Pfarrer als »Kirchenbuchausschreiber«, nicht zuletzt auch
über ungeklärte Gebührenfragen, die zu Lasten der Pfarrämter
geregelt waren. Kritik an der Anweisung, überhaupt Ariernachweise anzufertigen, ist in diesem Zusammenhang nicht überliefert. Aber wer konnte damals so etwas ohne Folgen kritisieren?

»Sich schriftlich über seine Ablehnung zu äußern, bedeutete Selbstmord.«[103] Ob es Widerstand unter den Thüringer Pfarrern wirklich gab, wann und wieviel – alles das ist noch sehr wenig untersucht. Die Haltung der einzelnen Pfarrer ist neben der breit angelegten Forschung über die Thüringer DC-Kirchenleitung oder über das Eisenacher »Institut zur Erforschung und Beseitigung des jüdischen Einflusses auf das deutsche kirchliche Leben« bisher kaum sichtbar.

Warum in Thüringen nur eine kleinere Kirchenbuchstelle bestanden hat, und das nur für eine kurze Zeitspanne, kann ebenfalls nur vermutet werden. Ein Argument war mit Sicherheit, dass der Landeskirchenrat die Kirchenbücher dezentralisiert untergebracht für weniger gefährdet hielt. Darüber hinaus war man sich wohl auch ständig der Gefahr bewusst, kurzerhand enteignet zu werden. An dieser Stelle hätte die Verweigerung der Kooperation mit dem NS-Staat und seinen Formationen zur Folge haben können, dass sich der Staat mit seinem Eigentumsanspruch auf die kircheneigenen Personenstandsregister durchsetzt.[104]

Die einzige Person, der zuzutrauen gewesen wäre, ähnlich dem Schweriner oder Berliner Muster[105], eine zentrale Thüringer Kirchenbuchstelle aufzubauen und nach rassischen Gesichtspunkten auszuwerten, wäre nach seiner politischen Einstellung Paul Lehmann gewesen. Doch ihm fehlte die fachliche Kompetenz. Rudolf Herrmann und Reinhold Jauernig waren eindeutig darauf aus, die dezentrale Lagerung der Thüringer Kirchenbücher beizubehalten. Beide legten bei ihren Beratungen mit den Pfarrämtern Wert darauf, den Begriff »kirchenbuchähnlicher Schriftdenkmäler« nicht zu weit zu fassen, um die Einflussnahme des Staates zu begrenzen.

Es liegt auf der Hand, dass zahlreiche Fragen im Zusammenhang mit der kirchlichen Partizipation am Ariernachweis für Thüringen mit dem vorliegenden Beitrag vorerst nur angerissen werden konnten. Vieles bleibt offen und bedarf weiterer Forschungen.

Anmerkungen

1 Thüringisches Staatsarchiv Meiningen, Inneres neu 4897, Anweisung Georgs II. vom 5.10.1891.

2 Zur Situation der Evangelischen Kirche in Thüringen 1918–1945 siehe auch: Thomas A. Seidel, Im Übergang der Diktaturen: Eine Untersuchung zur kirchlichen Neuordnung in Thüringen 1945–1951, Stuttgart 2003, Kap. 2.

3 Zitiert bei Erich Stegmann, Der Kirchenkampf in der Thüringer evangelischen Kirche, Berlin 1984, S.14.

4 Geschichte Thüringens, 4. Band: Kirche und Kultur in der Neuzeit, hg. von Hans Patze/Walter Schlesinger, Köln/Wien 1972, S. 49 und Stegmann, Kirchenkampf, S. 7. Außerdem: Gleichschaltung und Kirchenkampf – Die Thüringer evangelische Kirche im »Dritten Reich«, mit Beiträgen von Ernst Koch, Tobias Schüfer, Ralf Meister-Karnikas, Birgit Gregor, Oliver Arnold, in: Thüringer Gratwanderungen. Sonderband 3, Leipzig 1998, S. 78–165.

5 Stegmann, Kirchenkampf, S. 22.

6 Thomas A. Seidel, Im Übergang der Diktaturen, S. 55.

7 Paul Lehmann (1884–1960), Pfarrer in Tambach-Dietharz, ab 1933 Kirchenrat und Mitglied des Landeskirchenrates der Evangelischen Kirche Thüringens, 1943 Wartestandsversetzung aufgrund des Präsidialgesetzes vom 6. April 1943; Mitglied in NSDAP, SA und DC.

8 Geschichte Thüringens, S. 50.

9 Präsidialgesetz vom 6.4.1943, Thüringer Kirchenblatt 1943, Teil A, S. 3.

10 LKE, Personalakte Lehmann, L 3049, Bd. II, S. 16.

11 LKE, Landeskirchenrat (LKA), R 106, Bd. 2, Schriftwechsel mit dem Archivamt Breslau Juni/Juli 1933.

12 LKA, R 106, Bd. 2, Schriftwechsel der Deutschen evangelischen Kirchenkanzlei mit dem Reichsminister des Innern über Ausstellung der zum Ariernachweis erforderlichen Urkunden.

13 Ebd., Abschrift von Vorgängen aus der Kirchenprovinz Sachsen vom April 1934.

14 Ebd., Bd. 1 und 2.

15 LKA, A 600, Protokoll der Landeskirchenratsitzung vom 23.10.1935.

16 Johann Peter Wurm, Die Mecklenburgische Sippenkanzlei. Kirchenbücher im Dienste der Ausgrenzung der jüdischen Bevölkerung, in: Das deutsche Archivwesen und der Nationalsozialismus, Essen 2007, S. 153–164.

17 Manfred Gailus, Beihilfe zur Ausgrenzung. Die »Kirchenbuchstelle Alt-Berlin« in den Jahren 1936 bis 1945, in: Jahrbuch für Antisemitismusforschung 2 (1993), S. 255–280. Ders., Vom evangelischen Sozialpfarrer zum nationalsozialistischen Sippenforscher. Die merkwürdigen Lebensläufe des Berliner Theologen Karl Themel, in: ZfG 49 (2001), S. 796–826.

18 LKE, Kirchenarchivwart (KAW), AKB 9, Schreiben des Beauftragten für das Kirchenbuchwesen bei der Kanzlei der Deutschen Evangelischen Kirche an die obersten Kirchenbehörden vom 29.5.1935, dabei Abschrift eines Schreibens der Reichsstelle für Sippenforschung vom 20.5.1935 und

Richtlinien für die Errichtung und die Amtsführung von Sippenkanzleien. Beantwortung der Schreiben vom 24.8.1935 in LKA, A 600 Bd. XI.

19 KAW, AKB 10, Bericht des Walldorfer Hilfspfarrers an den LKR vom 26.9.1935.

20 Ebd., Notiz Lehmanns o. D.

21 LKA, A 600 Bd. 10, Schreiben des Pfarrers von Troistedt an den Landesbischof vom 10.3.1938.

22 Ebd., Notiz Lehmanns.

23 LKA, A 600 Bd. 10, Schreiben des Oberbürgermeisters von Altenburg an Landeskirchenrat vom 12.4.1938.

24 Ebd., Antwort des Landeskirchenrats vom 21.4.1938.

25 LKA, R 106 Bd. 2, Runderlass des Evangelischen Oberkirchenrates an die Evangelischen Konsistorien vom 4.5.1938, weitergeleitet an die obersten Behörden der deutschen evangelischen Landeskirchen.

26 Ebd., Postkarte des Beauftragten der Deutschen Evangelischen Kirchenkanzlei für das kirchliche Archiv- und Kirchenbuchwesen.

27 Ebd., Schreiben des Landeskirchenrates an den Beauftragten vom 2.9.1938.

28 Ebd., Rundschreiben Hosemanns an die obersten Behörden der Deutschen evangelischen Landeskirchen vom 12.9.1938.

29 Ebd., Schreiben des Landeskirchenrats an Hosemann vom 11.11.1938.

30 Ebd., Schreiben des Landeskirchenrats an den Kirchenvorstand Altenburg vom 19.10.1938.

31 Ebd., Schreiben des Vorstands des Kreiskirchenrates Meiningen an den Landeskirchenrat vom 16.12.1938.

32 LKA, A 600, Sitzungsprotokoll des Landeskirchenrats vom 21./22.12.1938, und R 106, Bd. 2, Schreiben an den Vorstand des Kreiskirchenamtes Meiningen vom 16.12.1938.

33 Rudolf Herrmann (1875–1952), Dr. theol., 1932 Kirchenrat, Mitglied des Volksdienstes der Thüringer Evangelischen Kirche, 1933 Wartestandsversetzung, 1938–1946 Kirchenarchivwart, *kein* DC und *kein* NSDAP-Mitglied, Verfasser der Thüringischen Kirchengeschichte, Bd. 1 (1937) und 2 (1947).

34 Ebd., Sitzungsprotokoll des Landeskirchenrats vom 13.1.1939.

35 KAW, AKB 9, Niederschrift Herrmanns vom 18.7.1939.

36 Ebd., Nachtrag Herrmanns vom 25.7.1939.

37 Ebd., Schreiben Herrmanns an den Landeskirchenrat vom 5.1.1940.

38 Ebd., Liste der Kirchenbuchämter des Archivamtes Breslau vom 22.11.1939.

39 KAW, AK 1/I, Auszug aus einem Besprechungsprotokoll mit den Kreiskirchenämtern vom 22.7.1938.

40 Ebd., Abschrift aus einem Besprechungsprotokoll vom 17.7.1938.

41 Ebd., Beratungsprotokoll zu Archivfragen (Hosemann), vom 27.7.1938.

42 Ebd., (Flach).

43 Gleichlautend in allen Personalakten, hier als Beispiel aus der Personalakte Paul Lehmanns, L 3049, Bd. I.

44 LKA, A 600 Bd. 9, Schreiben des Sachverständigen für Rasseforschung beim Reichsministerium des Innern an den Landeskirchenrat vom 21.7.1934.

45 Ebd., A 600 Bd. 9, Richtlinie für die Verkartung der Kirchenbücher des Sachverständigen für Rasseforschung (1934).

46 Ebd., Antwort des Landeskirchenrats vom 30.7.1934 auf das o. g. Schreiben des Sachverständigen für Rasseforschung.

47 Ebd., Rundschreiben vom 23.10.1935.

48 Ebd., aus den Berichten der Thüringer Oberpfarrämter zwischen Oktober und Dezember 1935.

49 Ebd., Bericht des Oberpfarramtes Dermbach vom 16.11.1935.

50 Ebd., Bericht des Bad Köstritzer Kirchenbuchführers Konrad Thamm an den Landeskirchenrat Eisenach und an den Sachverständigen für Rasseforschung vom 24.4.1936.

51 Ebd., Bericht des Oberpfarramtes Altenburg-Stadt vom 6.12.1935.

52 Ebd., Bericht des Oberpfarramtes Apolda vom 12.1.1936.

53 Ebd., Bericht des Oberpfarramtes Buttstädt vom 28.11.1935.

54 Ebd., Bericht des Oberpfarramtes Bad Frankenhausen vom 28.11.1935.

55 Ebd., Berichte des Oberpfarramtes Gräfenroda vom 28.11. und 11.12.1935.

56 Ebd., Bericht des Oberpfarramtes Meiningen vom 28.11.1935.

57 Ebd., Bericht des Oberpfarramtes Rudolstadt vom 9.12.1935.

58 Ebd., Bericht des Oberpfarramtes Sonneberg vom 15.11.1935.

59 Ebd., Bericht des Oberpfarramtes Weimar vom 29.11.1935.

60 Ebd., Gutachten des Weimarer Stadtkirchner vom 12.11.1935.

61 Ebd., Bericht des Pfarramtes Liebstedt vom 18.11.1935.

62 Ebd., Bericht des Oberpfarramtes Gehren vom 8.11.1935.

63 Ebd., Antwort des Landeskirchenrates vom 16.12.1935 auf die Anfrage aus Gehren.

64 Ebd., und KAW, AKB 20, Rundschreiben des Archivamtes Breslau vom 9.7.1936 mit Rundschreiben der Reichsstelle für Sippenforschung vom 9.5.1936.

65 KAW, AKB 20, Grundsätze für eine Beteiligung des Reichsnährstandes, der NS-Lehrerschaft und anderer ähnlicher Organisationen an der Verkartung der Kirchenbücher 1936.

66 Ebd., Schreiben Schubarts an den Landeskirchenrat vom 1.2.1937.

67 Ebd., Schreiben Lehmanns an Schubart vom 27.2.1937.

68 Ebd., Schreiben der Landesbauernschaft an den Landeskirchenrat vom 9.3.1938.

69 LKA, A 600, Sitzungsprotokoll des Landeskirchenrats vom 12.4.1938.

70 KAW, AKB 20, Vereinbarung über die Verkartung der Kirchenbücher durch die Arbeitsgemeinschaft für Sippenforschung und Sippenpflege mit dem Landeskirchenrat der Thüringer evangelischen Kirche, 3./6.10.1938. Veröffentlicht im Thüringer Kirchenblatt und Kirchlichen Anzeiger Teil B, Nr. 20/ 1938, S. 146.

71 KAW, AKB 20, Schreiben Lehmanns an Schubart vom 3.11.1938.

72 Ebd., Schreiben des Nährstands an den Landeskirchenrat vom 7.4.1938.

73 KAW, AKB 21, Schreiben Herrmanns an Oberpfarrer Kirsten, Camburg vom 6.9.1943.

74 KAW, AKB 7, Notiz von Herrmann 3.9.1939.

75 KAW, AKB 21, Niederschrift Herrmanns vom 10.6.1942.

76 Ebd., Niederschrift Herrmanns vom 28.8.1943.

77 Ebd., Rundschreiben Herrmanns vom 19.4.1943.

78 KAW, AKB 3, Schreiben des Oberpfarrers Gerber an Herrmann vom 8.2.1941.

79 KAW, AKB 21, Schreiben der Landesbauernschaft an Herrmann vom 7.12.1943.

80 Ebd., Schreiben des Staatssekretärs beim Reichsstatthalter an den Landrat von Arnstadt vom 15.9.1943 (Abschrift). Erst am 15. Dez. erhält Herrmann eine Kopie dieses Schreibens, die er zuvor telefonisch beim Staatssekretär angefordert hatte.

81 Ebd., Schreiben Herrmanns an die Landesbauernschaft Weimar vom 16.12.1943.

82 Ebd., Schreiben Herrmanns an den Pfarrer von Arnstadt-Oberndorf vom 23.12.1943.

83 Ebd.

84 Reinhold Jauernig (1893–1966), Dr. jur., Dr. theol. hc., 1929 Pfarrer in Gera, ab 1938 stellvertretender Kirchenarchivwart, 1943 Kirchenrat, 1946–1958 Nachfolger Herrmanns als Kirchenarchivwart. Wie Herrmann *kein* DC und *kein* NSDAP-Mitglied.

85 KAW, AKB 25, Bericht Jauernigs vom 28.5.1945.

86 KAW, AKB 6, Rundschreiben Hosemanns vom 30.7.1939 an die Obersten Behörden der deutschen evangelischen Kirchen. Er verweist dabei auf ein Schreiben der Reichsstelle für Sippenforschung an das Landeskirchenamt Hannover, das in Abschrift o. D. seinem Rundschreiben angehängt ist.

87 Ebd., KAW, AKB 6, Abschrift des Erlasses vom 29.5.1936 und Schreiben des Landeskirchenrats hierzu vom 21.2.1939.

88 KAW, AKB 6, Notiz Herrmanns (o. D.) mit Bezug zum Schreiben an das Kreiskirchenamt Gera vom 19.12.1938.

89 Ebd.; es handelte sich um einen Erlass des Reichsministers des Innern vom 29.5.1936.

90 Ebd., Schreiben des Leiters der Reichsstelle für Sippenforschung an den Landeskirchenrat Eisenach vom 25.1.1939.

91 KAW, AK 1/I, Bericht Herrmanns von 1946.

92 Vgl. Ralf Meister-Karnikas, Die Thüringer evangelische Kirche und die Judenfrage. Notizen zur Epoche 1933–1945, in: Thüringer Gratwanderungen. Sonderband 3, Leipzig 1998, S.118.

93 Gesetz über die kirchliche Stellung evangelischer Juden vom 10.2.1939, Thüringer Kirchenblatt Teil A 1939, Nr. 2.

94 Meister-Karnikas, Thüringer evangelische Kirche, S. 118.

95 Ebd., S. 123.

96 Dietmar Wiegand, Kleine Geschichte der Thüringer Landeskirche, in: Hans-Peter Hübner/Gabriele Schmidt (Hg.), Landhaus und Landeskirche auf dem Eisenacher Pflugensberg, Eisenach 2006, S. 61.

97 LKE, LBG 57.

98 Stegmann, Kirchenkampf, S. 28.

99   Zusammengestellt von Minnamarie Helaseppä, Die Lutherische Bekennt-
      nisgemeinschaft und der Kampf um die Thüringer Evangelische Kirche
      1933/34–1939, Helsinki 2004, S. 253.
100 Protokoll der LBG über die Pfarrertagung in Erfurt am 24.6.1935, LBG
      211.
101 Helaseppä, Lutherische Bekenntnisgemeinschaft, S. 285–288.
102 LKE, Personalakte Paul Lehmann, L 3049, Spruchkammer-Urteil nach
      dem Reinigungsgesetz, S. 104.
103 Stegmann, Kirchenkampf, S. 32.
104 Reimund Haas, »Zur restlosen Erfassung des deutschen Volkes werden
      insbesondere Kirchenbücher unter Schriftdenkmalschutz gestellt«. Kir-
      chenarchivare im Spannungsfeld zwischen Kooperation und Enteignung
      1933–1943, in: Das deutsche Archivwesen und der Nationalsozialismus,
      Essen 2007, S. 139–152.
105 Siehe Anm. 16 und 17.

Hans Otte

Pragmatismus als Leitmotiv

Walther Lampe, die Reichsstelle
für Sippenforschung und die Archivpflege
der hannoverschen Landeskirche in der NS-Zeit

Die Nationalsozialisten hatten nie einen Hehl daraus gemacht,
dass die Lehre vom unterschiedlichen Wert der Rassen zum Kern
ihrer Ideologie gehöre. Dabei war den nationalsozialistischen
Fachleuten deutlich, dass auf die Kirchenbücher zurückgegrif-
fen werden musste, um Menschen jüdischer Herkunft von den
»Ariern« abzugrenzen. So gerieten die kirchlichen Archivalien
und besonders die Kirchenbücher früh in das Visier der nationalsozialistischen ›Rasseforscher‹. Gleichzeitig war offensichtlich, dass zahlreiche Nationalsozialisten bereit waren, praktische
– notfalls gewalttätige – Konsequenzen ihres Antisemitismus zu
ziehen. Ihr Regierungsantritt am 30. Januar 1933 hatte daran
nichts geändert, das zeigte der Boykott der jüdischen Geschäfte
am 1. April 1933, der von einer Fülle propagandistischer Auf-
rufe begleitet worden war. Konnte der Boykott noch als über-
eifrige Aktion Einzelner gedeutet werden, galt das nicht mehr
vom Gesetz zur Wiederherstellung des Berufsbeamtentums vom
7. April 1933. Es übertraf den Boykott durch seine methodische
Konsequenz, und es traf weite Teile des jüdischen Bürgertums.
In dieser Situation hatten christliche »Nichtarier« die evangelischen Kirchen als ganze, aber auch direkt den hannoverschen
Landesbischof August Marahrens um Hilfe gebeten. Doch in
der Öffentlichkeit erfolgte keine unterstützende Reaktion, auch
wenn der hannoversche Bischof durch persönliche Gespräche
bei »verantwortlichen Stellen« versuchte, Härten der geplanten
Maßnahmen abzumildern.[1] Stattdessen wurde das neue Gesetz
akzeptiert, weil es anscheinend legal zustande gekommen war.

Drei Monate später veröffentlichte das Landeskirchenamt in
Hannover eine Rundverfügung, in der es hieß: »Der Inhalt der
Kirchenbücher hat mit Rücksicht auf das Reichsgesetz zur Wie-
derherstellung des Berufsbeamtentums […] eine erhöhte Auf-

merksamkeit erfahren. Insbesondere ordnen wir an, daß kein Kirchenbuch, auch keine Kirchenrechnung oder sonstige kirchliche Urkunde, einerlei welche Bedeutung ihr beizumessen ist, aus der Hand des die Aufsicht über das Pfarrarchiv Führenden gegeben wird.«[2] Auch hier wurde das Gesetz zur Wiederherstellung des Berufsbeamtentums selbstverständlich akzeptiert, seine Problematik war anscheinend kein Thema. Betrachtet man die Rundverfügung genauer, zeigt sich allerdings, dass in ihr die Kirchenbücher nicht besonders hervorgehoben wurden, anderen Archivalien in den Pfarrarchiven sollte die gleiche Aufmerksamkeit gelten. In erster Linie ging es nicht um die für die Nationalsozialisten besonders wertvollen Kirchenbücher, sondern um die Einschärfung der allgemeinen Archivvorschriften, auf die sich das Landeskirchenamt im Weiteren bezog. Die ›gute Gelegenheit‹ des Gesetzes wurde genutzt, um generell für die Archivpflege bei den Pfarrern und Kirchenvorständen zu werben. Dennoch macht die selbstverständliche Eilfertigkeit betroffen, mit der dieses Gesetz unbefangen positiv zitiert und zur Einschärfung landeskirchlicher Vorschriften genutzt wurde. Wie für die anderen Kirchen in Deutschland stellen sich auch für die hannoversche Landeskirche die Fragen nach dem Charakter der Archivarbeit in dieser Zeit: Welche Ziele hatte sie? Wie weit ging die Anpassung an die nationalsozialistischen Vorgaben? Lässt sich auch Distanz zu den nationalsozialistischen Zumutungen erkennen, etwa beim Zugriff auf die Kirchenbücher?

Die folgende Darstellung orientiert sich weitgehend an der Tätigkeit von Dr. Walther Lampe (1894–1985). Er wurde 1933 im Nebenamt zum Leiter des neu gegründeten Landeskirchlichen Archivs berufen, im Hauptamt blieb er juristischer Dezernent für Land- und Friedhofsangelegenheiten im Landeskirchenamt.[3] Die Orientierung an Lampe hat zunächst einen äußeren Grund. Da 1943 die Generalakten des Landeskirchenamts verbrannten, ist die Darstellung weitgehend auf Quellen aus anderen Archiven angewiesen. So lässt sich die interne Willensbildung im Landeskirchenamt nur schwer rekonstruieren, während Lampes Handeln aufgrund seiner zahlreichen Außenkontakte erkennbar bleibt. Außerdem war er eine Schlüsselfigur im Archivwesen der evangelischen Kirche. Er betrieb die Gründung der »Arbeitsgemeinschaft landeskirchlicher Archivare« (ALA) – heute: »Arbeitsgemeinschaft der Archive und Bibliotheken in der evangelischen

Abb. 1: Dr. Walther Lampe (1894–1985),
Aufnahme 1937

Kirche« – und wurde deren erster Schriftführer (»Sekretär«), bis
er nach dem Zweiten Weltkrieg den Vorsitz der ALA übernahm.
Lampe wurde so zum repräsentativen Sprecher der evangelischen
Kirchenarchive.[4] Sein Aufstieg im kirchlichen Archivwesen, der
dem zunehmenden Gewicht der hannoverschen Landeskirche
nach dem Zweiten Weltkrieg korrespondiert, verdankte sich zunächst seinem archivpolitischen Verhalten in der NS-Zeit und
den dabei entwickelten Grundsätzen. Dabei kann die Darstellung über die Person Lampes hinaus Interesse beanspruchen,
weil er offensichtlich als Repräsentant des deutschen Mehrheitsprotestantismus agierte. Dies wird im Folgenden noch deutlicher werden.

Wegen des Interesses der Nationalsozialisten an den Ariernachweisen steht die Fürsorge für die Kirchenbücher im Mittel-
punkt der Darstellung. Nach einem Rückblick auf die Zeit vor
1933 (Teil 1) wird der Weg zum Landeskirchlichen Archiv und
die Gründung des hannoverschen Kirchenbuchamts beschrieben (Teil 2), dann wird das Verhältnis zur Reichsstelle für Sippenforschung anhand der Diskussion um die Sippenkanzleien
genauer dargestellt (Teil 3), aus der sich die Gründung der Arbeitsgemeinschaft landeskirchlicher Archivare ergab (Teil 4).
Wie weit den Anregungen und Vorgaben der Reichsstelle für Sip-

penforschung gefolgt wurde, ist Inhalt des folgenden Abschnitts zur Kirchenbuchverwaltung in der hannoverschen Landeskirche nach 1936 (Teil 5), anschließend wird Lampes Verhältnis zum Reichssippenamt in der Kriegszeit untersucht (Teil 6). Ein kurzes Fazit beschließt die Darstellung.

1. Die Kirchenbuchverwaltung bis 1933

Die Fürsorge für die Kirchenbücher hatte seit dem 16. Jahrhundert ganz selbstverständlich zu den kirchlichen Aufgaben gehört. Die sog. Calenberger Kirchenordnung von 1569, die nach der Einführung der Reformation das Kirchenwesen in den welfischen Kerngebieten Braunschweig-Wolfenbüttels und Hannovers ordnete, hatte in Anlehnung an die Württembergische Kirchenordnung von 1559 die Führung von Tauf- und Traubüchern vorgeschrieben; sie sollten die kirchlichen Amtshandlungen dokumentieren und damit zugleich nachweisen, wer zur (rechtgläubigen) Kirche gehörte.[5] Dementsprechend waren die Kirchenbücher regelmäßig bei den Kirchenvisitationen zu überprüfen.[6] Später waren die Bestimmungen zur Kirchenbuchführung immer weiter verfeinert worden, da der Staat im Zeitalter der Aufklärung über seine Bevölkerung immer präzisere Informationen benötigte, die am besten die Kirchenbücher lieferten.[7] 1874, mit der Einführung der Standesamtsregister in Preußen, erlosch das staatliche Interesse an den Kirchenbüchern weitgehend, aber die Pfarrer und Kirchenbuchführer blieben zur Auskunft aus den Kirchenbüchern verpflichtet,[8] so dass die Bestimmungen zur Kirchenbuchführung im Bereich der Landeskirche zunächst noch von staatlichen und kirchlichen Behörden gemeinsam wahrgenommen wurden. Nachdem aber die Standesämter etabliert waren und immer mehr Personenstandsdaten nachweisen konnten, ging das staatliche Interesse an den Kirchenbüchern auf ein Minimum zurück. 1907 wurde für die lutherische Landeskirche Hannovers eine neue Kirchenbuchordnung eingeführt, die eine staatliche Mitwirkung nur noch in Ausnahmefällen – bei der Berichtigung älterer Einträge – kannte.[9]

Gegenläufig zur Abnahme des staatlichen Interesses an den Kirchenbüchern nahm das historische Interesse zu. Seit 1891 hatte der Gesamtverein der deutschen Geschichts- und Altertumsvereine auf die überragende Bedeutung der Kirchenbücher hingewiesen;[10] diese Anregung hatte das Landeskonsistorium nach einigem Zögern aufgenommen und die Pfarrämter aufgefordert, eine tabellarische Übersicht über die bei den »Pfarren vorhandenen Kirchenbücher und sonstiges in den Pfarr- und Ephoral-Registraturen aufbewahrtes historisches Material« einzureichen.[11] Das Ergebnis dieser Sammlung konnte Reinhard Krieg schon im folgenden Jahr publizieren,[12] für die Zukunft hatten damit die Aussagen über den Bestand an Kirchenbüchern im Bereich der hannoverschen Landeskirche eine feste Grundlage.

Nicht das historische Interesse von Wissenschaftlern, sondern die private Nutzung durch Familienforscher provozierte Regelungen für die Nutzung der Kirchenbücher. Kurz vor Ausbruch des Ersten Weltkriegs erließ das Konsistorium Hannover erstmals »allgemeine Richtlinien« für die Kirchenbuchbenutzung, da »immer häufiger das Ersuchen an die Geistlichen bzw. Kirchenbuchführer gerichtet wird, zu familiengeschichtlichen Zwecken Nachforschungen in den Kirchenbüchern anzustellen oder Angaben aus ihnen zu machen«.[13] Offensichtlich wuchs im Kaiserreich mit der zunehmenden Mobilität der Bevölkerung das Interesse an der eigenen Herkunft. Geregelt wurde in den Richtlinien die Auskunftspflicht der Pfarrämter und die Höhe der Gebühren, die bei der privaten Forschung fällig wurden.

Nach dem Weltkrieg war das Interesse an der Familienforschung ungebrochen, und in der Pfarrerschaft wurde schon über die zunehmende Beanspruchung der Pfarrämter durch solche Anfragen diskutiert.[14] Aber erst 1929 reagierte die Landeskirche auf die innerkirchliche Debatte. Auslöser war ein ganz anderes Problem gewesen, die Diskussion über die Vermögensauseinandersetzung zwischen den Kirchengemeinden und den politischen Gemeinden. In der Auseinandersetzung über die Aufteilung des Küsterei- und Schulvermögens hatten den Kirchengemeinden oft die Belege für ihre Ansprüche gefehlt, da sich die wichtigsten Kirchenakten über das Vermögen der Kirchengemeinden bei den Landräten befanden. Diese Akten waren bis 1918 von den Landräten als den sog. »weltlichen Kirchenkommissaren« geführt worden;[15] nach der Trennung von Kirche und Staat hatte der preußische Staat diese Akten für sich reklamiert und die Herausgabe an die zuständigen Superintendenturen verweigert. Als das Landeskirchenamt Hannover diesen Beschluss wider-

standslos akzeptierte, hatte es im Kirchenparlament, dem Landeskirchentag, heftige Proteste gegeben; am Ende der Debatte
über diese Frage nahm der Landeskirchentag mit großer Mehrheit eine Entschließung an, in der es hieß: »Landeskirchentag
hält es für dringend erforderlich, daß das gesamte kirchliche
und pfarramtliche Aktenmaterial der Kirche erhalten bleibt. Es
ist daher die unabweisliche Pflicht der Kirche, die Sammlung
und pflegliche Behandlung des gesamten Materials selbst in die
Hand zu nehmen. Die baldige Einrichtung eines Kirchenarchivs
ist ins Auge zu fassen.«[16]

Trotz dieses klaren Auftrags und des Engagements der zuständigen Dezernenten im Landeskirchenamt – der kirchengeschichtlich engagierte Landeskirchenrat Philipp Meyer[17] und
der Jurist Walther Lampe waren gemeinsam zuständig – kam
die Gründung des Archivs nicht zustande, die beginnende Weltwirtschaftskrise und der damit einhergehende Rückgang der
Kirchensteuern verhinderten die Realisierung. Dafür wurde das
Landeskirchenamt in einem Bereich tätig, der vorerst keine gro
ßen Investitionen erforderte. Es erließ 15. Juli 1929 eine Anordnung über den »Schutz der Kirchenbücher und kirchlichen Urkunden«. Sie betraf die Kirchengemeinden und Kirchenkreise
(Superintendenturen), denen präzise vorgeschrieben wurde,
wie die Kirchenbücher aufzubewahren seien und wie oft ihr Zustand zu überprüfen sei; verboten wurde die Kassation älterer
Akten sowie die Ausleihe von Archivalien und Kirchenbüchern
an Private.[18] Begleitet wurde die Anordnung von der Ankündigung, dass das Landeskirchenamt mit Hilfe eines Fragebogens
beabsichtige, »eine Übersicht über das vorhandene geschichtliche Material zu gewinnen«. Anfang August 1929 erhielt jede
Kirchengemeinde zwei Fragebogen, auf denen der Bestand und
Zustand der Kirchenbücher (Bogen I) und der sonstigen Archivalien (Bogen II) anzugeben war.[19] Die ausgefüllten Fragebogen
waren für die Landeskirche in den folgenden Jahren, auch in der
NS-Zeit, die Grundlage für das gesamte archivische Handeln.
Ihr Ergebnis wurde 1936 veröffentlicht, als in einem neuen Kirchenbuchverzeichnis die Ergebnisse dieser Umfrage publiziert
wurden.[20]

2. Die Gründung des Landeskirchlichen Archivs und des Kirchenbuchamts als einer Sippenkanzlei

2.1 Die Neuordnung des landeskirchlichen Archivwesens

Das Scheitern der ersten Archivpläne hatte Walther Lampe nicht resignieren lassen. 1932 bot sich ihm eine neue Möglichkeit zur Archivgründung. Lampe war an Genealogie interessiert und hatte 1927 zu den Gründern der »Ostfälischen Familienkundlichen Kommission« (OFK) gehört. 1928 hatte er auf der ersten ordentlichen Mitgliederversammlung der OFK den Vorsitz des »Ausschusses für Kirchenbücher-, Kirchenarchivalien- und Grabsteinschutz« übernommen und in einer Grundsatzrede für die Einrichtung zentraler Kirchenarchive plädiert, in denen die älteren Kirchenbücher zusammengeführt werden sollten.[21] Auf diese Idee kam er im Herbst 1932 zurück, nachdem er in der OFK Mitstreiter gefunden hatte. Der Celler Oberbürgermeister Ernst Meyer, ebenfalls engagiertes Mitglied in der OFK, war bereit, im Celler Schloss Räume für ein Landeskirchenarchiv bereitzustellen.[22] Dort sollte eine Sammelstelle für gefährdete Kirchenbücher eingerichtet werden, in der »stellungslose Akademiker« Kirchenbücher abschreiben und Register anlegen sollten. Finanziert werden sollte das Projekt durch das Landesarbeitsamt im Rahmen einer Arbeitsbeschaffungsmaßnahme; die Landeskirche hatte die Stelle eines Archivleiters zu bezahlen, die Stadt wollte den Raum zur Verfügung stellen. Diesen Plan hatte Meyer im Namen des Vorstands der OFK ausgearbeitet und mit Lampe abgesprochen. Lampe stellte den Plan im Landeskirchenamt vor und gewann den Synodalen Professor Johannes Meyer aus Göttingen, im neu gewählten 3. Landeskirchentag einen Urantrag auf Einrichtung eines landeskirchlichen Archivs zu stellen.[23] Der Antrag wurde zunächst an den Finanzausschuss des Landeskirchentags verwiesen, doch dort scheiterte das Unternehmen. Angesichts der Lohnkürzungen und des Abbaus von Pfarrstellen wagte es der Finanzausschuss nicht, dem Plenum des Landeskirchentags die Einrichtung des Archivs in Celle vorzuschlagen. Da aber dessen Mehrheit den Plan eines Landeskirchlichen Archivs grundsätzlich bejahte, beschloss das Kirchenparlament am 12. Januar 1933, das Landeskirchenamt solle schon jetzt »alle vorbereitenden Schritte für die Schaffung des Kirchenarchivs« tun.[24]

Man könnte vermuten, dass der Regierungsantritt der Nationalsozialisten die Archivpläne beschleunigt hätte. Aber die Skepsis der landeskirchlichen Finanzpolitiker war nicht so schnell
zu beseitigen und die neue Leitung des Arbeitsamts war nicht
bereit, aus der Arbeitslosenversicherung Zuschüsse zu geben.
Nach einigem Hin und Her, endgültig im August 1933, wurde
deutlich, dass der Plan eines Landeskirchlichen Archivs in Celle
nicht zu realisieren war. Die Reichsleitung des Arbeitsdienstes
hatte inzwischen entschieden, alle derartigen Anträge abzuleh-
nen: »Da es sich im Arbeitsdienst um das Heranbringen der
Jugend an den Boden und damit um Arbeiten mit Picke und
Spaten handelt, ist es leider nicht möglich, den Arbeitsdienst, so
wie […] vorgeschlagen, einzusetzen.«[25]
Als dieses Schreiben in Hannover bekannt wurde, hatten sich
die Bedingungen für die Gründung eines landeskirchlichen Archivs grundlegend geändert. Am 1. August 1933 hatte Reichsinnenminister Wilhelm Frick, dem Rat seines »Sachverständigen
für Rasseforschung« Dr. Achim Gercke folgend, angekündigt,
»alle Schriftdenkmäler, die Zeugnis vom Werden und Schicksal
des deutschen Volkes geben« konnten, unter »Schriftdenkmals-
schutz« zu stellen.[26] Die Besitzer solcher »Denkmäler« erhielten
Fragebögen, um derartige »Urkunden« zu erfassen. Der Erlass
zielte auf die Kirchenbücher, aber die Kirchen waren vor seiner
Veröffentlichung nicht gefragt worden. So musste er auf die Kirchen zwiespältig wirken. Ihre Verantwortlichen mussten fürchten, dass ihnen die wertvollsten Archivalien, die Kirchenbücher,
entzogen werden könnten, aber gleichzeitig konnten sie dankbar
sein, dass der Staat ihre Arbeit nun umfassend würdigte. Auch
auf Lampe wirkte der Erlass wohl ambivalent: Die Selbständig-
keit der Kirchen in den Archivfragen war ignoriert worden, erst
1929/30 hatten die Pfarrer dem Landeskirchenamt umfassend
über ihre Kirchenbücher berichtet. Außerdem hatte der Staat
in Gestalt des Landesarbeitsamts eben erst die Förderung der
Arbeit an den Kirchenbüchern abgelehnt. Dementsprechend
riet Lampe den Kirchengemeinden zur Zurückhaltung, als diese
beim Landeskirchenamt vorstellig wurden, weil sie von den
staatlichen Kreisverwaltungen den Fragebogen zur Erfassung
der »Schriftdenkmäler« erhalten hatten. Lampe wandte sich im
Namen des Landeskirchenamts an die Regierungspräsidenten,
die für die Einsammlung der staatlichen Fragebogen verantwort-

lich waren, und wies darauf hin, dass die notwendigen Informationen schon bei ihm vorhanden seien, außerdem habe die Landeskirche weitreichende Vorschriften zum »Urkundenschutz« erlassen: »Danach sind wir der Ansicht, daß unsererseits bereits alles veranlaßt ist, um dem jetzt herausgekommenen Ministerialerlaß zu entsprechen.«[27] Lampe und das Landeskirchenamt wollten die in der Zeit der Weimarer Republik mühsam erkämpfte Autonomie wahren. Doch den Nationalsozialisten war die »Rasseforschung« zu wichtig, deshalb war das Innenministerium nicht bereit nachzugeben. Es beharrte darauf, dass auch in der hannoverschen Landeskirche die Pfarrämter die Fragebogen ausfüllen sollten. Gegen den eindeutigen Willen der staatlichen Autorität hatte das Landeskirchenamt keine Argumente, gleichzeitig bejahte Lampe ja grundsätzlich die Intention des Erlasses; so gab das Landeskirchenamt nach und schrieb den Pfarrämtern am 6. September 1933 doch noch das Ausfüllen der Zählbogen zu den Kirchenbüchern vor.[28]

Lampe passte sich der veränderten Situation an. Unter diesen Umständen wollte er die ›Fürsorge‹ der Nationalsozialisten für die Kirchenbücher offensiv nutzen. Inzwischen hatte sich seine Position im Landeskirchenamt verbessert, er hatte eine starke Stellung in der Landeskirche erreicht. Bei den Kirchenwahlen am 23. Juli 1933, die zu einem triumphalen Wahlsieg der Deutschen Christen (DC) geführt hatten, war er als Mitglied der DC zum Kirchenvorsteher in der hannoverschen Lutherkirche gewählt worden. Er gehörte zur neuen Kirchenpartei, die ihren Sieg rasch ausbauen wollte. Weil ihr »Landeskirchenführer« befürchtet hatte, dass die DC bei den Wahlen zum 4. Landeskirchentag, die drei Wochen nach den Kirchenvorstandswahlen stattfanden, keine Dreiviertelmehrheit im Landeskirchentag erhalten würden, sicherte er den DC mit einem Trick weitere Sitze im Landeskirchentag.[29] Tatsächlich erhielten die Deutschen Christen bei den Wahlen eine breite Mehrheit, so dass nun Verfassungsänderungen möglich waren. Zuerst wurde aber die Verwaltungsspitze der Landeskirche umgebildet: Die Mitglieder des Landeskirchenamts, die in den Augen der Deutschen Christen als unzuverlässig galten, wurden entlassen; zu ihnen zählte auch Lampes theologischer Kollege, Landeskirchenrat Philipp Meyer. Dagegen wurde Lampe zum Oberlandeskirchenrat befördert. Er war nun allein für das landeskirchliche Archivwesen zuständig.

Lampe entwickelte jetzt einen neuen Plan für ein Landeskirchliches Archiv. Als landeskirchliche Einrichtung sollte es primär
für die landeskirchlichen Archivalien zuständig sein und auf die
Verwaltung von Kirchenbüchern verzichten. Im Unterschied
zum ersten Plan, der das große Celler Schloss nutzen wollte,
war das eine kleine pragmatische Lösung, aber sie hatte größere
Realisierungschancen. Die Kirchenbücher sollten jeweils an ihrem Ort bleiben; dort, vor Ort, sollten die »Abstammungsnachweise« ausgestellt werden. Die Flut von Anträgen auf »Ariernachweise«, die jetzt die Pfarrämter erreichte, hätte ein zentrales
Kirchenbuchamt überfordert, dafür war die Landeskirche zu
groß. Deshalb favorisierte Lampe nun dezentrale Kirchenbuchämter: Jeweils in Städten mit mehreren Kirchen eingerichtet,
sollten sie die »Abstammungsnachweise« ausstellen. Dagegen
sollte das Landeskirchenarchiv für die archivreifen Akten des
Landeskirchenamts zuständig sein und aus den Pfarrämtern nur
gefährdete Archivalien übernehmen. Dieser Plan überzeugte die
neue Leitung der Landeskirche. Als am 9. November 1933 der
Präsident des Landeskirchenamts die Errichtung des Landeskirchlichen Archivs bekannt gab, hieß es in seiner Anordnung:
Die Kirchengemeinden, »deren Akten- und Urkundenbestände
durch die bisherige Aufbewahrung gefährdet sind oder bei denen die Abgabe aus anderen Gründen erwünscht ist, werden
aufgefordert, die Bestände der Aufbewahrung und Verwaltung
des Landeskirchlichen Archivs anzuvertrauen«.[30]
      Parallel zu den Vorarbeiten für das Landeskirchliche Archiv
bereitete Lampe die Gründung eines ersten Kirchenbuchamts in
Hannover vor. Am 29. September 1933 befasste sich der Stadtkirchenvorstand in Hannover mit der Einrichtung eines Kirchenbuchamts. Ihm lag ein »Promemoria« vor, das vermutlich
auf Lampe zurückgeht. Darin wurde die Gründung eines Kirchenbuchamts für die Stadt angeregt, es sollte die Pfarrer und
Küster durch eine »zentrale Bearbeitung der sich gerade jetzt
sehr häufenden Anfragen wegen Beschaffung von Nachweisen
über die Abstammung« entlasten.[31] Schon früher hatten engagierte Pastoren die Gründung eines Kirchenbuchamts angeregt,
doch hatte der Stadtkirchenvorstand solche Vorschläge wegen
der Kosten eines solchen Amts stets abgelehnt,[32] nun begrüßte
er diese Anregung – allerdings mit einem Vorbehalt: Die Finanzierung musste gesichert sein, das heißt, die Vertreterversamm-

lung des Gesamtverbandes der hannoverschen Kirchengemeinden musste der Finanzierung eines Kirchenbuchamts zustimmen. Dafür wurde Lampe aktiv. Denn als Kirchenvorsteher der Lutherkirche war er in die Vertreterversammlung des Gesamtverbandes gewählt worden. So konnte er sich nun von zwei Seiten für das Kirchenbuchamt einsetzen: als Vertreter einer Kirchengemeinde – und damit der Basis – und als Vertreter des Landeskirchenamts, das dem Stadtkirchenverband einen Kredit zur Einrichtung des Kirchenbuchamts zusagte. Am 23. November 1933 beschloss der Stadtkirchenvorstand, das Kirchenbuchamt einzurichten. Dazu gewährte die Landeskirche einen Kredit zur Anschubfinanzierung, später sollte sich das Kirchenbuchamt wohl weitgehend tragen.

Nachdem die Finanzierung gesichert war, investierte der Gesamtverband der Kirchengemeinden in großem Stil in das neue Kirchenbuchamt. Das Nachbarhaus zum bisherigen Kirchensteueramt wurde angekauft, beide Einrichtungen wurden miteinander verbunden. Kern des Kirchenbuchamts sollte ein Gesamtregister der städtischen Kirchenbücher sein. Vor der Abgabe der Kirchenbücher an das neue Amt sollten die Register in den einzelnen Pfarrämtern erarbeitet werden; dafür empfahl der Ausschuss des Gesamtverbandes den Kirchengemeinden, »geeignete und bewährte Personen mit guter Handschrift als Aushilfskräfte mit täglicher Kündigung im Einvernehmen mit dem Kirchenbuchamt einzustellen«.[33] Die Pfarrämter erhielten vorgedruckte genormte Karteiblätter, auf denen alle Amtshandlungen der Jahre 1774–1874 einzutragen waren. Die Zeitgrenze 1774 war vermutlich wegen der »Ariernachweise« festgelegt worden: Bis 1774 waren mindestens vier Generationen vergangen, so dass alle Fragen nach den »arischen« Großeltern beantwortet werden konnten. An das neue Kirchenbuchamt lieferte die renommierte hannoversche Büromittelfirma König & Ebhardt passende Ordner und Regale. Nach und nach wurden hier die Karteiblätter aus den hannoverschen Pfarrämtern zu einem Gesamtkatalog zusammengeführt;[34] als sich zeigte, dass auf diese Weise binnen einen Jahres das Register für alle Kirchenbücher im Kirchenbuchamt erarbeitet wurde, warb König & Ebhardt für dieses System reichsweit.[35]

Zum 1. April 1935 konnte das Kirchenbuchamt der Öffentlichkeit präsentiert werden,[36] das aus drei Abteilungen bestand:

»1) das Kirchenbucharchiv, dem Gesamtverband angegliedert,
2) das Kirchenbuchamt, ebenfalls dem Gesamtverband unmittelbar unterstellt [...] und 3) die Sippenkanzlei als Arbeitsstelle
für die Nachweise der arischen Abstammung«.[37] Stolz wurde
eine erste Leistungsbilanz gezogen: Aus 30 Kirchengemeinden
standen 510 Kirchenbücher von 1574 bis zur Gegenwart für die
Arbeit bereit, das Generalregister für die Jahre 1774–1874 mit
600.000 Karten war fertiggestellt und bot Raum für insgesamt
4.000.000 Karten. Mehr als 2.000 Anfragen wurden in den beiden ersten Monaten bearbeitet; später sank die Zahl leicht,[38] so
dass die Angestellten begannen, nach und nach auch für die älteren Kirchenbücher Register anzulegen.

Die Zustimmung der Pfarrer und Kirchenvorsteher im hannoverschen Gesamtverband vollzog sich vor dem Hintergrund
der nationalsozialistischen Rassenpolitik. Ohne sie hätte es den
Beschluss des Stadtkirchenvorstands vermutlich nicht gegeben.
Deutlich wurde das bei der öffentlichen Präsentation des Beschlusses. Schon am Tag darnach informierte die nationalsozialistische »Niedersächsische Tageszeitung« (NTZ) ihre Leser
unter der Überschrift: »Ein Stadtkirchenbuchamt in Hannover.
Arbeit im Dienste des Volksganzen«.[39] Nach der Wiedergabe
des Beschlusses vom 23. November 1934 hieß es: »Besonders
freudig werden diesen Beschluß die zünftigen Familienforscher
begrüßen. Es ist ja noch nicht lange her, als sie über die Schul-
ter angesehen wurden. Familienforscher galten im allgemeinen
als unbequeme Leute, Familienforschung galt als eine Marotte.
Im Staate Adolf Hitlers ist das anders geworden. Endlich ist die
Erkenntnis von der Wichtigkeit der Familienforschung für das
Volksganze zum Durchbruch gekommen.« Worin die Bedeutung
der Familienforschung bestand, wurde nicht genauer ausgeführt,
auch wurde die rassistische Gesetzgebung – das Gesetz zur Wiederherstellung des Berufsbeamtentums – nicht angesprochen.
Stattdessen hieß es weiter: »Es ist hier nicht der Platz, von der
Bedeutung der Kirchenbücher im einzelnen zu sprechen. Ihre
gesicherte Erhaltung steht heute im Vordergrund des Interesses.
Ihre volle Auswertung ist die Aufgabe der Zukunft. Diese Aufgabe hat [...] das Stadtkirchenbuchamt zu erfüllen, das zugleich
für die Gegenwart und Zukunft die fortlaufende Kirchenbuchführung sämtlicher Gemeinden der Stadt übernimmt.« Lampes
pragmatisches Aufteilen der Quellen auf das Landeskirchliche

Archiv und das Kirchenbuchamt hatte zum Erfolg geführt. Weil das Kirchenbuchamt nicht nur für die Ariernachweise zuständig sein sollte, sondern die Pfarrämter von alltäglicher Verwaltungsarbeit entlastete, hatte Lampe dazu die Zustimmung der meisten Pfarrern gewonnen. Diese Archivpolitik erwies sich als weitsichtig, mit der Trennung von Kirchenbuch- und Aktenverwaltung prägt sie bis heute das Archivwesen der hannoverschen Landeskirche.[40]

2.2 Der Sachverständige für Rasseforschung und das Kirchenbuchamt in Hannover

Bei der Eröffnung des Kirchenbuchamts konnte Lampe den Anwesenden berichten, dass wenige Tage zuvor der zuständige Referent in der Dienststelle des Sachverständigen für Rasseforschung, Gerhard Kayser, die neue »Sippenkanzlei« besichtigt habe »und seiner Befriedigung Ausdruck gegeben habe. Er selbst, Lampe, sei ermächtigt, die Sippenkanzlei für eröffnet zu erklären.«[41] Damit hatte das Kirchenbuchamt eine Bezeichnung erhalten, die seit einiger Zeit vom Sachverständigen für Rasseforschung propagiert worden war: In Sippenkanzleien sollten Kirchenbücher zusammengeführt werden, damit sie später – unter Aufsicht eines »Reichssippenamts« – in »Sippenämter« übernommen werden konnten.[42]

Das Interesse des Sachverständigen für Rasseforschung an den Kirchenbüchern hatte sich Lampe schon im Frühjahr 1934 zunutze gemacht. Er hatte in dessen Berliner Dienststelle vorgesprochen und erfolgreich um Unterstützung für das geplante Kirchenbuchamt in Hannover geworben. Damit war eine Verbindung geknüpft, die bis zum Ende der NS-Zeit hielt; mit Gerhard Kayser, dem Leiter der Abteilung Schriftdenkmalspflege, blieb Lampe noch nach dem Zweiten Weltkrieg in Kontakt.[43] Schon bei der ersten Vorstellung der Pläne, in Hannover ein Kirchenbuchamt einzurichten, hatte Kayser sie ausdrücklich gelobt, und darauf hatte sich das Landeskirchenamt bezogen, als es im November 1934 den Sachverständigen für Rasseforschung bat, das hannoversche Kirchenbuchamt zu einer »Sippenkanzlei« zu erklären.[44] Noch war die Arbeitsweise der Sippenkanzleien und Sippenämter nicht geklärt, doch schon jetzt wollte Lampe dem Kirchenbuchamt diesen Status sichern, damit nicht »bei der dortseits geplanten Neugestaltung der Standesämter und der Schaffung von sogenannten Sippenkanzleien [...] die hier mit großer Zähigkeit durchgeführten Arbeiten zum großen Teil überflüssig werden«.[45] Ergänzend erklärte das Landeskirchenamt, dass das Kirchenbuchamt »in jeder Hinsicht gern Hand in Hand mit Ihnen arbeiten würde und sich auch weitgehend Ihren Weisungen unterstellen würde«. Das Schreiben ließ einen kleinen Vorbehalt gegenüber den staatlichen Anforderungen erkennen – das Kirchenbuchamt sollte »weitgehend« den Weisungen aus Berlin unterstellt werden –, dennoch war es für den ›Sachverständigen‹ ein wichtiger Schritt: Eine der großen Kirchen, die seine Aktivitäten sonst eher skeptisch betrachtet hatten, erkannte seine Kompetenz an.[46] So antwortete er prompt, dass er »gern bereit« sei, »das dortige Kirchenbuchamt bis auf weiteres mit den Aufgaben einer Sippenkanzlei zu beauftragen.«[47] Diese Anerkennung hatte allerdings ihren Preis, dafür forderte der Sachverständige »eine regelmäßige Berichterstattung über die Tätigkeit der Sippenkanzlei an mich, Fühlungnahme mit mir in allen Fragen von grundsätzlicher Bedeutung und die Selbstaufbringung der Kosten durch die im Einvernehmen mit mir festzusetzenden Gebühren und etwaige Zuschüsse örtlicher Stellen«. Allerdings musste das Kirchenbuchamt nun mitteilen, dass für das Generalregister schon Karteiblätter gekauft worden seien, die nicht den Richtlinien des Sachverständigen entsprächen.[48] Aber der Sachverständige war sofort bereit, eine Ausnahmegenehmigung zu erteilen. Ihm war wichtiger, dass sich ihm überhaupt eine kirchliche Einrichtung unterstellte, denn die Sippenkanzleien, die bis dahin eingerichtet worden waren, verdankten sich privater Initiative und wurden von den Kirchenbehörden eher bekämpft.[49] Am 1. Februar 1935 erhielt das hannoversche Kirchenbuchamt also den begehrten Titel »Sippenkanzlei«, nur das bisherige Siegel des Kirchenbuchamts musste weiter verwendet werden, »solange das Sippenamtsgesetz noch nicht erlassen ist«.[50]

Die Gründung des Kirchenbuchamts und die Verleihung des Titels »Sippenkanzlei« an das Kirchenbuchamt hatten nicht überall Freude ausgelöst. In Hannover wollten auch andere historisch arbeitende Einrichtungen von dem nationalsozialistischen Interesse an den »arischen Vorfahren« profitieren, vor allem das Stadtarchiv und sein Direktor Karl Friedrich Leonhardt, der sich als Hüter der städtischen Überlieferung verstand. Anfang

November 1934 wandte sich der Leiter der Ernst-August-Fidei-kommiss-Bibliothek, die im Gebäude des Stadtarchivs unterge-bracht war, an das Rassenpolitische Amt der NSDAP: Er habe von Leonhardt erfahren, dass in Hannover die Einrichtung eines Sippenamts mit einer familienkundlichen Beratungsstelle geplant sei; dafür sei seine Bibliothek mit ihren genealogischen Sammlungen der geeignete Ort.[51] Ohne dass dieses Angebot ge-prüft wurde, kam aus Berlin eine Ablehnung, denn »die Um-wandlung der Standesämter zu Sippenämtern befindet sich in-dessen noch im Stadium der Vorbereitung, so daß sich vorläufig über den Zeitpunkt der Einrichtung eines Sippenamtes in der Stadt Hannover nichts sagen lässt«.[52] Um so überraschter wird man im Stadtarchiv gewesen sein, als Lampe der Öffentlichkeit mitteilte, dass er das Kirchenbuchamt als Sippenkanzlei der Stadt Hannover eröffnen könne, schließlich hatte der Archivdirektor sein Stadtarchiv zum Sippenamt ausbauen wollen. Gleich als er erfahren hatte, dass ein Kirchenbuchamt geplant werde, hatte er versucht, die ältesten Kirchenbücher als Dauerleihgabe in das Stadtarchiv zu übernehmen, und im Juli 1934 hatte er im Stadt-archiv eine »Beratungsstelle für Sippenforschung, Wappenkunde und verwandte Gebiete« eröffnet.[53] Aber Lampe und das Lan-deskirchenamt hatten die Vorstöße Leonhardts einfach ignoriert und die Beziehungen zur entscheidenden Stelle, dem Berliner ›Sachverständigen‹, gepflegt. Jetzt musste Leonhardt erfahren, dass statt des Stadtarchivs und der dortigen Beratungsstelle das Kirchenbuchamt zur Sippenkanzlei erklärt worden war. Leon-hardt versuchte noch, die Errichtung der Sippenkanzlei rückgän-gig zu machen, doch war die Reichsstelle für Sippenforschung, wie die Dienststelle des Sachverständigen für Rasseforschung inzwischen firmierte, nicht bereit, dem Kirchenbuchamt den Status als Sippenkanzlei abzuerkennen. Selbst ein Vorstoß des hannoverschen Oberbürgermeisters beim Reichsinnenminister scheiterte,[54] so dass die Stadtverwaltung am Ende resigniert ein-räumen musste, dass nach Gründung des Kirchenbuchamts der geplante Ausbau der städtischen Beratungsstelle zu einer städ-tischen Sippenkanzlei »gegenstandslos geworden« ist.[55]

Man kann fragen, warum Lampe und das hannoversche Landes-kirchenamt so hartnäckig nach dem Status einer Sippenkanzlei strebten. Zunächst war es wohl ein finanzieller Grund: Der Titel »Sippenkanzlei« verlieh einem Kirchenbuchamt mehr Gewicht

auf dem umkämpften Markt der genealogischen Recherchen.
Deshalb wollte ja der hannoversche Stadtarchivdirektor verhindern, dass das Kirchenbuchamt den Titel »Sippenkanzlei« erhielt; nur so glaubte er seinem genealogischen Experten im
Stadtarchiv dauerhaft Arbeit und Aufträge sichern zu können.[56]
Für Lampe kam eine binnenkirchliche Perspektive hinzu: Auf
diese Weise konnte er höhere Sicherheitsstandards bei der Aufbewahrung der Kirchenbücher durchsetzen. Unter Berufung
auf die Vorschriften für Sippenkanzleien konnten die Kirchenkreise, die als Träger der neuen Kirchenbuchämter fungierten,
verpflichtet werden, die Kirchenbücher wirklich angemessen
unterzubringen.

Dass der »Sachverständige« die Sippenkanzleien letztlich nur
als Zwischenstationen für staatliche Sippenämter betrachtete,
muss Lampe wenig später deutlich geworden sein. Zunächst
war das für ihn wohl unproblematisch gewesen, er hatte einfach
vorausgesetzt, dass (NS-)Staat und Kirche zusammenarbeiteten.
Deshalb beschrieb er das Sippenamt ohne jede Kritik als »die
Amtsstelle des Staates, um die notwendigen Unterlagen für eine
gesunde Rassenpolitik und für eine kluge Anwendung der Erb-
gesundheitslehre zu sammeln [...] Einen Teil des Sippenamtes
wird die sogenannte Sippenkanzlei bilden, in welcher die archiv-
mäßige Erforschung und Beschaffung der Unterlagen für die geplanten Sippenblätter der einzelnen Sippen zu erfolgen hat.«[57]
Daraus folgte für ihn aber nicht zwingend, das den Kirchen die
Kirchenbücher weggenommen werden müssten: »Inwieweit eine
Auswertung der Kirchenbücher für die Sippenämter in Frage
kommen wird, ist im einzelnen noch nicht geklärt. Jedenfalls
wird man dabei der bisherigen Arbeit der Kirchenbuchführer
nicht ganz entbehren können, zumal, da sie allein weithin mit
dem Inhalt und der Art der Kirchenbücher vertraut sind.«[58]
Lampe sah zu dieser Zeit keinen prinzipiellen Abstand zwischen
der Kirche als Hüterin der Kirchenbücher und dem NS-Staat.
Sein positives Verhältnis zum Staat ließ ihn darauf vertrauen,
dass die Zukunft der kirchlichen Sippenkanzleien einvernehm-
lich geregelt werden könnte. Die ganze Frage war für ihn eher ein
technisches Problem. Verwalteten die Pfarrämter die Kirchenbücher gut, gab es keinen Grund, ihnen diese Bücher wegzuneh-
men.[59] Deshalb veröffentlichte er in Zeitungen und Zeitschriften
Artikel über die Fürsorge, die die hannoversche Landeskirche

seit langem den Kirchenbüchern angedeihen ließ, und wies un-
ermüdlich darauf hin, dass die Kirchen seit Jahrhunderten ihre
Bücher gut verwalteten.[60] Damit wurden die staatlichen Vorgaben für die Nutzung der Kirchenbücher übernommen. Über
die Folgen, die die Auskünfte der »Sippenkanzleien« für diejenigen hatten, die keine Taufbescheinigungen bzw. Ariernachweise
erhalten konnten, wurde nicht reflektiert. Gewiss konnte sich
Lampe wie überhaupt die Kirchenbuchführer damit beruhigen,
dass die korrekt gegebenen Auskünfte der Kirchenbuchämter
niemandem unmittelbar schadeten,[61] aber eine solche Deutung
macht es sich zu leicht. Denn in den Berichten über die hannoverschen Kirchenbuchämter und die kirchliche Archivpflege
wurde immer wieder erklärt, dass dadurch »geholfen würde,
in allen Volksschichten ein tiefes Verständnis für Rassereinheit
und Volkstumskräfte zu wecken«.[62] ›Rassereinheit‹ war aber der
Kern des Vorhabens, die Juden bzw. ›Nichtarier‹ auszugrenzen.
Die kirchliche Archivpflege und ihr hannoverscher Initiator
Lampe beteiligten sich affirmativ an dem nationalsozialistisch
dominierten Diskurs. Erst durch solche Beteiligung erhielt dieser seine gesellschaftliche Plausibilität.

3. Staatlich oder kirchlich: Die Sippenkanzleien und die eigenständige Kirchenbuchverwaltung

Als sich im Frühjahr 1935 abzeichnete, dass der Aufbau des
hannoverschen Kirchenbuchamts mit der Verleihung des Titel
»Sippenkanzlei« erfolgreich sein würde, warb Lampe für die
Einrichtung weiterer Kirchenbuchämter, die zugleich als Sippenkanzleien fungieren konnten. Deshalb bat das hannoversche
Landeskirchenamt die Superintendenten um einen Bericht, wo
schon solche Ämter eingerichtet seien: »Wie bekannt, ist die
Umgestaltung der Standesämter zu Sippenämtern geplant. Einen
Teil dieser Sippenämter wird die sog. Sippenkanzlei darstellen, in der hauptsächlich die Kirchenbücher für die Fragen der
arischen Abstammung ausgewertet werden; hieran wird die Kirche wesentlich beteiligt sein, zumal da diese Arbeit wie bisher im
wesentlichen in der Hand der kirchlichen Stellen liegen wird.«[63]
Woher Lampe die aus kirchlicher Sicht beruhigende Aussicht
über die Zukunft der kirchlichen Sippenkanzleien hatte, ist un-

klar, denn öffentlich verlautete über das künftige Verhältnis der Sippenämter zu den Kirchen und kirchlichen Sippenkanzleien nichts. Vielleicht machte er sich einfach Illusionen, die dann schon bald zerstört werden sollten.

Im März 1935 war Achim Gercke als Sachverständiger für Rasseforschung durch Dr. Kurt Mayer abgelöst worden, und der höchst ehrgeizige Mayer sorgte rasch dafür, dass seine Dienststelle die Bezeichnung »Reichsstelle für Sippenforschung« erhielt, die später noch – 1940 – in die Bezeichnung »Reichssippenamt« umgewandelt wurde.[64] Stärker als Gercke betonte Mayer die Distanz zu den Kirchen und formulierte seinen Anspruch auf die Kirchenbücher. Zur gleichen Zeit veränderte sich die staatliche Kirchenpolitik. Nachdem die Eingliederung und Gleichschaltung der evangelischen Kirchen gescheitert war, die auf Kooperation von Staat und Kirche beruhte, setzten sich in der NSDAP immer stärker diejenigen durch, die auf Abgrenzung zu den Kirchen bedacht waren. Auf der anderen Seite wurden im Mehrheitsprotestantismus, dem die Bekennende Kirche Altpreußens zu radikal war, Stimmen lauter, die das ›religiöse‹ Anliegen der Bekennenden Kirche, die Abgrenzung in den Fragen der Theologie und der Kirchenordnung, unterstützten. Die Distanz zwischen NS-Staat und evangelischer Kirche nahm zu; allerdings waren viele Kirchenleute in dieser Situation nun gerade darum bemüht, diese Distanz nach außen nicht sichtbar werden zu lassen und durch Loyalitätserklärungen zu verdecken.

Als staatlicher Repräsentant betonte Mayer schon in einem ersten Grundsatzgespräch mit dem neu ernannten Beauftragten für das Kirchenbuchwesen bei der Kanzlei der Deutschen Evangelischen Kirche, dem Breslauer Konsistorialpräsidenten Dr. Johannes Hosemann, dass das kommende Sippenamtsgesetz das kirchliche Eigentum an den Kirchenbüchern beschränken würde. In »Richtlinien für die Errichtung und die Amtsführung von Sippenkanzleien«, die Mayer Hosemann im Anschluss an das Gespräch übergab, wurden die Sippenkanzleien als »eine Übergangsform zu den Kreissippenämtern« dargestellt.[65] Zwar sollten die Kirchenbücher, die an die Sippenkanzleien abzugeben waren, im Eigentum der Kirchengemeinden bleiben, doch waren die Kirchen an der Arbeit der Sippenkanzleien kaum beteiligt. »Die Aufsicht über die Sippenkanzleien haben, dem erstrebten Aufbau der Sippenamtsverwaltung entsprechend, der Landrat oder der Oberbürgermeister. In wichtigeren und in Zweifelsfällen ist die Entscheidung der Reichsstelle für Sippenforschung herbeizuführen«, hieß es in den Richtlinien. Immerhin sollten die »zuständigen kirchlichen Behörden« ebenso wie die Reichsstelle für Sippenforschung vor der Ernennung des Leiters einer Sippenkanzlei gehört werden. Hosemann, wie Lampe Jurist und im Hauptberuf Konsistorialpräsident in Breslau, sah in den Richtlinien Mayers eine nur wenig gemilderte Enteignung der Kirchen. Deshalb bat er die Landeskirchen um eine Stellungnahme: »In den beiliegenden Richtlinien ist ausdrücklich darauf verwiesen, die Sippenkanzleien stellten eine Übergangsform [...] dar. Die Richtlinien lassen deshalb erkennen, in welcher Richtung die Entwicklung gehen soll. Es erscheint deshalb angebracht, in diesem Augenblick erneut zu erwägen, wie die Kirche sich grundsätzlich zu dieser Entwicklung verhalten soll.«[66] Lampe, der ja erfolgreich in Hannover das Kirchenbuchamt mit der Sippenkanzlei eingerichtet hatte, war zunächst nicht bereit, darin eine antikirchliche Maßnahme zu sehen. Als sein Stuttgarter Kollege ihn fragte, wie er die Absichten der Reichsstelle und ihres Leiters einschätze, verwies er auf seine guten Erfahrungen mit der Reichsstelle, »so daß eine ähnliche Einrichtung [wie im hannoverschen Kirchenbuchamt] jetzt für die Stadt Lüneburg bei dem dortigen Kirchenbuchamt in Aussicht genommen ist. Mit der Anwendung der Richtlinien [der Reichsstelle für Sippenforschung] werden wir uns einverstanden erklären.«[67]

Diese Stellungnahme war allerdings nicht das letzte Wort in dieser Sache. Denn Lampe war nicht bereit, den kirchlichen Anspruch auf die Kirchenbücher einfach aufzugeben. Das unterschied ihn von den Gründern und Betreibern der ersten Sippenkanzleien, die auf private Initiative in Heide und Bredstedt (Schleswig-Holstein) ohne Mitwirkung des Kieler Landeskirchenamts entstanden waren.[68] Den Initiatoren dort fehlte der Rückhalt bei der Kirchenleitung, daher waren sie auf die zuständigen Parteiorganisationen und die Reichsstelle für Sippenforschung angewiesen, sie waren deshalb rasch bereit, die kirchlichen Ansprüche gegenüber den staatlichen preiszugeben. Bei Lampe war das anders. Er war in die kirchliche Verwaltung fest eingebunden und seine Loyalität zur landeskirchlichen Leitung war unstrittig. Als in Hannover Landesbischof August Marahrens die Deutschen Christen aus ihren führenden Stellen in der Kirche verdrängte,[69] hatte sich Lampe selbstverständlich der Führung des Landesbischofs unterstellt und damit vom Führungsanspruch der Deutschen Christen distanziert, die die Gleichschaltung von Kirche und Staat erstrebten. Wie die anderen Oberlandeskirchenräte, die loyal zum Landesbischof standen, behielt er sein Amt. Die Loyalität zum Landesbischof und seinem kirchenpolitischen Kurs gebot es nun auch, die Eigenständigkeit der Kirche stärker zu betonen.[70] Damit musste auch die Zurückhaltung gegenüber der Reichsstelle für Sippenforschung zunehmen. Sie wurde deutlich, als Lampe in der zweiten Jahreshälfte 1935 mit den Archivbeauftragten und Archivaren der anderen Landeskirchen engeren Kontakt aufnahm. Ausgangspunkt war eine Einladung, die von Edmund Albrecht ausging, dem umstrittenen Leiter der Mecklenburgischen Sippenkanzlei.[71] Albrecht, engagierter Deutscher Christ, hatte die Einrichtung der Mecklenburgischen Sippenkanzlei dem Oberkirchenrat in Schwerin abgerungen und wollte den Archivbeauftragten der Landeskirchen seine Sippenkanzlei präsentieren. Zu denen, die am 15./16. Oktober 1935 in Schwerin erschienen, gehörte neben Lampe auch Johannes Hosemann als Kirchenbuch-Beauftragter der DEK, der seit dem Gespräch mit Kurt Mayer die Arbeit der Reichsstelle misstrauisch begleitete. Auf der Tagung in Schwerin konnten die Teilnehmer das Problem des staatlichen Anspruchs an die Kirchenbücher nicht offen ansprechen. Anders als Lampe hatte Albrecht erhebliche Probleme gehabt, das Schweriner Kirchenbuchamt zur Sippenkanzlei erklären zu lassen, es war nur gegen den latenten Widerstand des Oberkirchenrats möglich gewesen. Deshalb war Albrecht von der Reichsstelle für Sippenforschung und ihrem Leiter Kurt Mayer abhängig und konnte keine Kritik an ihr zulassen.

Die Frage, wie man sich zu den Angeboten und latenten Drohungen der Reichsstelle für Sippenforschung stellen solle, war aber für die Kirchenleute drängend. Um darüber nun doch ein offenes Gespräch zu ermöglichen, lud Hosemann gleich nach dem Treffen in Schwerin einige Archivare und Archivbeauftragte zu einem Gespräch »im kleinen kirchlichen Sachverständigenkreise« nach Nürnberg ein.[72] Dort leitete Karl Schornbaum, ein Studienfreund von Hosemann, das Landeskirchliche Archiv. Hosemann schlug als Themen vor: »Vom Wesen des Kirchenbuchs überhaupt, […] vom Recht an den Kirchenbüchern und ihren

Photokopien, [...] das kommende Sippenamtsgesetz«. Der Kreis der Eingeladenen war beschränkt; es wurden nur Archivare und Archivbeauftragte eingeladen, die nicht als Deutsche Christen galten. Keine Einladung erhielten die Verantwortlichen für die Sippenkanzleien in Schleswig-Holstein und in Mecklenburg, die mit dem Reichssippenamt eng zusammenarbeiteten; ausgeschlossen blieben aber auch Repräsentanten der Bekennenden Kirche in den sog. zerstörten Landeskirchen.

Auf der Tagung ging es zunächst um die Frage des Eigentumsrechts an den Kirchenbüchern. Lampe hatte das erste Referat übernommen und vertrat eine klare Position. Sein Referat zu diesem Thema zielte »dahin [...], daß die Kirchenbücher in erster Linie als kirchliche Register zu werten [seien] und deshalb für kirchliche Zwecke in Anspruch genommen« werden müssten.[73] Einige Teilnehmer, unter ihnen Karl Schornbaum und Wilhelm Diehl[74], plädierten aufgrund des historischen Charakters der Kirchenbücher für deren Verbleib bei den Kirchen; dagegen machte Lampe ganz praktische Gründe geltend, die besonders in kleineren Orten für den Verbleib der Kirchenbücher im Pfarramt sprachen: »nämlich die Schaffung einer stärkeren Verbundenheit der Volksgenossen zur Kirche, wenn sie auf diese Weise einmal genötigt würden, zum Geistlichen zu gehen, und ferner eine materielle Seite, denn die Einnahmen aus den Nachweisen für die arische Abstammung seien doch ziemlich erheblich, und es würden bei einer Änderung der Dinge eine ganze Anzahl kirchlicher Beamten und Angestellten nicht mehr beschäftigt werden können und in wirtschaftliche Schwierigkeiten geraten«.[75] Diese Position war unter den Versammelten konsensfähig, schließlich waren hier die Archivare und Kirchenjuristen versammelt, die den staatlichen Anspruch wenn nicht bekämpfen, so doch eingrenzen wollten. Karl Schornbaum fasste sie so zusammen: »Die Teilnehmer waren sich völlig darüber einig, dass das Eigentumsrecht der Kirchen an allen kirchlichen Matrikeln unbedingt zu behaupten ist. Hinsichtlich der Verfügungsgewalt über dieses Eigentum können nur die gesetzlichen Vorschriften des Staates im Betreff des allgemeinen Archivalienschutzes als Einschränkung anerkannt werden; ferner bestehen diejenigen älteren Bestimmungen sinngemäß weiter, die den Staat auf dem Verwaltungswege zur Mitaufsicht über die Matrikelführung vor 1875 ermächtigten.«[76] Damit wurden die Ansprüche der Reichs-

Abb. 2: D. Johannes Hosemann (1891–1947),
Aufnahme 1937

stelle für Sippenforschung bestritten. Um sie abzuwehren, war es nach Schornbaums Meinung »dringend notwendig, [...] die Gründung von kirchlichen ›Sippenkanzleien‹ zu unterlassen und die notwendige Zentralisierung von Stadtmatrikeln nur unter dem Namen ›Kirchenbuch- oder Matrikelamt‹ durchzuführen.«[77] Beeindruckend war für die Teilnehmer das Engagement Hosemanns, der Distanz zur Reichsstelle und Mayer wünschte: »Er allein ist in der Lage, die weitausgreifenden Pläne der staatlichen Instanzen, die mitunter in die Rechtssphäre der Kirchen über Gebühr einbrechen wollen, insbesondere solange es sich um örtliche Sonderaktionen handelt, auf das tragbare Maß zurückzuführen.«[78] Für Lampe war wohl besonders instruktiv, dass nach Hosemanns Kenntnis das kommende Sippenamtsgesetz noch auf sich warten ließ. Verstärkt wurde die allgemeine Skepsis auf dieser Tagung durch den Bericht des Altonaer Pastors Wilhelm Jensen über die Leiter der Sippenkanzleien in Heide und Bredstedt,[79] »deren ganze Tätigkeit darauf abzielte, diese Sippenkanzleien völlig unter staatliche Botmässigkeiten zu ziehen. Einer von ihnen ist sogar aus der Kirche ausgetreten.«[80] Schornbaum war geradezu erschüttert: »Eine abstruse, geradezu unwürdige Situation!« rief er in seinem Bericht über das Treffen aus und fuhr fort: »Das war wohl der lehrreichste Punkt der ganzen Besprechung; es dürfte in diesem Zusammenhang von Interesse sein, dass die dargelegte Episode besonderen Eindruck auf Dr. Lampe-Hannover gemacht zu haben scheint, der die in der Durchführung begriffenen Archivaufbaupläne in der dortigen Landeskirche stark beeinflussen dürfte.«

Tatsächlich wurde Lampe bei der Einrichtung von Sippenkanzleien immer zurückhaltender. Ganz wollte er die Bezeichnung nicht aufgeben, aber er wollte sichergehen, dass mit der Verleihung dieses Titels die Kirchenbücher nicht an eine staatlich betriebene Stelle übergingen. Deshalb fragte er im Februar 1936 bei der Reichsstelle für Sippenforschung an, ob sich die Einrichtung eines neuen Kirchenbuchamts noch lohne: »Die Schaffung neuer Kirchenbuchämter bzw. mit Hilfe der Kirche einzurichtender Sippenkanzleien hat nur dann einen Zweck, wenn die jetzt zu leistende Arbeit voraussichtlich noch für Jahre hinaus der damit zu betrauenden Stelle verbleibt. Ist jedoch im Zuge des kommenden Sippenamtsgesetzes eine Veränderung geplant, so lohnt es sich jetzt nicht, Kosten […] aufzuwenden. Für die laufende Kirchenbuchführung genügt zumeist der derzeitige Zustand.«[81] Ihm antwortete Gerhard Kayser, der als Leiter der Abteilung Schriftdenkmalschutz den Leitungswechsel zu Kurt Mayer überstanden hatte,[82] nur hinhaltend: Aufwendig sei die Einrichtung von Kirchenbuchämtern nicht, schon nach wenigen Jahren »dürften die Einrichtungskosten durch die Entlastung der Pfarrämter und durch die Arbeitsersparnis infolge der Zusammenlegung in vollem Umfange ausgeglichen werden«.[83] Das galt nach Kaysers Meinung besonders für kleinere Städte ohne hauptamtlich geführte Archive; in ihnen sei »schon aus finanziellen Gründen […] kaum mit der Möglichkeit zu rechnen, daß von städtischer Seite darauf gedrängt wird, beschleunigt den im Sippenamtsgesetz vorgesehenen Zustand herbeizuführen«.

Doch Lampe, der in Nürnberg skeptisch geworden war, blieb reserviert. Er bezweifelte, dass die Einrichtungskosten neben den laufenden Ausgaben für das Personal und die sonstigen Bedürfnisse innerhalb der genannten Zeit durch Gebühreneinnahmen ausgeglichen werden könnten. Anders wäre es nur, wenn nach Verabschiedung des Sippenamtsgesetzes die Kirchenbuchämter, »soweit sie Arbeiten der Sippenkanzleien erledigen, als Teil des

Sippenamtes angesehen und übernommen werden könnten, in gleicher Weise, wie die Kirchensteuerämter zu Abteilungen der staatlichen Finanzämter erklärt worden sind und die Aufgaben einer staatlichen Stelle mit erfüllen helfen«.[84] Lampe bezog sich darauf, dass die Kirchen das Recht hatten, kirchlich bezahlte Vollziehungsbeamte bei den örtlichen Finanzämtern einstellen zu lassen, die anhand der Lohnsteuerlisten die Kirchensteuerpflichtigen ermittelten.[85] Lampe erhielt auf diesen zweiten Vorstoß keine schriftliche Antwort.[86] Tatsächlich kam das Sippenamtsgesetz, für das Kurt Mayer und die Reichsstelle weiterhin warben, nie zustande.[87] Seitdem verzichtete Lampe darauf, neue Kirchenbuchämter zu Sippenkanzleien erklären zu lassen.[88] Das Konzept der Sippenkanzleien als Kooperationsprojekt von Kirche und NS-Staat war gescheitert.

Eine Zusammenfassung der Kirchenbücher blieb in größeren Städten sinnvoll, weil sie die Pfarrer entlastete, die über kein Sekretariat verfügten. Deshalb schlug Lampe im Mai 1936 dem Göttinger Stadtsuperintendenten vor, die Betreuung der alten Kirchenbücher zu zentralisieren und wies auf die neu eingerichteten Kirchenbuchämter hin.[89] Er informierte die Reichsstelle für Sippenforschung noch über die Errichtung des Göttinger Kirchenbuchamts, lud sie aber zur Eröffnung des neuen Amts am 1. November 1936 schon nicht mehr ein. Der Titel »Sippenkanzlei« wurde nicht mehr beantragt. Für seine Verhältnisse geradezu rigoros ging Lampe in (Hamburg-)Harburg vor. Dort hatte Hermann Meyer, ein örtlicher ›Sippenforscher‹, der auf Kosten des Kirchenkreises die Kirchenbücher verkartet hatte und nun als Kirchenbuchführer arbeitete, die Einrichtung einer »Kreissippenstelle Harburg Stadt und Land« geplant.[90] Er wollte zusätzlich die Kirchenbücher der Umgebung übernehmen, um – nach dem Vorbild der Kirchenbuchämter in Schleswig-Holstein – eine selbständige Sippenkanzlei einzurichten.[91] Diese Gründung verhinderte Lampe, er kannte ja seit Nürnberg die Problematik solcher Sippenkanzleien. Er zögerte zunächst mit der Antwort auf die Harburger Anfrage, zuletzt verweigerte er die Genehmigung, weil die Kirchenbücher nur in kirchlichen Räumen untergebracht werden durften, für die jedoch der Raum fehlte.[92]

4. Die Gründung der Arbeitsgemeinschaft landeskirchlicher Archivare

Lampe hatte der Erfahrungsaustausch in Nürnberg beeindruckt. Das wurde sichtbar, als sich die Archivbeauftragten aller norddeutschen Kirchen schon zwei Wochen später, am 16./17. Dezember 1935, in Altona trafen, um die dortige kirchliche Sippenkanzlei zu besichtigen. Von den Teilnehmern der Nürnberger Tagung waren Hosemann, Oberkirchenrat Hermann Kandler aus Dresden, Pastor Wilhelm Jensen und Lampe nach Altona gekommen, dazu kamen die Archivare, die den Deutschen Christen zugerechnet wurden. Es ging um die gleichen Fragen, doch formulierten diejenigen, die in Nürnberg gewesen waren, die kirchlichen Ansprüche nun vorsichtiger. Aber diese Kirchenleute verletzten nach Ansicht von Edmund Albrecht, der aus Schwerin nach Altona angereist war, damit ihre Loyalität gegenüber dem nationalsozialistischen Staat. So denunzierte er Hosemann und seinen Kreis bei der Reichsstelle für Sippenforschung. Deren Leiter Kurt Mayer beklagte sich wiederum beim Reichsinnenministerium über die Tagung in Altona, die »ohne Hinzuziehung staatlicher Stellen« stattgefunden habe und den »Charakter einer ausgesprochenen Abwehraktion gegen alle staatlichen Bestrebungen auf dem Gebiet des Kirchenbuchwesens im Zusammenhang mit der Rasse-Gesetzgebung« angenommen hatte; auch Lampe wurde zu den Gegnern der »staatlichen Maßnahmen« gezählt.[93] Mit dieser Beschwerde wollte die Reichsstelle dem Innenministerium zeigen, dass die Kirchen so unzuverlässig seien, dass ihnen bei Einrichtung der Sippenämter die Kirchenbücher zu entziehen seien; dabei war der Reichsstelle aber wohl gar nicht bekannt, dass es schon vorher in Nürnberg eine Tagung im kleinen Kreis gegeben hatte.

Auf kirchlicher Seite war die Altonaer Tagung der letzte Anstoß, die kirchlichen Archivare enger zusammenzuschließen; schon in Nürnberg hatten die dort Versammelten gemeint, dass das Vorpreschen einzelner Landeskirchen die Position der Kirche gegenüber dem Staat verschlechtert habe. Für die »Nürnberger« ergab sich als Fazit, »dass die gegenseitige Fühlungnahme von Sachverständigen einzelner Landeskirchen große Vorteile für alle Beteiligten mit sich bringt; nur aus dem Vergleich der häufig so grundverschiedenen Situation in den einzelnen Kirchengebieten ergeben sich die Maßstäbe für eine unbedingt einzuhaltende Linie«.[94] Regelmäßige Gespräche und Kontakte sollten einen innerkirchlichen Konsens ermöglichen und Hosemanns Stellung als gesamtkirchlicher Beauftragter für das Kirchenbuchwesen stärken. Damit Hosemanns Interesse an einem Zusammenschluss der Kirchenarchivare nicht zu deutlich wurde, übernahm es Lampe, dafür zu werben. Am 5. Februar 1936 schrieb er an die Landeskirchen: »Um der kirchlichen Archivverwaltung eine stärkere Stellung zu geben, ist im Benehmen mit dem Beauftragten für das Kirchenbuchwesen der Gedanke einer Bildung einer Arbeitsgemeinschaft aller derer aufgetaucht, die sich mit den kirchlichen Archivfragen für das Gebiet einer bestimmten Landeskirche oder Kirchenprovinz maßgeblich befassen.«[95] Drei Monate später kam es zur ersten Tagung der »Arbeitsgemeinschaft landeskirchlicher Archivare«, auf der Hosemann als Vorsitzender, Lampe aber als »Sekretär« fungierte.[96] Diese Arbeitsgemeinschaft bot schon durch die Umstände ihrer Gründung ein Gegengewicht gegen die Ansprüche der Reichsstelle für Sippenforschung. Für Lampe kam hinzu, dass sein Verhältnis zu Kurt Mayer, der als Leiter der Reichsstelle für Sippenforschung Achim Gercke gefolgt war, distanzierter war; die Beziehung zur Reichsstelle wurde nun mit Gerhard Kayser gepflegt, dem dortigen Abteilungsleiter für Schriftdenkmalschutz.

Im März 1936 verdeutlichte Lampe seine Position in einem Vortrag, den er auf der »Verwaltungswissenschaftlichen Woche für Standesbeamte« hielt. Er lobte eingangs die aktuelle Wertschätzung der Kirchenbücher, es gehöre zum »Wesen des nationalsozialistischen Staates«, der »den blutmäßigen Aufbau der Volksgemeinschaft, den Ansatz in der Familie und [...] in der Sippe als Vorbedingung zur Volksgesundung sieht«.[97] Aber in der Kirche habe man die Kirchenbücher immer geschätzt und gehütet: »Es ist nicht zutreffend, wenn wir meinen, daß erst unsere Zeit zu einer Erkenntnis des Wertes, der in den alten Kirchenbüchern steckt, vorgedrungen sei.« Die Kirche habe diese Form der Registerführung entwickelt und kontinuierlich gepflegt: »Im allgemeinen trifft es nicht zu, daß, wie oftmals behauptet, die meisten Kirchenbücher aus alter Zeit durch Pfarrhausbrände oder gar durch Nachlässigkeit der Pfarrer verlorengegangen sind, sondern [...] die vielen Kriege haben hier am schlimmsten gehaust. Es ist auch nicht zutreffend, daß die Kirche das in den Kirchenbüchern ruhende historische und genealogische Volksgut im Laufe der letzten Jahrhunderte nicht genügend geachtet habe. Wer so denkt, tut nach dem Gesagten der Kirche offenbares Unrecht.« Auch in Stadtarchiven und sogar in manchen Staatsarchiven würden Kirchenbücher kaum besser als in Pfarrarchiven gepflegt.[98] Nachdem er einzelne kirchliche Vorschriften zum Schutz der Kirchenbücher geschildert hat, bilanzierte er: »Das lässt erkennen, daß man sich der Bedeutung des aus kirchlichen Gründen entstandenen Materials für die Allgemeinheit des Volkes vollauf bewußt war.« Stolz wies er auf die Bedeutung der Kirchenbücher für die unterschiedlichsten wissenschaftlichen und privaten Fragestellungen hin, kehrte dann aber wieder zur Kirche zurück: »Daß die Kirchenbücher selbstverständlich in erster Linie zur Geschichte des kirchlichen Lebens und der Kirche den maßgeblichen Beitrag bieten, braucht nicht gesagt zu werden.« Gewiss habe im Lauf der Zeit »der historisch-juristische Zweck« der Bücher zugenommen, bis diese Aufgabe 1875 durch die Standesamtsregister übernommen worden sei, aber dass die Kirchenbücher für die Kirche nicht überflüssig waren, zeige sich gerade darin, dass die Kirchenbücher von den Kirchen weitergeführt wurden, beurkunden sie doch »die wichtigsten kirchlichen Ereignisse im Leben eines jeden […] Denn noch heute bedeuten die Tage der Taufe, der kirchlichen Trauung, der Konfirmation usw. großen Teilen der deutschen Bevölkerung etwas, was sich über den Alltag hinaushebt […] Bei einem Hochzeitstage, der sich zum 25. oder gar 50. Male jährt, wird man sich nicht so sehr an die standesamtliche Eheschließung erinnern als gerade an die kirchliche Trauung in der heimatlichen Kirche.« Ergänzt wurde dieses Beispiel noch durch eine Erinnerung an die Popularität der Goldenen Konfirmation – Lampes Ideal war eine funktionierende Volkskirche.[99] Auf dieser Grundlage konnte er den staatlichen Ansprüchen an den Kirchenbüchern nur ein relatives Recht zubilligen. Dementsprechend schloss der Vortrag mit dem Appell, die notwendige Zusammenarbeit zu pflegen: »Wenn diese beiderseitigen Bestimmungen im rechten Sinne erfüllt werden, bin ich überzeugt, daß beide Kräfte, Staat und Kirche, in dieser Beziehung gut miteinander auskommen und dadurch eine gute Zusammenarbeit in Betreuung für den wesentlichen Kern der Volksgemeinschaft, die deutsche Familie, gewährleistet ist.«

Lampe wies mit diesem Vortrag den staatlichen Anspruch auf
die Kirchenbücher zurück. Das bedeutete aber keine grundsätzliche Distanzierung vom nationalsozialistischen Rassendiskurs;
die »Volksgemeinschaft«, aus der manche Deutsche – nicht zuletzt durch die Kirchenbuchauskünfte – gezielt ausgeschlossen
wurden, blieb die Basis der Argumentation. Diesen Rassendiskurs hätte er verlassen müssen, um die Problematik der Abstammungsnachweise wahrzunehmen; das geschah aber nicht,
er war ihm wohl plausibel.[100] Allerdings war Lampes Beharren
auf der kirchlichen Eigenständigkeit für alle ärgerlich, die einen
»totalen Staat« propagierten. So distanzierte sich die Redaktion
der vom Reichssippenamt betreuten Zeitschrift »Familie, Sippe,
Volk« von Lampes Text. Im Vorwort dazu schrieb sie: »Wir geben die interessanten Ausführungen wieder, wenn wir auch in
manchen Fragen grundsätzlich anderer Meinung sind. Wir halten es aber für notwendig, die Ausführungen zur Erörterung zu
stellen.«[101] Lampes Intention, für die Eigenständigkeit der kirchlichen Archivpflege zu werben, war verstanden worden. Denn
der Aufsatz, der auch in Sonderdrucken in kirchlichen Kreisen
kursierte, fasste die wichtigsten Argumente der Kirchenleute
für den Verbleib der Bücher in ihrem Gewahrsam präzise zusammen. Dennoch, trotz der Bedenken, die Lampes Text in der
Reichsstelle für Sippenforschung auslöste, wurde der Text von
ihr veröffentlicht. Das war möglich, weil Lampe als jemand galt,
der die grundsätzliche Berechtigung der rassistisch motivierten
Beschäftigung mit den Kirchenbüchern nicht bestritt. Letztlich
vermittelte er auf seine Weise zwischen den Interessen der Kirchen und den ›sachverständigen‹ Nationalsozialisten, die in der
Reichsstelle für Sippenforschung den Ton angaben. Insgesamt
entsprach das der Grundhaltung der hannoverschen Kirchenleitung unter Landesbischof Marahrens: Sie bestritt dem NS-Staat
und insbesondere den Deutschen Christen das Recht zu Eingrif-
fen in die Kirche; aber sie überließ es dem Staat, die gesellschaftliche Ordnung zu bestimmen.[102]

Diese auf Vermittlung angelegte Haltung blieb illusionär. Das
für die Landeskirche wie für Lampe charakteristische Interesse
an einem Ausgleich mit dem NS-Staat war einseitig. Denn die
Reichsstelle für Sippenforschung verschärfte zur gleichen Zeit
ihren abfällig-kritischen Ton gegenüber den Kirchen, wenigstens im internen Dienstverkehr. Schon im Januar 1936 hatte sich

Kurt Mayer in seiner vorgesetzten Behörde, dem Reichs- und preußischen Innenministerium, über die schlechte Betreuung der Kirchenbücher durch die Kirchen beklagt. Sein Ziel war es, den Kirchen die Verwaltung der abgeschlossenen Kirchenbücher zu entziehen. Dafür musste Gerhard Kayser, Lampes Gewährsmann in der Reichsstelle, die Argumente zusammenstellen. In seiner Sprechvorlage für Mayers Vortrag hieß es, es werde die »Durchführung der Nürnberger Gesetze, [und die] staatliche Rasse- und Bevölkerungspolitik aufs schwerste beeinträchtigt durch erschreckend große und fortdauernde Minderung des Bestandes an Kirchenregistern«.[103] Verantwortlich sei die kirchliche »Verständnislosigkeit gegenüber kulturellen Schätzen, deren Hüter die Kirche als Treuhänder des deutschen Volkes« sei. Im Telegrammstil erklärten Mayer bzw. Kayser: Die Verantwortungslosigkeit zeige sich in »völligem Mangel an Initiative, Lage von kirchlicher Seite aus zu bessern oder Anregungen staatlicher Stellen nachzukommen. Im Gegenteil Versuch, wahre Sachlage zu vertuschen. Bemühungen, so zu tun, als sei alles in bester Ordnung. Daher völliges Versagen auch bei Nachforschungen zur Wiederauffindung verlorengegangener Bücher […] Bagatellisieren von Verlustmeldungen […] Vielfach passiven, oft beinahe aktiven Widerstand gegen Maßnahmen des Staates [… durch] Erschwerung und Verhinderung der photographischen Aufnahme der Kirchenbücher, Einrichtung kirchlicher Sippenkanzleien im bewußten Gegensatz zu den staatlichen […] Sippenkanzleien«. Von den Pfarrern seien »höchstens 5 % […] heimat- und sippenkundlich interessiert,« die allermeisten »kümmern sich […] entweder um Archive überhaupt nicht oder überlassen [die] Kirchenbücher den Küstern, die meist kleine Handwerker [sind] und in feuergefährdeten Wohnungen hausen«. Darüber hinaus könne man sogar eine »Ablehnung der Rasse- und Bevölkerungspolitik« feststellen; sie zeige sich »im Vernachlässigen und vereinzelt wohl auch im Beseitigen von Büchern, Verweigerung der Einsicht in die Bücher, Verweigerung der Auskunfterteilung, Erteilung falscher Auskünfte über [den] Bestand an Kirchenbüchern [und] Einzeldaten«. Diese Zusammenstellung entsprach kaum der Realität; schließlich wurden die gewünschten Auskünfte aus den Kirchenbüchern in der Regel erteilt, auch kümmerten sich die Kirchenleitungen durchaus um die kirchlichen Archivalien; die Organisation der »Arbeitsgemeinschaft

landeskirchlicher Archivare« war dafür ja ein gutes Indiz: Sie
organisierte die Fortbildung ihrer Mitglieder, sogar zu einer »ar-
chivtechnische(n) Woche« für Kirchenarchivare im Geheimen
Staatsarchiv in Berlin wurde eingeladen.[104] Tatsächlich wollte die
Reichsstelle für Sippenforschung die Übernahme der Kirchenbücher in die eigene Verwaltung erreichen; dafür musste sie die
kirchliche Archivpflege in möglichst dunklen Farben malen.[105]

Lampe kannte diese Angriffe der Reichsstelle vermutlich nicht.
Aber er ließ sich – wie die anderen führenden Kirchenleute –
auf die Argumentation der Reichsstelle ein; er sah wohl keine
Alternative. Da er behauptete, dass die kirchliche Archivpflege
nicht schlechter sei als die staatliche,[106] musste er immer wieder
den einzelnen Vorwürfen nachgehen. Dabei zeigte sich oft, wie
haltlos übertrieben die Vorwürfe waren. So hatte die Reichsstelle
etwa behauptet, das es sich um alle Kirchenbücher des Ortes
handele, als ein Pfarrer im Zählbogen zu seinen Kirchenbüchern notiert hatte: »Einband beschädigt«. In Wahrheit war nur
ein Kirchenbuch defekt, das auch sogleich restauriert worden
war.[107] Auch im nächsten Beschwerdefall musste die Reichsstelle
gegenüber dem hannoverschen Landeskirchenamt zugeben:
»Ich habe davon Kenntnis genommen, daß die von Ihnen veranlasste Nachprüfung der Angaben von Dr. Moll deren Unrich-
tigkeit ergeben hat.«[108] Ja, Gerhard Kayser räumte sogar ein, dass
sich schon ein früherer Bericht des gleichen Sippenforschers als
»unrichtig« erwiesen hatte; fügte aber gleich an: »Ich darf auch
darauf hinweisen, daß der Hundertsatz unrichtiger Meldungen
gegenüber der Gesamtzahl der Meldungen nach meinen Erfahrungen außerordentlich niedrig ist, und dass es durch derartige
Meldungen in zahlreichen Fällen gelungen ist, in Verlust gera-
tene Kirchenbücher wieder herbeizuschaffen. Ein einziger zur
Wiederherbeischaffung eines Kirchenbuchs führender Bericht
wiegt aber auch eine größere Anzahl von Fehlmeldungen auf.«

5. Die Verwaltung der Kirchenbücher
unter staatlicher Aufsicht

5.1 Die Verfilmung

Durch die Korrespondenz über Problemfälle bei den Kirchenbüchern ergab sich ein fortlaufender Kontakt zwischen Lampe und der Reichsstelle, der auch aufrecht erhalten wurde, nachdem sich die kirchlichen Archivare und Archivbeauftragten in der »Arbeitsgemeinschaft landeskirchlicher Archivare« organisiert hatten. Die Reichsstelle verfügte über Geld und in Lampes Augen auch über Kompetenz. Für die Mitarbeiter in der Reichsstelle, deren Kompetenz oft einerseits von Archivaren in den Staatsarchiven und andererseits von anderen Parteistellen, die sich ebenfalls der Sippenforschung widmeten, bestritten wurde, war deshalb die Eilfertigkeit, mit der Lampe und das hannoversche Landeskirchenamt den Wünschen und Anregungen der Reichsstelle für Sippenforschung nachgingen, höchst erfreulich, signalisierte sie doch, dass in Hannover die Reichsstelle ernstgenommen wurde. Für Lampe kam hinzu, dass er durch sein Hauptamt, das Dezernat für den kirchlichen Landbesitz, häufiger in Berlin war. Dann nutzte er die Gelegenheit, in der Reichsstelle für Sippenforschung vorzusprechen.[109] Auf diese Weise entstand ein geradezu freundschaftlicher Kontakt zu Gerhard Kayser.[110] Lampe war kein ausgebildeter Archivar und ließ sich von der Reichsstelle gern beraten. Diese enge Verbindung ermöglichte es der Reichsstelle auch, ihre Anliegen direkt bei Lampe vorzubringen. Das war ein klarer Unterschied zu den professionell vorgebildeten Kirchenarchivaren. Sie sahen in der Reichsstelle viel deutlicher die Konkurrenz, blieben in Distanz und wehrten – soweit möglich – Übergriffe ab.[111] Lampe verstand sich demgegenüber als Pragmatiker. Er wollte die Arbeitsmöglichkeiten der Reichsstelle nutzen. So beurteilte er auch die kostenlose Verfilmung von Kirchenbüchern durch die Reichsstelle. Darüber war schon auf der Nürnberger Tagung im Dezember 1935 heftig diskutiert worden. Es war den dort versammelten Kirchenleuten deutlich, dass die Reichsstelle auf diese Weise in den Besitz von Quellen kommen wollte, die sie sonst nicht erhalten hätte. Da strittig war, ob die Reichsstelle die von ihr hergestellten Filme auch nutzen durfte, war man sich bei den Kirchenleuten weitgehend einig, dass es besser sei, die Kirchenbücher selbst mit

kircheneigenen Filmapparaten zu verfilmen.[112] Für die Reichsstelle für Sippenforschung war das natürlich höchst ärgerlich.
Sie beschwerte sich deshalb beim Reichsinnenminister über die
kirchlichen Aktivitäten, für sie war das ein »Versuch der evangelischen Kirche [...] von der von ihr nach der Machtergreifung
1933 eingenommenen Stellung, die Kirchenbücher seien Urkunden des deutschen Volkes und müßten als solche dem Staate wie
den einzelnen Volksgenossen zur uneingeschränkten Auswertung zur Verfügung stehen, wieder loszukommen. Von dieser
Einstellung entfernt man sich Schritt für Schritt immer mehr
und bestreitet neuerdings dem Staate sogar schon das uneingeschränkte Eigentum an den von ihm auf fotografischem Wege
hergestellten Vervielfältigungen der Kirchenbücher.«[113] Doch die
Reichsstelle erhielt in dieser Frage keine uneingeschränkte Unterstützung durch das Reichsinnenministerium. Als das Reichsinnenministerium zu einer großen Besprechung mit allen Inter-
essierten einlud, stand an deren Ende nur fest, »daß bei Filmen,
die die Kirche herstelle, diese [...] verfügungsberechtigt bliebe«,
auch wenn sie in staatlichen Gewahrsam kamen.[114] Dagegen
blieb offen, wer die Filme nutzen dürfe, die von der Reichsstelle
oder Kommunen aufgenommen wurden; hier sollte eine Regelung abgewartet werden,[115] doch diese wurde nie publiziert.
    Wollten die Kirchenleute in dieser Frage jede Auseinanderset-
zung vermeiden, mussten sie die Verfilmung der Kirchenbücher tatsächlich selbst organisieren, also möglichst eine eigene
Filmstelle aufbauen. Einige Kirchen, etwa die rheinische Kirchenprovinz oder die schleswig-holsteinische Landeskirche, deren
Dezernent seit den Erfahrungen mit den Sippenkanzleien besonders vorsichtig war, taten das auch. Aber darauf verzichtete die
hannoversche Landeskirche. Lampe hatte sich schon bald über
die grundsätzlichen Bedenken hinweggesetzt; am 27. Februar
1937 war im Kirchlichen Amtsblatt ein Schreiben der Reichsstelle veröffentlicht worden, in dem diese sich bereit erklärte,
gefährdete Kirchenbücher anzunehmen und kostenlos zu verfilmen.[116] Darin wurde über die Frage des Nutzungsrechts an den
Filmen nichts gesagt; für Lampe als guten Juristen bedeutete das
allerdings, dass damit das Nutzungsrecht bei der Kirche blieb.
Andernfalls hätte sie es der Reichsstelle explizit einräumen müssen. Bei dieser Auffassung blieb Lampe, als die Stadt Hannover
1938 anbot, die Kirchenbücher auf eigene Kosten zu verfilmen.

Auf dieses Angebot ging Lampe nicht ein, er wollte ja das kirchliche Nutzungsrecht wahren. Daraufhin wandte sich der zuständige hannoversche Stadtrat persönlich an die Reichsstelle und beklagte sich über Lampe. Gerhard Kayser telefonierte sofort mit Lampe, der erklärte, dass er die von der Stadt vorgelegte Vereinbarung über die Verfilmung nicht unterschrieben habe, weil in ihr »für das Standesamt das Recht in Anspruch genommen sei, neben der Kirchenbuchstelle Urkunden auf Grund der Vergrößerungen der Filme der Kirchenbücher auszustellen«.[117] Das genau lehnte Lampe ab. Aber diese strikte Position konnte er nicht durchhalten. Durch Vermittlung Kaysers einigte man sich auf einen Kompromiss: die Stadt verzichtete ausdrücklich auf die Erstellung beglaubigter Auszüge aus den Kirchenbüchern, nur für interne Auskunftzwecke sollte die sippenkundliche Beratungsstelle auf die Vergrößerung der Filme zurückgreifen dürfen; »für den Fall, dass beglaubigte Urkunden auf Grund der Auskünfte gefordert würden, [muss] die betreffende Dienststelle der Stadt Hannover die Interessenten dann an die Kirchenbuchstelle verweisen«.[118] Tatsächlich kam es Anfang 1939 zu einer solchen Übereinkunft, die diese Bedingungen einhielt.[119] Damit war den Bedenken der Kirchenleute, die die Herrschaft über die Kirchenbücher behalten wollten, Rechnung getragen; außerdem erhielt das hannoversche Kirchenbuchamt die Gebühren für die Kirchenbuchauszüge. Das war für Lampe besonders wichtig, denn zu keinem Zeitpunkt konnte sich das Kirchenbuchamt aus den einkommenden Gebühren finanzieren. Es blieb stets ein Zuschussbetrieb, was Lampe gegenüber der Reichsstelle immer wieder betonte.[120] Immerhin wurden so die älteren Kirchenbücher gesichert, von denen es keine Duplikate gab.

5.2 Die Verkartung der Kirchenbücher

Einige von Lampes Kollegen in der Arbeitsgemeinschaft landeskirchlicher Archivare waren in der Zusammenarbeit mit der Reichsstelle für Sippenforschung vorsichtiger. Aber Lampes Pragmatismus steigerte die Qualität der kirchlichen Archivarbeit.[121] Dies war wohl auch der Grund für seine Zusammenarbeit mit anderen NS-Organisationen bei der Verkartung der Kirchenbücher. Der Reichsnährstand, die Trägerorganisation der NSDAP für die Landwirtschaft, wollte in Zusammenarbeit mit dem NS-Lehrerbund die Träger guten ›bäuerlichen Bluts‹ ermitteln, damit sie als Erbhofbauern die Verbindung von ›Blut und Boden‹ sicherten. Die Protagonisten des NS-Lehrerbunds sahen hier die Möglichkeit, eine Tätigkeit, die viele Lehrer bisher als Kirchenbuchführer oder aus heimatkundlichen und genealogischen Interessen ausgeübt hatten, mit nationalsozialistischem Prestige fortzusetzen, ihr Ziel war die Erarbeitung von Ortssippenbüchern. Lampe wiederum hoffte, auf diese Weise rasch zu Registern zu den Kirchenbüchern zu kommen und damit die Kirchenbücher langfristig zu schonen.

Lampe hatte bis dahin für die Form der Verkartung geworben, wie sie im Kirchenbuchamt Hannover rasch und erfolgreich praktiziert worden war: Jedes Pfarramt in Hannover hatte ›seine‹ Kirchenbücher auf vorgedruckten Karten »verzetteln« müssen; die Karten waren zum Gesamtregister aller Getauften, Getrauten und Begrabenen zusammen geführt worden.[122] Karl Themel hatte dieses System für die von ihm geleitete Kirchenbuchstelle Alt-Berlin übernommen; mit Unterstützung der Reichsstelle warb er dann so eifrig für dieses System, dass es in Zukunft mit seinem Namen verbunden wurde.[123] Es gab allerdings einen deutlichen Unterschied: Als Diakon Ernst Strohmeyer in Hannover dieses System konzipierte, wurden alle Namen unterschiedslos in der Kartei zusammengefasst; in Berlin legte man dagegen bei der Verkartung der Kirchenbücher für die Judentaufen zusätzlich eine »Fremdstämmigen-Kartei« an, deren Informationen an die Reichsstelle für Sippenforschung weitergeleitet wurden.[124] Dabei war das Interesse an der rassistischen Ausgrenzung der Juden leitend, Strohmeyer war es schlichter um mehr Effizienz bei der Suche nach Namen und Amtshandlungen gegangen.

Da aber nicht nur in den Großstädten über die zahlreichen Amtshandlungen geklagt wurde,[125] hatte das hannoversche Landeskirchenamt seit 1934 mehrfach im Kirchlichen Amtsblatt und in Rundverfügungen auf verschiedene Formen einer Verzettelung der Kirchenbücher hingewiesen.[126] Diese Form der Verzettelung genügte den »Sippenforschern« von Reichsnährstand und NS-Lehrerbund nicht, weil sie ja nicht an Amtshandlungen oder den Vorfahren einer bestimmten Person interessiert waren, sondern an genealogischen Zusammenhängen eines Ortes. Als Reichsnährstand und NS-Lehrerbund des Gaus Ost-Hannover eine generelle Vereinbarung mit der Landeskirche wünschten, suchte Lampe den Rat der Reichsstelle für Sippenforschung. Diese lehnte jedoch alle Verfahren ab, bei denen die genealogischen Zusammenhänge unmittelbar auf Karten notiert wurden; um die spätere Überprüfung der Namen zu erleichtern, kamen für sie nur Verfahren in Frage, bei denen zuerst die Namen einzeln verzettelt wurden.[127] Als Lampe der Reichsstelle den Entwurf einer Amtsblattbekanntmachung übersandte, überarbeitete Gerhard Kayser ihn grundlegend, nur zwei Verfahren wurden erlaubt: das von Karl Themel weiter entwickelte hannoversche System und das von dem Lehrer Willy Klenck (Lamstedt, Kr. Cuxhaven) entwickelte Verfahren. Kayser schrieb an Lampe dazu: »Ich habe […] die Vereinbarung im wesentlichen abgeändert und übersende Ihnen anliegend den abgeänderten Entwurf, von dem ich annehme, daß er auch den von Ihnen wahrzunehmenden Interessen entspricht.«[128] Danach sollten die Kirchenbücher wenn möglich in Pfarrhäusern bearbeitet werden; zuerst waren die Namen einzeln zu verzetteln, anschließend sollte die »Aufzeichnung auf Stammtafeln« erfolgen. Diese Vorschläge Kaysers wurden von Lampe wörtlich in die Bekanntmachung im Amtsblatt übernommen, die am 19. Juni 1937 veröffentlicht wurde.[129]

Am 7. Juli 1937 schlossen sich Reichsnährstand, NS-Lehrerbund und das Rassenpolitische Amt der NSDAP zu einer »Reichsarbeitsgemeinschaft für Sippenforschung und Sippenpflege« zusammen. In dem »Müdener Abkommen« regelten sie nicht nur die Form der Verkartung, sondern auch die Arbeitsteilung zwischen den beteiligten NS-Organisationen.[130] Die Reichsstelle für Sippenforschung war daran nicht beteiligt, sie sah in der Reichsarbeitsgemeinschaft nur die Konkurrenz, die schlecht arbeitete. Kayser vermittelte Lampe genau diesen Eindruck, so dass Lampe die Verhandlungen mit der Reichsarbeitsgemeinschaft nicht weiterführte. Aber damit war er in ein Dilemma geraten: Auf der einen Seite stand das kritische Urteil der Reichsstelle über die Reichsarbeitsgemeinschaft, auf der anderen Seite wünschte Lampe die flächendeckende Verkartung der Kirchenbücher. Erst als sich Johannes Hosemann als Vermittler einschaltete, kam es zu weiteren Vereinbarungen mit der Reichsarbeitsgemeinschaft. Als Beauftragter der DEK-Kanzlei und Vorsitzender der Arbeitsgemeinschaft landeskirchlicher Archivare schloss Hosemann am 14. Dezember 1937 eine Muster-

vereinbarung mit der Reichsarbeitsgemeinschaft, ohne auf die
Reichsstelle Rücksicht zu nehmen. Die Mustervereinbarung
führte die frühere Vereinbarung zwischen der hannoverschen
Landeskirche und der Arbeitsgemeinschaft im Gaugebiet Ost-
Hannover weiter, kam jedoch den kirchlichen Wünschen deutlicher entgegen. Es wurde bindend vorgeschrieben, dass die
Verzettelung der Kirchenbücher im Pfarrhaus erfolgen musste
und dass die Namenkartei, die dabei entstand, nach Fertigstel-
lung des Ortssippenbuchs im Pfarrhaus aufzubewahren war.[131]
Das war ein erheblicher Fortschritt gegenüber der ersten Vereinbarung, die Lampe mit dem Gau Ost-Hannover abgeschlos-
sen hatte. Nun übernahm auch die hannoversche Landeskirche
diese Vereinbarung, ohne die Reichsstelle weiter zu beteiligen.[132]
Damit war der Weg zur Erstellung zahlreicher Ortssippenbücher
eröffnet. Hier erwies sich die Zusammenarbeit in der Arbeitsgemeinschaft landeskirchlicher Archivare als sinnvoll, weil die
Arbeit an den Kirchenbüchern besser beaufsichtigt wurde – erst
das Eingreifen Hosemanns hatte das ermöglicht.

6. Lampe und das Reichssippenamt in der Kriegszeit

Der Krieg veränderte die Arbeitsbedingungen der Reichsstelle
und definierte den Rahmen der kirchlichen Arbeit neu. Kurt
Mayer suchte das Tätigkeitsfeld der Reichsstelle auszubauen, vor
allem in den besetzten Gebieten des Ostens richtete er in Kooperation mit den dortigen NS-Dienststellen Kreis- und Gausippenämter ein, bei denen die Kirchenbücher zusammengeführt wurden,[133] ohne auf die kirchlichen Interessen Rücksicht
zu nehmen. Auch im Altreich wurde der ideologische Kampf
verschärft; für die Neuordnung Deutschlands nach dem ›End-
sieg‹ wollte das Reichssippenamt – diesen Titel trug das Amt
seit dem 12. November 1940 – seine Positionen sichern. Am
23. April 1941 steckten die staatliche Archivverwaltung und das
Reichssippenamt ihre Interessengebiete ab. In dem von Gerhard
Kayser angefertigten Vermerk über das Gespräch im Reichsar-
chiv hieß es, dass für beide Seiten »ein kirchlicher Eigentumsanspruch an den Kirchenbüchern mit der geschichtlichen Entwicklung des Kirchenbuchwesens nicht in Übereinstimmung
zu bringen ist und daher vom Staat nicht anerkannt werden

kann. In der kommenden Auseinandersetzung zwischen Staat und Kirche muß vielmehr das staatliche Eigentum an den Kirchenbüchern beansprucht werden, die vor der allgemeinen Einrichtung der Standesämter und Einführung der Personenstandsregister geführt worden sind.«[134] Um diesen Anspruch auch gegenüber der Partei abzusichern, suchte Mayer die Kirchen als Gegner der NS-Ideologie darzustellen. Ein Vermerk, den Kurt Mayer nach einem Gespräch mit Wilhelm Spengler, dem Leiter der Abteilung Kultur im Reichssicherheitshauptamt, anfertigen ließ, hatte genau dieses Ziel. Zunächst wurden die für die Kirche ›typischen‹ Mängel bei der Verwaltung der Kirchenbücher beschrieben und dann die ideologischen Gesichtspunkte hinzugefügt. Außerdem waren nach Mayers Urteil die aktuellen Gebühren für Kirchenbuchauszüge für viele »Volksgenossen« zu hoch: »Die Gebühren müssen baldigst auf die Hälfte der gegenwärtig geltenden Sätze gesenkt werden.«[135] Moniert wurde auch, dass den Ariernachweisen »Flugblätter mit rein kirchlicher Werbung« beigelegt würden; schon früher hatte die Reichsstelle für Sippenforschung die Gestapo eingeschaltet, um solche kirchliche Werbung verbieten zu lassen.[136] Wichtigster Kritikpunkt war aber die Feststellung, dass die Ausstellung von Urkunden, »solange sie in kirchlichen Händen liegt, angesichts der ablehnenden Haltung vieler Kirchenbuchführer als zuverlässig nicht anzusprechen [ist …] Immer wieder kommen Fälle vor, in denen Kirchenbuchführer eine fremdstämmige, insbesondere jüdische Abstammung zu verschleiern suchen […] Insbesondere die evangelische Kirche bemüht sich nun darum, die Kirchenbuchfrage in der Auseinandersetzung zwischen Staat und Kirche zu benutzen, um gegen den Staat Stimmung zu machen. Sie betont plötzlich in übertriebener Weise den Wert der bis 1933 fast unbeachteten, wenn nicht geradezu vernachlässigten älteren Kirchenbücher für die örtliche Seelsorge. Sie erklärt, der Staat wolle durch die als Sicherungsmaßnahme […] gedachte fotografische Vervielfältigung der Kirchenbücher den Kirchen den Inhalt der Kirchenbücher wegnehmen (›Geistiges Eigentum‹).«[137] Ähnliches hatte das Reichssippenamt schon länger behauptet, neu war nun die ideologisch unterfütterte Schärfe. Auch Lampe, der sich immer bemühte, die Qualität der kirchlichen Archivpflege zu betonen,[138] konnte in solcher Perspektive schon als Gegner gelten.

Die durch den Krieg veränderte Arbeit der Kirchenarchive war das zentrale Thema der Arbeitsgemeinschaft Landeskirchlicher Archivare, als sie sich zum ersten Mal nach Kriegsbeginn traf. Walther Lampe hatte dazu das Referat »Kirchliche Archivpflege im Kriege« übernommen. Auf die ideologischen Probleme ging er nicht ein; allerdings lobte er die Reichsstelle für Sippenforschung, die durch ihre Fotokopieraktion die Sicherung der Kirchenbücher aktiv betrieben habe. Er beschrieb dann die Verlagerung der Kirchenbücher an der Grenze zu Frankreich, diskutierte verschiedene Unterbringungsmöglichkeiten und empfahl außerdem eine Kriegschronik zu führen. Oberster Grundsatz müsse sein, »an den Archivdingen weiterzuarbeiten, so gut das möglich ist, und alles zu tun, was in gegenwärtiger Zeit [...] beigetragen werden kann. Ich bin alsdann der Überzeugung, daß wir durch festen Willen und durch festen Zugriff in der kirchlichen Archivpflege während des Krieges unsere Daseinsberechtigung zur Genüge erweisen werden.«[139] Mit dem für ihn typischen Pragmatismus konzentrierte sich Lampe auf die praktischen Probleme, dabei wurden die Gefahren des »Luftkriegs« zwar angesprochen, aber kaum reflektiert; erst allmählich wurde den Archivaren bewusst, welche Gefahr die Bombardierung der Städte bedeutete.

Der Krieg intensivierte noch einmal Lampes Beziehungen zum Reichssippenamt. In einem Runderlass über die »Sicherung der Zivilstandsregister, Kirchenbücher und kirchenbuchähnlichen Schriftdenkmäler gegen Bomben- und Brandschäden« vom 28. Dezember 1942 hatten Reichsinnenministerium und Reichsjustizministerium festgelegt, welche Behörden jeweils für die Schriftgutsicherung zuständig waren, und hatten die wichtigsten Maßnahmen vorgeschrieben. Da er für alle sippenkundlichen Quellen galt, wurde der Erlass in vielen kirchlichen Amtsblättern abgedruckt.[140] In Hannover wurde der Abdruck mit einer für die hannoversche Landeskirche typischen Empfehlung begleitet. Die zuständigen kirchlichen Stellen sollten »alles [...] tun, um irgendwelche etwa auftretenden Schwierigkeiten zu vermeiden. Zweckmäßig werden sich die kirchlichen Stellen mit der unteren Verwaltungsbehörde ihres Bezirkes ins Benehmen setzen, um sich von dieser bestätigen zu lassen, dass das kirchliche Schriftgut von der Kirche selbst hinreichend sicher untergebracht ist.«[141] Die Landeskirche wollte unbedingt ihre

Abb. 3: Tagung der Arbeitsgemeinschaft Landeskirchlicher Archivare, Juni 1941 in Eisenach. In der Mitte (mit Bart) Hosemann, daneben Lampe. Die einzige Frau auf dem Bild ist Helene Burger, Archivarin am Landeskirchlichen Archiv Nürnberg

Eigenständigkeit bewahren; um das zu erreichen, wollte man allen staatlichen Vorgaben genügen. Zu dieser kirchenpolitischen Grundlinie gehörte auch der abschließende Hinweis, dass man seit langem für die kirchlichen Archivalien angemessen sorge; daher »glauben wir annehmen zu dürfen, daß seitens der Kirchengemeinden bereits alles geschehen ist, worauf jetzt in dem Runderlass […] noch einmal ausdrücklich hingewiesen ist«.

Dieser Erlass mit seinen Zuständigkeitsregelungen war die Grundlage für die Arbeit des Reichssippenamts, als der Krieg immer näher an Deutschland heranrückte. Auch Lampe wurde in diese Arbeit eingespannt, vielleicht brachte er sich selbst ins Spiel. Noch war es dem Reichssippenamt nicht gelungen, in allen Teilen des Reichs Gausippenämter einzurichten; wo sie fehlten, hatten die Provinzialverwaltungen die kriegswichtige Schriftgutsicherung zu übernehmen.[142] In der hannoverschen Provinzialverwaltung war dafür als Referent für Kulturpflege der Schriftsteller Georg Grabenhorst zuständig.[143] Er war mit Lampe aufgrund der gemeinsamen Arbeit im Heimatbund Niedersachsen befreundet und hatte Lampe gestützt, als dieser sich 1942 vergeblich gegen die Auflösung der »Hannoverschen Heimatfreunde« wehrte.[144] An Grabenhorst wandte sich Lampe jetzt mit der Bitte, ihm einen Auftrag zur Schriftgutsicherung zu erteilen; so erhielt er von der Provinzialverwaltung ein »nebenamtliches Referat für Schriftgutsicherung«.[145] Lampe hatte gleichzeitig im Reichssippenamt vorgefühlt und war mit dem Wunsch, ihn mit der Sicherung sippenkundlichen Schriftguts in der Provinz Hannover zu beauftragen, bei Mayer und Kayser auf offene Ohren gestoßen. Die langjährigen Beziehungen Lampes zum Reichssippenamt zahlten sich aus. Denn Lampe hatte in der Gauleitung seine Feinde, insbesondere der Gaukulturamtsleiter lehnte Lampes Aktivitäten und die für ihn typische Verbindung von Christentum und Heimatliebe vehement ab.[146] – Um seine von allen Seiten bestätigte Tatkraft für die Sicherung der »sippenkundlichen Quellen« zu erhalten, reisten Mayer und Kayser eigens nach Hannover, um bei der Gauleitung die Zustimmung zu Lampes Beauftragung zu erreichen.[147] Da der Gauleiter nicht zu sprechen war, erhielten sie zunächst nur eine bedingte Zustimmung, während die Provinzialverwaltung von Anfang an die Auftragvergabe an Lampe unterstützte und ihm auch sogleich eine Aufwandsentschädigung gewährte.[148] So konnte sich Lampe zunächst provisorisch, nach der Bombennacht am 9. Oktober 1943 aber definitiv um die Sicherung der sippenkundlichen Unterlagen in der Provinz Hannover kümmern. Lampe machte sich geradezu energiegeladen ans Werk; bei allen Dienstreisen, die er in dieser Zeit machte, suchte er die Gemeindeverwaltungen, Amtsgerichte und die ihm bekannten Genealogen auf.[149] Er selber beschrieb sein eher unsystematisches Vorgehen so: »Bei diesem Auftrag kam es zunächst darauf an, praktisch, nicht etwa vom grünen Tisch aus, tätig zu werden, d. h. sich an Ort und Stelle darüber zu unterrichten, wie es im einzelnen mit der Sicherung des sippenkundlich wertvollen Schriftgutes aussieht. Bei all den Besuchen auf den verschiedensten Dienststellen wurde entscheidendes Gewicht eben auf die Sicherung des sippenkundlichen Schriftgutes gelegt, um von vornherein jede Überschneidung mit den Aufgaben der staatlichen Archivverwaltung zu vermeiden.«[150] In der gleichen Form hatte Lampe seit 1933 auch die Pfarrhäuser ›visitiert‹, wenn er bei Verhandlungen über den kirchlichen Landbesitz ein Pfarramt aufsuchte. Für ihn war die Tätigkeit für das Reichssippenamt attraktiv, weil sie nicht nur die genealogischen Quellen in der Provinz sichern half, sondern ihm auch die einschlägigen Erlasse und Verfügungen aller staatlichen Dienststellen zugänglich machte.[151] Nicht zuletzt hoffte er, dadurch weiterhin »unabkömmlich (uk)« gestellt zu werden. Als er eingezogen werden sollte, hatte er sogleich die Provinzialverwaltung (Grabenhorst) und das Reichssippenamt um Hilfe gebeten; tatsächlich war er ja von der Provinzialverwaltung nebenamtlich angestellt worden und Mayer verwandte sich direkt beim Staatssekretär für Kirchenfragen für Lampe.[152]

Die Kenntnisse, die er durch sein »Nebenamt« erhielt, machte Lampe sogleich seinen Kollegen in der Arbeitsgemeinschaft Landeskirchlicher Archivare (ALA) zugänglich. Er erhielt geradezu eine Schlüsselstellung in der Arbeitsgemeinschaft, denn aufgrund seiner Beziehungen fragten ihn seine Kollegen um Rat, wenn es um die sichere Einlagerung von Kirchenbüchern ging.[153] Auch Klagen über die Aktionen staatlicher Stellen, die Kirchenbücher in ihren Besitz nehmen wollten, erreichten ihn. So erfuhr er von dem Wiesbadener Pfarrer Hugo Grün, der nebenamtlich Landeskirchenarchivar war, dass der Wiesbadener Regierungspräsident »auf Antrag des Gaussippenamts« die unteren staatlichen Verwaltungsbehörden angewiesen habe, die

Kirchenbücher zur Sicherung einzuziehen und »zu einem vom Gausippenamt angegebenen Sammelplatz« zu transportieren.[154] Lampes Antwort hatte zwei Teile. Zunächst müsse sich die Kirche selber prüfen, ob sie eine solche Maßnahme provoziert habe: »Anscheinend muß jedoch in irgendeiner Weise eine Veranlassung vorgelegen haben, dass nunmehr der Regierungspräsident in der bezeichneten Weise vorgeht.«[155] Vor allem aber solle »dortseits das Schreiben des Regierungspräsidenten zum Anlass einer mündlichen Besprechung mit diesem genommen werden. Die Kirche wird gut tun, ihrerseits alles in die Wege zu leiten, um das ihr unterstellte Archivgut […] von sich aus so zu sichern, daß staatliche Stellen daran keinen Anstoß nehmen können.« Im zweiten Teil des Briefes empfahl er aber entschiedenen Widerspruch: »Für völlig ausgeschlossen halten wir es, daß nunmehr die Kirchengemeinde bzw. die dortige Landeskirche als Aufsichtsinstanz keinerlei Möglichkeiten mehr hinsichtlich der Benutzung der Kirchenbücher haben soll, da die Pfarrämter nicht erfahren sollen, wo die Kirchenbücher gelagert werden.« Um dem Widerspruch Gewicht zu geben, schickte er die Verfügung des Regierungspräsidenten sowie die Korrespondenz mit Grün sofort an Hosemann als Leiter des Archivamts der DEK. Hosemann protestierte sofort sehr deutlich beim Innenministerium in Berlin:[156] Durch die Wegnahme der Bücher »würde eine Unruhe erzeugt, die u. E. dem Ernst der Zeit nicht entspricht.«[157] Lampe und Hosemann vereinbarten auch gleich einen Termin im Reichssippenamt, wo ihnen versichert wurde, dass »die Selbstverantwortlichkeit für die Sicherung des den kirchlichen Instanzen unterstellten Schriftguts nicht aufgehoben sei.«[158] – Ob es dieser Protest war, der zum Verzicht auf die Beschlagnahme führte, lässt sich nicht ermitteln. Jedenfalls gab der Regierungspräsident nach und erklärte einen Monat später, dass nur ausgewählte Kirchenbücher abtransportiert würden.[159] Auch das Reichssippenamt erklärte schriftlich, dass durch »die jetzt angeordneten Maßnahmen […] die Frage des Eigentumsanspruchs überhaupt nicht berührt (wird). Es handelt sich vielmehr um eine ausgesprochene Kriegsnotmaßnahme, die der Tatsache Rechnung trägt, dass die Erhaltung der Kirchenbücher von allergrößter Bedeutung für unser ganzes Volk ist.«[160] Dieser Betonung des Werts der Kirchenbücher »für das ganze Volk« folgte jedoch die latente Drohung: »Die Frage der zukünftigen

Auswertung der Kirchenbücher dürfte aus diesem allgemeinen
Gesichtspunkt heraus später einheitlich für das ganze Reich entschieden werden, wobei es sicherlich ganz bedeutungslos ist, ob
im Bereich eines Gausippenamtes Zusammenziehungen von
Kirchenbüchern stattgefunden haben oder nicht.«

Letztlich mussten das Reichssippenamt und die ihm nachgeordneten Stellen darauf verzichten, die Kirchenbücher zunächst
in ihre Obhut zu nehmen und dann geschlossen bombensicher
einzulagern. Der logistische Aufwand war zu groß, zumal in
Zeiten des ›totalen Krieges‹. Auch nahm der Bombenkrieg so
zu, dass an einen Transport über weite Strecken nicht mehr zu
denken war. Am 9. Oktober 1943 wurde das Landeskirchenamt
in Hannover zerstört, und mit ihm die vielen Aktenbestände,
die noch nicht ausgelagert waren.[161] Schrittweise verringerte sich
Lampes Korrespondenz mit dem Reichssippenamt. Denn die
Gauleitungen organisierten als Reichsverteidigungskommissare
zusammen mit den Staatsarchiven die Einlagerung der Archivalien in der Provinz Hannover. Immerhin gelang es Lampe und
seinen Mitarbeitern im Landeskirchlichen Archiv, fast alle Kirchenbücher vor der Zerstörung zu retten. Als seit September
1945 der Rücktransport der in den Bergwerken eingelagerten
Kirchenbücher begann, kehrten fast alle wieder in ihr heimat-
liches Pfarramt oder Kirchenbuchamt zurück.

7. Fazit

Auf der dritten Tagung der Arbeitsgemeinschaft Landeskirchlicher Archivare, inzwischen war Walther Lampe zu ihrem Vorsitzenden gewählt worden,[162] war es ein Außenseiter, Superintendent Johannes Klein aus Barnten, der kritisch auf die Nutzung
der Kirchenbücher in der NS-Zeit zurückblickte: »Was mit unseren Kirchenarchiven passiert ist, fällt mit unter das Kapitel des
Gerichts und der Strafe Gottes. Das Wort von den unschuldigen
Kirchenbüchern ist nicht immer richtig; wir haben einen sehr
sündigen Gebrauch von den Büchern gemacht. Ich meine die
Schuld bei der Arisierung. In dem Gericht Gottes liegt auch eine
Gnade. Der Rassenwahn kann nicht mehr existieren. […] Wir
müssen uns von vornherein darüber klar werden, welchen Gebrauch wir mit unseren Pfarrarchiven zu machen denken, damit

wir nicht auf einen falschen Weg geraten.«[163] Diese Worte fanden
auf der Tagung kein Echo, die anderen Teilnehmer diskutierten
nur über die anstehenden praktischen Fragen, eine kritische Reflexion blieb aus.

Walther Lampe ist ein eindrucksvolles Beispiel für die ›blinde‹
Orientierung‹ an der Praxis mit ihren schrecklichen Folgen.
Heimat- und familiengeschichtlich interessiert, versuchte er das
landeskirchliche Archivwesen zu organisieren, das nach der Trennung von Kirche und Staat eine eigene Struktur brauchte. Die
Pfarrarchive mit ihrer wichtigsten Quelle, den Kirchenbüchern,
waren ihm das beste Zeugnis für die geschichtliche Kraft des
christlichen Glaubens; sie wollte er bewahren und an die nächste
Generation weitergeben. Das war für ihn eine genuin kirchliche
Aufgabe, die der Staat nicht übernehmen konnte. Aber in der
Kirche gab es dafür zunächst nur wenig Resonanz, jedenfalls
kein Geld. So nutzte er das nationalsozialistische Interesse an
den Ariernachweisen, um für die Kirchenbücher und das kirchliche Archivwesen insgesamt zu sorgen. Dabei griff er auf Vor-
arbeiten aus der Zeit vor der ›Machtergreifung‹ zurück, und
es gelang ihm relativ rasch, eine landeskirchliche Archivpflege
aufzubauen: ein Landeskirchliches Archiv wurde gegründet,
Kirchenbuchämter eingerichtet und Archivpfleger bestellt. Zunächst bejahte er dabei die Arbeit des »Sachverständigen für
Rasseforschung« ohne weiteren Vorbehalt; das wurde anders, als
er merkte, wie die »Reichsstelle für Sippenforschung« die kirchliche Eigenständigkeit immer stärker bedrohte. Aber auch dann
versagte er sich nicht der Zusammenarbeit: Dadurch wollte er
deren Kritik gegenstandslos machen und dem Reichssippenamt
jeden Vorwand für eine Enteignung nehmen. Im Krieg steigerte
sich noch einmal die Zusammenarbeit mit dem Reichssippenamt. Der zunehmende Bombenkrieg und das Näherkommen
der Fronten erforderte immer weitere Sicherungsmaßnahmen.
Hier handelte Lampe mit seinen Freunden aus der Heimatbewegung und nutzte die Kontakte zum Reichssippenamt.

Lampe agierte auf der Grundlage einer partiellen Zustimmung
zum Nationalsozialismus. Dabei vermied er eindeutige antisemitische Aussagen, jedenfalls ließen sie sich nicht ermitteln.[164]
Statt dessen beschwor er in seinen ›ideologischen‹ Aussagen den
Zusammenhang der Familie und Sippe mit der Heimat, in der
der Mensch ›verwurzelt‹ sein müsse. Auch wenn er einen elimi-

natorischen Antisemitismus ablehnte, so konnte Lampe doch mit dem Reichssippenamt zusammenarbeiten, das die ›Ausmerzung‹ der Juden vorbereitete. Leitend war dabei sein pragmatisches Interesse an einer Sicherung der Quellen und Stärkung des kirchlichen Archivwesens. Dabei bildete die Wahrung der kirchlichen Eigenständigkeit die Grenze der Zusammenarbeit mit dem Reichssippenamt. Die archivische Eigenständigkeit der Kirche war ihm ein hoher Wert, weil er Kirchenbuchführung wie Heimatpflege als genuin kirchliche Aufgaben ansah.[165] Daran hielt er gegen die radikalen Nationalsozialisten fest, die seine Kulturpolitik ablehnten.

Seine Ambivalenz zum Nationalsozialismus ermöglichte Lampe einen raschen Start in die Nachkriegszeit. Er sah sich nicht als kompromittiert, konnte er doch darauf hinweisen, dass er bei der Gauleitung als unzuverlässig galt. Angesichts der Nöte der Nachkriegszeit schien ihm ein kritischer Rückblick unnötig zu sein. Erneut war sein Pragmatismus gefragt. Der hatte ihn zwölf Jahre zuvor zur raschen Gründung eines Landeskirchlichen Archivs geführt und ihm die Fürsorge für die Kirchenbücher im Bereich der Landeskirche erleichtert. So war im Krieg die Sicherung der meisten Kirchenbücher möglich. Aber zur gleichen Zeit hatte Lampes Pragmatismus zur Stabilisierung der NS-Herrschaft beigetragen, die vielen Menschen den Tod brachte und letztlich zur Zerstörung der Bestände des Landeskirchlichen Archivs beitrug, um die sich Lampe so sehr gesorgt hatte.

Anmerkungen

1 Vgl. Gerhard Lindemann, »Typisch jüdisch«. Die Stellung der Ev.-luth. Landeskirche Hannovers zu Antijudaismus, Judenfeindschaft und Antisemitismus 1919–1949, Berlin 1998 (Schriftenreihe der Gesellschaft für Deutschlandforschung, 63), S. 281 ff. – Zu August Marahrens vgl. Hans Otte, Ein Bischof im Zwielicht. August Marahrens (1875–1950), in: Heinrich W. Grosse u. a. (Hg.), Bewahren ohne Bekennen? Die hannoversche Landeskirche im Nationalsozialismus, Hannover 1996, S. 179–221.

2 Verfügung vom 6. Juli 1933, in: Kirchliches Amtsblatt für die Ev.-luth. Landeskirche Hannovers (i. F.: KABl.) 1933, S. 114.

3 Zu Lampe (1894–1985) vgl. Waldemar R. Röhrbein, (Art.) Lampe, in: Hannoversches Biographisches Lexikon. Von den Anfängen bis zur Gegenwart, Hannover 2002, S. 221. Zu seiner archivischen Tätigkeit vgl. Eberhard Sperling, Nachruf Walther Lampe, in: Der Archivar 39 (1986), Sp. 135 f.

4   Vgl. Walther Lampe, Das kirchliche Archivwesen, in: Archivalische Zeit-
    schrift 44 (1936), S. 164–171; ders., Vom Archivwesen innerhalb der Evan-
    gelischen Kirche in Deutschland, in: ders., Abhandlungen. Auswahl, Han-
    nover 1969, S.116–127 (zuerst erschienen in: Archivum 5 [1955], S. 40–49);
    ders., (Art.) Kirchenbücher, in: RGG, 3. Aufl., Bd. 3, 1959, Sp.1413–1415.

5   Vgl. Emil Sehling (Hg.), Die evangelischen Kirchenordnungen des XVI.
    Jahrhunderts, Bd. 6 (Niedersachsen: Die welfischen Lande), Tübingen 1955,
    S. 162, 196. Die sog. Calenberger Kirchenordnung folgte hier wörtlich der
    Württembergischen Kirchenordnung. – Präziser und in der theologischen
    Begründung genauer war die Lüneburger Kirchenordnung von 1643, die
    in weiten Teilen der hannoverschen Landeskirche gilt: »Ferner soll in […]
    Synodis dahin gesehen und ernstlich verschaffet werden, daß ein jeder
    Pastor ein sonderlich Buch und Catalogum halte, darinn er ordentlich ver-
    zeichne, was für Eheleute jedes Jahr in seiner Kirchen copulirt worden, wie
    viel und was für Kinder ein Jahrlang getaufft, wer dazu Gevatter gewesen,
    wer und wie viel Personen gestorben, welche Personen jedesmahl, wenn
    Communion gehalten, communiceret haben: Denn ja ein jeglicher ge-
    treuer Hirt seine Schäflein fleißig zählen und billig alle bey Namen wissen
    und kennen soll, wie er sie denn am Tage deß Herrn für Gottes Angesicht
    bringen […] muß.« (in: C. H. Ebhardt [Bearb.], Gesetze, Verordnungen
    und Ausschreiben für den Bezirk des Königl. Consistorii zu Hannover,
    welche in Kirchen- und Schulsachen ergangen sind, Bd. 1, Hannover 1845,
    S. 201).

6   Beispielsweise wurde der Pfarrer im Visitations-Directorium für die Gene-
    ral- und Special-Superintendenten von 1734 gefragt: »Ob ihm beym An-
    tritt seines Amts die Pfarr-Registratur gehörig geliefert worden? Und ob er
    selbige Zeit seines hiesigen Pfarr-Dienstes im Stande erhalten, annebst die
    Catalogos Baptizatorum, Confirmatorum, Confitentium, Copulatorum &
    Defunctorum continuiret habe? […] Ob eine richtige Verzeichniß von der
    Pfarr-Registratur vorhanden sei?« (Chur-Braunschweig-Lüneburgische
    Landes-Ordnungen und Gesetze […] Zellischen Theils, Lüneburg 1741,
    S. 765).

7   Eine Übersicht über sämtliche Vorschriften zu Führung und Pflege der
    Kirchenbücher fehlt. Für das 18. Jahrhundert bietet die beste Übersicht
    Johann K. F. Schlegel, Churhannoversches Kirchenrecht, Teil. 2, Hannover
    1802, S. 347 ff. – Für das 19. Jahrhundert exemplarisch ist das »Ausschrei-
    ben des K. Consistorii zu Hannover die Führung der Kirchenbücher betr.«,
    vom 11.12.1826, in: Ebhardt, Gesetze (wie Anm. 5), Bd. 2, Hannover 1845,
    S. 739 f.

8   Im preußischen Gesetz vom 9.3.1874 betr. die Beurkundung des Personen-
    standes und die Form der Eheschließung hieß es in § 53: »Den mit der
    Führung der Kirchenbücher und Standesregister bisher betraut gewesenen
    Behörden und Beamten verbleibt die Berechtigung und Verpflichtung,
    über die bis zur Wirksamkeit dieses Gesetzes eingetretenen Geburten, Hei-
    rathen und Sterbefälle Atteste zu erteilen.« – Diese Bestimmungen wurden
    in das Reichsgesetz vom 6.2.1875 (§ 73) übernommen.

9 Bekanntmachung des Kgl. Landes-Konsistoriums betr. das Kirchenbuchwesen vom 26.4.1907, in: KABl. 1907, S. 41 ff.

10 Vgl. Korrespondenzblatt des Gesamtvereins der deutschen Geschichts-
und Alterthums-Vereine 1892, S. 20–26; 1894, S. 138–144.

11 Bekanntmachung betr. Nachrichten über die vorhandenen Kirchenbücher
und in den Pfarr- und Ephoral-Registraturen aufbewahrtes historisches
Material vom 29.3.1895, in: KABl. 1895, S. 39 ff.

12 Reinhard Krieg, Das Alter und der Bestand der Kirchenbücher in der Provinz Hannover, in: Zeitschrift des historischen Vereins für Niedersachsen
1896, S. 1–64.

13 Landeskirchliches Archiv Hannover [i. F.: LkAH], Best. H 11 Nr. 61: Konsistorium Hannover an sämtliche Herren Superintendenten, 21.7.1914.

14 Zu der Diskussion über die Einrichtung von Kirchenbuchämtern, die die
Pfarrämter von der Auskunftsverpflichtung entlasten sollten vgl. Hans
Otte, Feiern eines problematischen Anfangs? Das Beispiel des Kirchenbuchamts Hannover, in: Claudia Brack u. a. (Hg.), Kirchenarchiv mit Zukunft. Festschrift für Bernd Hey, Gütersloh 2007, S. 227 ff.

15 Vgl. Hans Otte: Aufsicht und Fürsorge. Die hannoversche Kirchenkom-
mission im 19. und 20. Jahrhundert, in: Jahrbuch der Gesellschaft für niedersächsische Kirchengeschichte (i. F.: JGnKG) 83, 1985, S. 198 f.

16 Protokolle des 2. Landeskirchentags, Hannover 1928, S. 603. Auch in: Ergebnisse und Ziel des 2. Landeskirchentags, Hannover 1928, S. 57.

17 Zu Philipp Meyer in der NS-Zeit vgl. Hans Otte, Zeitgeschichte in der
hannoverschen Landeskirche. Tendenzen und Perspektiven, in: Heinrich
Grosse u. a. (wie Anm. 1), S. 545 f. – Hermann Dörries, Nachruf auf D.
Philipp Meyer, in: JGnKG 61 (1963), S. 5–8.

18 KABl. 1929, S. 60 ff. – Daraus auch das folgende Zitat.

19 Vorhanden in: LkAH, Best. S 8a: Rundverfügung vom 31.7.1929. – Leider
sind die Antworten der Pfarrämter 1943 im LkAH verbrannt, dagegen
blieben sie in den Pfarrämtern erhalten und dienten bis zur Anlage fach-
gerechter Findbücher als Grundlage zur Benutzung der Pfarrarchive.

20 Eduard Lochmann, Das Alter und der Bestand der Kirchenbücher der
Ev.-luth. Landeskirche Hannovers, in: Zeitschrift der Gesellschaft für
niedersächsische Kirchengeschichte (1936), S. 176–251. In der Einleitung
schrieb Lochmann: »Die Übersicht beruht auf den Ergebnissen einer Umfrage über die Kirchenbücher, die im Jahre 1929 vom Ev.-luth. Landeskir-
chenamte zu Hannover gemacht wurde. Sie ist aufgestellt an Hand der von
den Geistlichen ausgefüllten Fragebogen über den Bestand und das Alter
der Kirchenbücher und durch Nachfrage bei den Pfarrämtern seitens des
Landeskirchenamtes […]« (S. 177). – 1960 wurde durch Fritz Garbe eine
Neubearbeitung veröffentlicht, die die Veränderungen infolge des Weltkrieges berücksichtigte.

21 Auf der Mitgliederversammlung der OFK interpretierte er die oben
(Anm. 17) zitierte Entschließung des Landeskirchentags so: »Mit dieser
Entschließung ist ein bedeutsames Interesse der Volkskirchenvertreter
bekundet und auch für die Ziele der O.F.K. wesentlicher Anfang gemacht.

Wenn in der Entschließung auch von der Schaffung eines Kirchenarchivs die Rede ist, so soll das nichts anderes bedeuten als Sammlung der kirchlichen Urkunden [...]« (Walther Lampe, Die Aufgaben des Ausschusses für Kirchenbücher-, Kirchenarchivalien- und Grabsteinschutz, in: Ostfälische Familienkundliche Kommission. Erster Bericht, [Braunschweig 1928], S. 28 f.)

22 Vgl. Best. N 107 Nr. 44: Eingabe der Ostfälischen Familienkundlichen Kommission an den 3. Landeskirchentag, 22.11.1932. Lampe hatte die Eingabe, der das folgende Zitat entnommen ist, selbst formuliert. – Zu Ernst Meyer (1886–1948) vgl. Bernd Polster (Hg.), Celle. Das Stadtbuch, Bonn 2003, S. 176.

23 Protokolle des 3. Landeskirchentags, Hannover 1933, S. 145 ff., S. 315.

24 Protokolle des 3. Landeskirchentags, Hannover 1933, S. 315 (Sitzung vom 12.1.1933).

25 LkAH, Best. S 10 Nr. 51: Kirchenkanzlei der DEK an das Landeskirchenamt Hannover, 2.8.1933 (Abschrift).

26 Erlass vom 1.8.1933; gedruckt: Archiv für Sippenforschung 10 (1933), S. 367 f. In Auszügen vorhanden gedruckt in: KABl. 1933, S. 158 f. Es hieß darin: Alle Urkunden, die Personenstandsaufzeichnungen enthalten, insbesondere die Kirchenbücher, Bürgerbücher [...] und kirchenbuchähnliche Aufzeichnungen, besonders der öffentlich-rechtlichen Religionsgesellschaften sollen unter Schriftdenkmalschutz gestellt werden. [...] Sämtliche hiernach unter Schutz gestellten Denkmäler ersuche ich mir in Form anliegenden Musters bekanntzugeben und die ausgefüllten Zählbögen [...] möglichst bis zum 1. September bei mir einzureichen.« – Zur Vorgeschichte vgl. Diana Schulle, Das Reichssippenamt. Eine Institution nationalsozialistischer Rassenpolitik, Berlin 2001, S. 126 f.

27 Hauptstaatsarchiv Hannover, Hann 180 Lüneburg Acc. 3/87 Nr. 14: Landeskirchenamt Hannover an Regierung Lüneburg, 25.8.1933.

28 KABl. 1933, S. 158 f. – Gleichzeitig veröffentlichte Lampe in der nationalsozialistischen »Niedersächsischen Tageszeitung« (i. F.: NTZ) einen längeren Aufsatz »Schutz der kirchlichen Schriftdenkmäler«, der sich auf den Erlass des Reichsinnenministers zum Schriftdenkmalschutz bezog. Lampe erklärte:»In der Frage des kirchlichen Urkundenschutzes ist das Landeskirchenamt in den vergangenen Jahren bereits durch eine Anzahl von Anordnungen vorbildlich vorgegangen. [...] Schon damals ist gesagt, es bedürfe keiner näheren Darlegung, welcher große geschichtliche und kulturgeschichtliche Wert den alten kirchlichen Urkunden innewohne; sie geben den besten, oft einzigen Aufschluss über die äußere und innere Entwicklung und Geschichte der Gemeinden und einzelner Familien. [...] Auf die von der kirchlichen Verwaltung aufgestellten Grundsätze ist dann 1931 und im Sommer d. J. erneut aufmerksam gemacht [...] Die Evangelisch-lutherische Landeskirche Hannovers hat somit den Wünschen der staatlichen Stellen bereits weitgehend und durchgreifend Rechnung getragen und wird ihr Augenmerk darauf richten, daß das, was erforderlich ist, getan wird, um den wertvollen Urkundenbestand der Kirche und damit

dem Volke zu erhalten.« (LkAH, Best. N 107 Nr. 44: Beilage zur NTZ, 14.9.1933).

29 Zu Einzelheiten vgl. Eberhard Klügel, Die lutherische Landeskirche Hannovers und ihr Bischof 1933–1945, Berlin-Hamburg 1964, S. 60 ff.; Hans Otte, Intakte Kirche? Die hannoversche Landeskirche im Nationalsozialismus, in: »[…] dass Schuld auf unserem Wege liegt«. Die hannoversche Landeskirche im Nationalsozialismus, Rehburg-Loccum 1998, S. 121 ff.

30 KABl. 1933, S. 124.

31 LkAH, Best. H 8 Nr. 46: Promemoria vom 25.9.1933 über die Zentralisation der Kirchenbuchführung in Hannover.

32 Vgl. Otte, Feiern (wie Anm. 14), S. 228 f.

33 LkAH, Best. H 12 Nr. 320: Ausschuss des Ev.-luth. Gesamtverbandes der Stadt Hannover an den Kirchenvorstand der Christuskirche Hannover, 1.11.1934. – Für die Entlohnung jeder Hilfskraft zahlte der Gesamtverband den Kirchengemeinden wöchentlich 30.– RM; Arbeitslose konnten sich diese Arbeit zugleich als »Pflichtarbeit« anrechnen lassen, zu der sie das Wohlfahrtsamt verpflichten konnte, wenn sie eine Unterstützung beantragten.

34 Der Umzug war mit großem logistischen Aufwand verbunden; Einzelheiten finden sich in LkAH, Best. H 12 Nr. 320: Schreiben des Gesamtverbandes an die Kirchenvorstände vom 1.11.1934 und 2.1.1935.

35 Ein Werbeblatt für dieses in Hannover entwickelte System besitzt das Landeskirchliche Archiv Stuttgart (i. F.: LkAS), Altreg. 505 I; daneben das LkAH, Best. Best. D 35 Altreg. Gen. 323. Auch die Kirchenbuchstelle Alt-Berlin nutzte das hannoversche System, allerdings wurden in Berlin die Karteikarten verkleinert. Die Reichsstelle für Sippenforschung empfahl neben der Broschüre von Karl Themel, Wie verkarte ich Kirchenbücher? Der Aufbau einer alphabetischen Kirchenbuchkartei, hg. mit Unterstützung der Reichsstelle für Sippenforschung, Berlin 1936, die Büromaterialien, die König & Ebhardt für das hannoversche Kirchenbuchamt (i. F.: KBA) entworfen hatte (mehrere Schreiben in: BArch, R 1509 Nr. 1575).

36 LkAH, Best. N 107 Nr. 44: Bericht des Evangelischen Pressedienstes vom 1.4.1935: »Eröffnung der Sippenkanzlei Stadt Hannover«.

37 LkAS, Altreg. 305 I: Oberlandeskirchenrat Dr. Lampe an Kirchenassessor Weeber in Stuttgart, 24.7.1935. – Der Oberkirchenrat in Stuttgart hatte sich beim Landeskirchenamt Hannover nach der Organisation des neuen KBA und nach dessen Verhältnis zur Reichsstelle für Sippenforschung erkundigt.

38 NTZ, 1.2.1938, S. 4: Namen zwischen Sperrholz und Samt. Drei Jahre Sippenkanzlei in Hannover. Der Artikel nennt für 1935 (April–Dezember) 10.000 schriftliche und 6.500 mündliche Anfragen, für das Jahr 1936 14.000 schriftliche und 9.500 mündliche Auskünfte, für das Jahr 1937 10.300 schriftliche und 5.000 mündliche Auskünfte. Inzwischen hatten viele wohl ihre ›arischen‹ Großeltern nachgewiesen, so dass die Zahlen zurückgingen.

39 NTZ vom 24.11.1934; vorhanden in LkAH, Best. N 107 Nr. 46. Daraus auch die folgenden Zitate. – Autor des Artikels war Ernst Kobus, Pastor an der Kreuzkirche in Hannover.

40 Im Unterschied zu vielen anderen Landeskirchen wird in der hannover-schen Landeskirche der Gesamtbestand der Kirchenbuchfilme noch heute nicht im Landeskirchlichen Archiv, sondern im KBA den Benutzern vor-gelegt. Dagegen besitzt das Landeskirchliche Archiv die Akten, auch der innerstädtischen Kirchengemeinden.

41 Bericht des Evangelischen Pressediensts (wie Anm. 36).

42 Schulle (wie Anm. 26), S. 127 ff. – Vgl. Achim Gercke, Vom Standesamt zum Sippenamt, in: Zeitschrift für Standesamtwesen 1934; ders., Die Auf-gaben des Sachverständigen für Rasseforschung beim Reichsministerium des Innern, Leipzig 1933 (Flugschriften für Familiengeschichte, 23); ders., Rasseforschung und Familienkunde, Langensalza 1934 (Friedrich Mann's pädagogisches Magazin; 1389).

43 Zu Kayser vgl. Schulle (wie Anm. 26), S. 159 und passim. – Lampe hat sich noch nach dem Kriegsende für Kayser eingesetzt und ihn 1948 als Referenten zur Jahrestagung der Arbeitsgemeinschaft Landeskirchlicher Archivare (i. F.: ALA) zum Thema »Kirchenbuchschutz im Krieg« eingela-den.

44 Bundesarchiv Berlin (i. F.: BArch), R 1509/1785: Landeskirchenamt Han-nover an den Sachverständigen für Rasseforschung beim Reichsministe-rium des Innern (i. F.: SfR), 20.11.1934. Daraus die folgenden Zitate. – Aus dem Geschäftszeichen des Schreibens ergibt sich, dass Lampe das Schrei-ben konzipiert hatte.

45 Lampe fügte hinzu, dass »hierdurch ein Werk geschaffen [sei], welches der Familienkunde und Sippenforschung wie dem Kirchenbuchwesen in Hannover in jeder Richtung dienlich sein wird. Ausser erheblichen finan-ziellen Mitteln aus Kirchensteuern ist auf die Einrichtung dieses Kirchen-buchamtes eine Fülle von Arbeit persönlichster Art und von nicht immer einfachen Verhandlungen mit den Kirchengemeinden über die Hergabe der alten KBB verwandt.« (Ebd.).

46 Zur Ambivalenz der Kirchen gegenüber dem SfR und seiner Dienststelle vgl. Schulle (wie Anm. 26), S. 123 ff.

47 BArch, R 1509/1785: SfR an Landeskirchenamt Hannover, 29.11.1934. Daraus auch das folgende Zitat. – Als Aufgaben der Sippenkanzlei nannte der SfR: »Vereinigung der Kirchenbücher eines bestimmten Bezirks bis zur Herstellung einer photographischen Wiedergabe durch meine Dienst-stelle, in der Erschließung des Inhalts der Kirchenbücher durch Anlage von Namensverzeichnissen in Karteiform nach den von mir empfohlenen Richtlinien und unter Verwendung der von mir herausgegebenen Karten sowie in der Erteilung sippenkundlicher Auskünfte.«

48 BArch, R 1509/1785: Ausschuss des Gesamtverbandes der Kirchenge-meinden Hannovers an SfR, 28.12.1934: »Der Ausschuß ist bereit, für das KBA sich unter die Richtlinien des Sachverständigen für Rasseforschung zu stellen, um auch den Anforderungen einer Sippenkanzlei gerecht zu

werden. Nur bedauert der Ausschuss, die vorgeschriebenen Karten für das Generalregister nicht verwenden zu können, da das KBA nicht die übliche Kartenform für das Generalregister gewählt hat, sondern die Kirchenbücher in Form von Zettelkatalogen verkartet hat.«

49 Das galt vor allem für die beiden schleswig-holsteinischen Sippenkanzleien in Bredstedt und Heide, die noch vor der Gründung des KBA Hannover eingerichtet worden waren; sie waren eine Quelle steten Ärgers für das Landeskirchenamt in Kiel. Vgl. S. 149, 152 f.; ferner dazu Stephan Linck, Die protestantischen Kirchenbücher, die Ahnenforschung und die Kirchenarchivare in Nordelbien, in: Kirche, Christen, Juden in Nordelbien 1933–1945. Die Ausstellung im Landeshaus, Kiel 2006 (= Schriftenreihe des Schleswig-Holsteinischen Landtages, 7), S. 65–77, hier S. 66 f. – Der Vf. lässt nicht erkennen, ob er die einschlägigen Akten des Bundesarchivs (R 1509 Nr. 723; R 1509 Nr. 1778) ausgewertet hat.

50 BArch, R 1509/1785: SfR an Landeskirchenamt Hannover, 1.2.1935.

51 BArch, R 1509/1785: Ernst-August-Fideikommiss-Bibliothek an Rassepolitisches Amt der NSDAP, 2.11.1934.

52 BArch, R 1509/1785: SfR an Ernst-August-Fideikommiss-Bibliothek, 23.11.1934.

53 Vgl. Otte, Feiern (wie Anm. 14), S. 234 ff.

54 BArch, R 1509/1785: SfR an Reichsinnenminister, 23.5.1935: »Das vom Ev.-luth. Gesamtverband der Stadt Hannover bereits 1934 eingerichtete und von ihm unterhaltene ›Kirchenbuchamt‹ hat kürzlich im Einverständnis mit mir die Aufgaben einer Sippenkanzlei gemäß § 26 Abs. 2 des Entwurfs zum Sippenamtsgesetz übernommen. Dabei ist auch der Name in Sippenkanzlei Hannover umgewandelt worden.«

55 Stadtarchiv Hannover: HR 2 Nr. 838: Oberbürgermeister Hannover an den Deutschen Gemeindetag, 20.8.1935.

56 Der Leiter der Beratungsstelle Dr. phil. Joachim Studtmann hatte nach dem Studium freiberuflich als Historiker und Genealoge gearbeitet und war nun im hannoverschen Stadtarchiv tätig; er war ein profilierter Antisemit. Vgl. Karljosef Kreter, 100 Jahre Hannoversche Geschichtsblätter, in: Hannoversche Geschichtsblätter NF 52 (1998), 414.

57 Walther Lampe, Sippenforschung im Dritten Reich, in: Das Evangelische Deutschland 12 (1935), S. 71 f.

58 Ebd. Erläuternd fügte er hinzu: »An sich ist dies nichts Neues. In den Kirchengemeinden gibt es, wie manche Kirchenbuchordnung vorschreibt, schon vielfach derartige Familienregister und Familienbücher für jeden Hausstand in der Gemeinde […] Schon hieraus ergibt sich der enge Zusammenhang der bisherigen Betreuung dieser Dinge seitens der Kirche und den neu einzurichtenden Sippenämtern.«

59 Diese Haltung teilten viele Kirchenleute. Eine Diskussion im hannoverschen Pfarrverein wurde ähnlich zusammengefasst: »Auf Anfrage von Haccius, ob die schwere Belastung der Pfarrämter durch Nachweis der arischen Abstammung nicht erleichtert werden könne, wird festgestellt, daß wir im Interesse unseres Volkes die Mehrarbeit tragen müssen, damit

nicht schließlich uns die Kirchenbücher vom Staat genommen werden.«
(LkAH, Best. D 4 Nr. 3 I: Protokoll des Erweiterten Vorstand des hannoverschen Pfarrvereins vom 13.2.1934).

60 Walther Lampe, Die arische Abstammung, in: Evangelischer Pressedienst
    Hannover, 11.6.1934; übernommen wurde dieser Artikel in die Zeitungen
    »Volksheil«, Oderzeitung, Beilage des Berliner »Mittag«, Eisenacher Ta-
    gesordnung, Preußische Lehrerzeitung (Belegexemplare in: LkAH, Best.
    N 107 Nr. 46).

61 Eine solche Deutung scheint in dem Rückblick auf die Arbeit der Arbeits-
    gemeinschaft landeskirchlicher Archivare durch, den Albert Riecke 1952
    gab (ders., Die Arbeitsgemeinschaft landeskirchlicher Archivare, in: Fest-
    gabe der Arbeitsgemeinschaft landeskirchlicher Archivare zum 70sten
    Geburtstag von Pastor i.R. D. Dr. Wilhelm Jensen am 12.9.1952, [Ham-
    burg 1952, masch.], S. 41 ff.).

62 LkAH, Best. N 107 Nr. 44: Schlussworte Lampes im Bericht des Evang.
    Pressedienstes über die Eröffnung des KBA am 1.4.1935. – Lampe bezog
    sich dabei zustimmend auf die Aussagen des SfR, Achim Gercke: »Die
    Aufgabe der Arterhaltung wird positiv stets durch die lebendige Wirkung
    der Kräfte der Vergangenheit und durch Abgrenzung von Fremdtüm-
    lichem und von anderen Rassen gefördert. Aus diesem Grunde ist die
    genaue Feststellung der Abstammung eines Menschen so wichtig. Unter
    arischer Abstammung ist eben die Entwicklung eines Volkes in den Gren-
    zen eines ganz bestimmten, stammesverwandten Blutes zu verstehen. Das
    Gesetz der Sippe ist somit das Gesetz des Volksaufbaues von der Familie
    her.« (Aus: Lampe, Sippenforschung [wie Anm. 57], S. 71).

63 LkAH, Best. D 35 Altreg. Gen 320: Rundverfügung vom 8.2.1935; konzi-
    piert von W. Lampe.

64 Zu Mayer vgl. Schulle (wie Anm. 26), S. 143 ff.; zu der Umbenennung vgl.
    ebd. S. 154 ff.

65 LkAS, Altreg. 305 I: Reichsstelle für Sippenforschung an den Beauftrag-
    ten …, 20.5.1935 (Abschrift). Daraus auch das folgende Zitat. – Zum Zu-
    sammenhang vgl. Schulle (wie Anm. 26), 132 f. – Die Richtlinien sind nie
    in Kraft gesetzt worden, da sie mit dem ebenfalls nie zu Stande gekom-
    menen »Reichssippenamtsgesetz« erlassen werden sollten.

66 LkAS, Altreg. 305 I: Der Beauftragte für das Kirchenbuchwesen an die
    obersten Kirchenbehörden, 29.5.1935.

67 LkAS, Altreg. 305 I: Landeskirchenamt Hannover an Oberkirchenrat in
    Stuttgart, 24.7.1935. – Durch den Verlust der Akten im Landeskirchenamt
    Hannover fehlt die Antwort, die Lampe Hosemann direkt zusandte.

68 Vgl. Linck (wie Anm. 49), S. 66 ff.; Schulle (wie Anm. 26), S. 248 f. – Bei der
    Einweihung des hannoverschen KBA hatte Lampe diese Sippenkanzleien
    noch ganz unbefangen als Vorläufer bezeichnet; offensichtlich kannte er
    die Hintergründe für die Einrichtung dieser Ämter noch nicht.

69 Vgl. Klügel (wie Anm. 29), S. 135 ff.; Otte, Intakte (wie Anm. 29), S. 125 ff.

70 Zum »Eigensinn« als Kategorie zur Beschreibung der hannoverschen Kir-
    chenpolitik vgl. Otte, Bischof (wie Anm. 1), S. 220 f.

71 Vgl. Johann Peter Wurm, Kirchenbücher im Dienst der NS-Rassenpolitik – Pastor Edmund Albrecht und die Mecklenburgische Sippenkanzlei, in: Aus evangelischen Archiven 46 (2006), 33–60.

72 Landeskirchliches Archiv Nürnberg (i. F. LkAN), Akte 87a: Einladung vom 25.11.1935. – D. Dr. Karl Schornbaum war wie Johannes Hosemann »Alter Herr« der christlichen Studentenverbindung »Wingolf«; vgl. LkAN, Akte 87a: Hosemann an Schornbaum, 21.10.1935.

73 LkAN, Akte 87a, Bl. 64: Aktenvermerk Lampes vom 24.12.1935 über die Besprechung vom 5./6.12.1935 (Abschrift).

74 Prälat D. Dr. Wilhelm Diehl war von den Deutschen Christen als leitender Geistlicher der Evangelischen Landeskirche in Hessen aus dem Amt gedrängt worden und fungierte nun nur noch als landeskirchlicher Archivbeauftragter.

75 Aktenvermerk Lampes (wie Anm. 73), Bl. 66.

76 Ebd., Bl. 52: Schornbaum an den Ev.-luth. Landeskirchenrat in München, 19.12.1935.

77 Ebd., Bl. 52R. Schornbaum fuhr fort: »Grundsätzlich stellten sich die Teilnehmer auf den vom Vorsitzenden dargelegten Standpunkt, dass entgegen den bisherigen Plänen eine Teilung der Befugnisse zwischen Kirche und staatlichen Sippenämtern herbeizuführen sein wird, indem die letzteren den Zeitraum ab 1875 für die Zukunft zugewiesen erhalten, während den Kirchen die Vergangenheit von 1875 an rückwärts nach wie vor zukommen soll.«

78 Ebd. Bl. 53.

79 Vgl. Linck (wie Anm. 49), S. 67.

80 LkAN, Akte 87a: Schornbaum an Landeskirchenrat in München, 19.12.1935. Daraus auch die folgenden Zitate.

81 BArch, R 1509 Nr. 1778: Landeskirchenamt Hannover an die Reichsstelle für Sippenforschung, 20.2.1936. – Es ging hier um die Einrichtung eines KBA in Uelzen.

82 Vgl. Schulle (wie Anm. 26), S. 159.

83 BArch, R 1509 Nr. 1778: Reichsstelle für Sippenforschung an das Landeskirchenamt Hannover, 28.2.1936. – Daraus das folgende Zitat.

84 BArch, R 1509, Nr. 1778: Landeskirchenamt Hannover an Reichsstelle für Sippenforschung, 11.3.1936.

85 Seit der Finanzreform von 1925 gab es diese Möglichkeit; sie war im April 1933 noch präzisiert worden. Auch für die von der Kirche bezahlten ›Hilfsvollziehungsbeamten‹ galt das Gesetz zur Wiederherstellung des Berufsbeamtentums. Vgl. Hans Otte, Die Kirchensteuer in Hannover. Von der ›Kirchenanlage‹ zur Landeskirchensteuer, in: JGnKG 99 (2001), S. 248 Anm. 76.

86 Gerhard Kayser notierte nur: »Dr. Lampe-Hannover wurde in Berlin am 6.5.[1936] mündlich eingehend unterrichtet.« (BArch, R 1509 Nr. 1778).

87 Vgl. Schulle (wie Anm. 26), S. 253 ff. – Hier hatte Hosemann aufgrund seiner Kontakte in Berlin wohl die bessere Kenntnis, denn er war dort bis 1933 Direktor des Deutschen Evang. Kirchenbundesamts gewesen und

hatte dann die Verfassungs- und Rechtsabteilung der Deutschen Evang. Kirchenkanzlei geleitet.

88 Noch im Herbst 1935 war das KBA in Lüneburg zur Sippenkanzlei erklärt worden, hier war vermutlich der Superintendent, ein entschiedener Deutscher Christ, die treibende Kraft. Zu Superintendent Gustav Rose vgl. Hans Otte, ›Eng aktiv zusammenarbeiten‹. Das Kirchenpatronat der Stadt Lüneburg im 20. Jahrhundert, in: Lüneburger Blätter 32 (2007), im Druck.

89 Vorausgegangen war eine Beschwerde der Reichsstelle für Sippenforschung beim Landeskirchenamt. Zum Zusammenhang vgl. Emil Burdinski, Kirchenbuchamt und Kirchensteuerkasse des Ev.-luth. Gesamtverbandes der Stadt Göttingen. Gewidmet […] Louis Schaar […] am 3. September 1941 (Manuskript, vorhanden im Kirchenkreisarchiv Göttingen), S. 12 f. – Als der Superintendent auf die hohen Kosten hinwies, erklärte Lampe: »Die Verhältnisse in Hannover haben ja eine reichlich großzügige Lösung erfahren. Es wird zwar ein Muster für Göttingen sein können, braucht aber nicht in diesem Umfange erstellt zu werden. Die Sippenkanzlei in Lüneburg ist viel einfacher und wird von dem Küster der Johanniskirche versehen, der dabei durchaus auf seine Rechnung kommt. Auch Harburg ist dazu übergegangen, die Dinge zu vereinheitlichen. Osnabrück hat das Gleiche getan.« (Lampe an Konsistorialrat Wiebe, 25.5.1936, zit. n. Burdinski, S. 13 f.).

90 BArch, R 1509 Nr. 1785: NSDAP-Kreisleitung Harburg-Wilhelmsburg an Landeskirchenamt Hannover, 17.1.1935 (Abschrift). Die Sippenkanzlei sollte – entsprechend der Vorgabe der Reichsstelle für Sippenforschung – unter der Aufsicht des Harburger Oberbürgermeisters stehen.

91 Staatsarchiv Hamburg, Best. Magistrat Harburg-Wilhelmsburg, 430-50 1100-17: Hermann Meyer an Oberbürgermeister Bartels, 7.2.1936 und 29.7.1936.

92 Ob dieses Argument nur vorgeschoben oder korrekt war, lässt sich nicht mehr entscheiden. Jedenfalls war noch im Jahr zuvor die von Hermann Meyer geleitete Kirchenbuchstelle in Harburg als vorbildlich gelobt worden; davon war jetzt nicht mehr die Rede. (LkAH, Best. S 8a: Rundverfügung vom 4.1.1935).

93 BArch, R 1509 Nr. 1778: Reichsstelle an Reichs- und Preußisches Ministerium des Innern, 27.6.1936. – Ein Jahr später schrieb die Reichsstelle an das Innenministerium über die gleiche Tagung, dass der von Hosemann und Lampe vorgelegte offizielle Bericht über diese Tagung die gegen den Staat gerichtete Tendenz fälschlicherweise abgeschwächt habe, »da er für einen großen Kreis von kirchlichen Behörden bestimmt gewesen [ist]. Es ist daher natürlich, daß alle bei den Altonaer Besprechungen gemachten, in ihrer Tendenz bedenklichen Äußerungen in der Niederschrift weggelassen oder so abgeschwächt worden sind, daß an ihnen Anstoß nicht mehr genommen werden kann. Tatsächlich sind dagegen seitens verschiedener Redner, insbesondere seitens der Herren Lampe, Hosemann und Jensen Äußerungen gemacht worden, die in ihrer gegen die staatlichen Maßnahmen auf dem Gebiet des Kirchenbuchwesens gerichteten Einstel-

lung an Deutlichkeit nichts zu wünschen übrig gelassen [...] Ich selbst bin über die Altonaer Tagung von einer mir als durchaus einwandfrei bekannten Persönlichkeit unterrichtet worden, die der Tagung von Anfang bis zu Ende beigewohnt hat. Die Rücksichtnahme auf meinen Gewährsmann verbietet es mir, von seinen Mitteilungen in anderer Form, als es in meinem Bericht vom 27.6.1936 zum Ausdruck kommt, [...] Gebrauch zu machen.« (BArch, R 1509 Nr.1539: Reichsstelle für Sippenforschung an Reichsinnenministerium, 27.4.1937).

94 LkAN, Akte 87a Bl. 53. Schornbaum fuhr fort:»Es war bezeichnend, dass die Verhältnisse in Mecklenburg und Schleswig-Holstein, die doch von den dortigen Kirchenleitungen selbst mit herbeigeführt wurden, bereits jetzt von den Organen dieser Kirchen tief bedauert werden müssen. In Schleswig-Holstein z. B. wurden vorschnell in 2 Probsteien kirchliche Sippenkanzleien errichtet und ungenügend bewährten Leitern anvertraut, deren ganze Tätigkeit darauf abzielte, diese Sippenkanzleien völlig unter staatliche Botmäßigkeit zu ziehen.«

95 LkAN, Akte 87a, Bl. 61: Landeskirchenamt Hannover an Archivdirektor Schornbaum, 5.2.1936. – Lampe schrieb weiter:»Eine solche Arbeitsgemeinschaft kann mehrfachen Nutzen haben; es können durch gegenseitigen Gedankenaustausch anregende Hinweise erfolgen und es kann durch eine derartige Gemeinschaft ein gutes Gegengewicht gegenüber anderen Organisationen der Archivpflege geschaffen werden.«

96 Landeskirchliches Archiv Düsseldorf, 1 OB 002 Nr. 1365: Niederschrift über die Tagung der Arbeitsgemeinschaft landeskirchlicher Archivare am 17. und 18. August 1936. – Lampe organisierte auch die Einladungen, später übernahm das die Dienststelle des»Beauftragten für das Kirchenbuchwesen«, die seit 1939 als»Archivamt der DEK« fungierte.

97 LkAH, Best. N 107 Nr. 44: Sonderdruck aus den Vorträgen der Verwaltungswissenschaftlichen Woche für Standesbeamte vom 2. bis 7. März 1936 in Berlin; daraus auch die folgenden Zitate. Auch gedruckt in: Familie, Sippe, Volk 3 (1937), S. 15–19, 30–34.

98 »Ich möchte dagegen [scil. gegen die Verluste in Pfarrhäusern] nicht die Verluste abwägen, die Staats-, Stadt-, Guts- und Gemeindeakten durch Brände von Gutshäusern, Schlössern und öffentlichen Gebäuden oder durch willkürliche Handhabung zugestoßen sind. Ich will auch nicht die Frage aufwerfen, ob die Kirchenbücher besser in Staats- oder Stadtarchiven oder in Pfarrarchiven aufbewahrt werden. Nur aus der Erfahrung heraus kann ich sagen, daß ich solche Kirchenbücher, die Stadtarchiven in Gewahrsam gegeben waren, auch schon in gefährdetem Zustande angetroffen habe und daß in Staatsarchiven verwahrte Kirchenbücher stellenweise noch nicht einmal archivmäßig registriert sind. Ich weiß aber auch, daß, wenn die Kirche tatsächlich so wenig sorgfältig mit ihren Archivschätzen verfahren wäre, wie manchmal behauptet, es heute nicht Tausende und Abertausende von Kirchenbüchern mehr geben würde, die allein die Möglichkeit bieten, über 4 Jahrhunderte hinweg [...] die Ahnenfolge des deutschen Volkes fest- und sicherzustellen.« (Ebd.).

99　An anderer Stelle, v. a. in den Jahren 1933/34, hatte er dieses Ideal ent-
　　wickelt, so etwa in dem (undatierten) Manuskript »Wie ich deutscher
　　Christ wurde« (LkAH, Best. N 107 Nr. 51).

100　Dabei blieb Lampe allerdings bei allgemeinen Floskeln stehen. So formu-
　　lierte er als Vorsitzender des Heimatbunds Niedersachsen 1935, dass sich
　　alle Heimatfreunde »als Träger der Gedanken von Volkstum und Heimat
　　[... bemühten], zu wahren völkischen Beobachtern zu werden, das sei
　　der Sinn des völkischen Staates. Wer mit beiden Beinen und wahrem
　　Gottvertrauen in der Heimat wurzele, könne gar nicht anders als aus sei-
　　nem Heimat- das Vaterlandsgefühl zu entwickeln.« (Aus: Hannoverscher
　　Kurier, 12.3.1935; zit. n. Waldemar R. Röhrbein, Über Heimat, Heimatbe-
　　wegung, Heimatpflege im Wandel eines Jahrhunderts, in: ders. u. a. [Hg.],
　　Heimat bewahren, Heimat gestalten. Beiträge zum 100jährigen Bestehen
　　des Heimatbundes Niedersachsen, Hannover 2001, S. 33). – Unbefangen
　　wurden von Lampe Leitbegriffe der älteren Heimatbewegung mit den
　　›modernen‹ Begriffen des Nationalsozialismus verbunden. Aussagen eines
　　expliziten Antisemitismus konnte ich dabei jedoch nicht ermitteln.

101　Familie, Sippe, Volk 3 (1937), S. 15.

102　Für diese Haltung ist besonders typisch das Agieren der Kirchenregie-
　　rung seit 1938; vgl. Otte, Bischof (wie Anm. 1), S. 198.

103　BArch, R 1509 Nr. 1534: »Zusammenstellung für Herrn Dr. Mayer für Vor-
　　trag beim Reichsinnenmin[isterium] u[nd] Reichskirchenmin[isterium],
　　11.1.1936«. – Daraus auch die folgenden Zitate. Um diese Vorlage im Te-
　　legrammstil lesbar zu machen, sind zum Teil Ergänzungen in eckigen
　　Klammern von mir hinzugefügt.

104　Die »Archivtechnische Woche«, an der auch Lampe teilnahm, fand vom
　　7. bis 11.3.1938 im Geheimen Staatsarchiv in Berlin-Dahlem statt; Ein-
　　zelheiten vgl. Landeskirchliches Archiv Bielefeld, A 11/11, Bd. 1.

105　Der Akte BArch, R 1509 Nr. 1534 ist ein Blatt vorgeheftet, auf dem die
　　Bestandsminderung von Kirchenbüchern im Bereich der hessen-kassel-
　　schen Landeskirche seit 1909 aufgeführt ist. Für diese Zusammenstel-
　　lung waren die Angaben in den Zählbögen des Jahres 1933 mit dem
　　gedruckten Kirchenbuchverzeichnis verglichen worden; allerdings wa-
　　ren die Angaben der Pfarrer aus dem Jahr 1933 nicht weiter überprüft
　　worden. Ein Vergleich mit dem aktuellen Kirchenbuchverzeichnis zeigt,
　　dass die meisten Kirchenbücher, die 1933 als fehlend gemeldet wurden,
　　vorhanden sind. Hier zeigt sich ein von Walther Lampe gleich monierter
　　Systemfehler der Zählbögen von 1933: Sie waren ohne Kontrolle direkt
　　nach Berlin geleitet worden.

106　Das bestätigte indirekt auch Kayser in seinem Vermerk für Mayer (wie
　　Anm. 103); er schrieb, um den besonderen Wert der Kirchenbücher in
　　kirchlichem Besitz zu betonen: »Diese Bestandsminderung [bei den Kir-
　　chenbüchern ist] umso empfindlicher, als Duplikate der Kirchenbücher,
　　die seit Ende oder Mitte des 18. Jahrhunderts bei Amtsgerichten, Staats-
　　archiven und anderen Stellen zu hinterlegen waren, ebenfalls vielfach
　　verloren gegangen oder in schlechtester Verfassung« sind.

107 BArch, R 1509 Nr. 1534: Reichsstelle für Sippenforschung an den Beauftragten für das Kirchenbuchwesen, 6.2.1936.

108 BArch, R 1509 Nr. 1534: Reichsstelle für Sippenforschung an Landeskirchenamt Hannover, 27.10.1936. – Daraus auch die folgenden Zitate.

109 Vgl. BArch, R 1509 Nr. 1534: Landeskirchenamt (Dr. Lampe) an Gerhard Kayser, 31.5.1939: »Immerhin möchte ich, weil erst um 11 Uhr in der Geschäftsstelle der Reichsumsiedlungsgesellschaft zu sein brauche, die Zeit gern ausnutzen und schon damit beginnen, mir aus Ihrer Kartei die aus unserem Bezirk photokopierten Kirchenbücher herauszuschreiben.«

110 Lampe fragte am 29.8.1938 bei Kayser an, ob er ihn am Montag, den 10.10.1938 aufsuchen könne, »um eine ganze Anzahl von Punkten mit Ihnen zu besprechen«. Kayser antwortete, dass er ihm dann zur Verfügung stehe: »Wollen Sie nicht gegebenenfalls schon am Sonnabend kommen und am Sonntag mit meiner Frau und mir einen Ausflug machen, vorausgesetzt, daß das Wetter gut ist. Kennen Sie beispielsweise Bernau und das Kloster Chorin?« – Tatsächlich nahm Lampe die Einladung an. (BArch, R 1509 Nr. 1534).

111 Das gilt beispielsweise für den Nürnberger Archivdirektor Karl Schornbaum, aber auch für den Berliner Archivar Otto Lerche; vgl. dazu: Manfred Gailus, Beihilfe zur Ausgrenzung. Die ›Kirchenbuchstelle Alt-Berlin‹ in den Jahren 1936 bis 1945, in: Jahrbuch für Antisemitismusforschung 2 (1993), S. 270.

112 Vgl. Protokoll der Besprechung in Nürnberg am 5./6.12.1935 (wie Anm. 73), Bl. 66 f.; Protokoll der Tagung der Arbeitsgemeinschaft landeskirchlicher Archivare in Wittenberg am 21./22.9.1937 in Wittenberg, S. 2 f. (in: Landeskirchliches Archiv Düsseldorf, 1 OB 002 Nr. 1365).

113 BArch, R 1509 Nr. 1539: Reichsstelle für Sippenforschung an Reichs- und Preußischen Minister des Innern, 31.5.1937.

114 BArch, R 1509 Nr. 1540: Sitzung im Reichs- und Preußischen Ministerium des Innern am 25.10.1937, S. 6. – Teilnehmer waren die zuständigen Referenten des Reichsinnenministers und des Reichskirchenministers, dazu Gerhard Kayser für die Reichsstelle für Sippenforschung, Hosemann als Beauftragter der Kirchenkanzlei für das Kirchenbuchwesen sowie der zuständige juristische Referent der Kirchenkanzlei.

115 Ebd. – Votum von Oberregierungsrat Hans Globke.

116 Kirchliches Amtsblatt Hannover 1937, S. 28 f. – Schon 1934 hatte die Reichsstelle für Sippenforschung den hannoverschen Kirchengemeinden dies Angebot gemacht (vgl. Kirchliches Amtsblatt der Kirchenprovinz Westfalen 1935, S. 87); in Hannover wurde es erst am 16.6.1935 durch eine Rundverfügung (in: LkAH, Best. S 8a) bekannt gegeben. 1934/35 hatte sich das Angebot der Reichsstelle auf beschädigte Kirchenbücher beschränkt; 1937 bot die Reichsstelle an, alle Kirchenbücher zu verfilmen. Anscheinend haben sich Kirchenvorstände auch direkt an die Reichsstelle in Berlin gewandt, denn 1939 überprüfte Lampe in der

Reichsstelle, welche hannoverschen Kirchenbücher schon verfilmt waren (vgl. oben Anm. 109).

117 BArch, R 1509 Nr. 1534: Vermerk Kaysers über das Telefonat mit Lampe am 8.12.1938.

118 Ebd.

119 In der Vereinbarung zwischen dem Ev.-luth. Gesamtverband und der Stadt Hannover vom 2.1.1939 hieß es: »Die Verfilmung wird durch das Standesamt I vorgenommen, und zwar […] leihweise nacheinander. Die aufgenommenen Filme werden von der Stadt Hannover ordnungsgemäß aufbewahrt. Der Ev.-luth. Gesamtverband erhält nach Wunsch kostenlos eine Photokopie derjenigen Kirchenbücher, die beim gegenwärtigen Gebrauch besonders gefährdet sind. Das Standesamt hat die Berechtigung, den Film zur Erteilung von Auskünften an Dritte, insbesondere zwecks Verweisung an das Kirchenbuchamt zu benutzen, hingegen nicht, danach Kirchenbuchauszüge auszustellen. Sollte sich der Wunsch einer weiteren Verwendung des Films ergeben, bleibt dieser einer erneuten Vereinbarung vorbehalten.« (Stadtarchiv Hannover HR 10 Nr. 1509); diese Vereinbarung wurde am 8.6.1955 erneuert; es hieß dann: »Die Stadt verpflichtet sich, Vervielfältigungen oder Vergrößerungen nur für ihren eigenen Bedarf herzustellen; sie ist nicht berechtigt, Vervielfältigungen, Vergrößerungen oder Auszüge aus den Filmen an andere abzugeben.« (Ebd.).

120 Vgl. BArch, R 1509 Nr. 1785: Lampes Berichte an die Reichsstelle für Sippenforschung 1935–1938. – Die Sippenämter in Schleswig-Holstein sowie in Mecklenburg (Schwerin) arbeiteten so defizitär, dass der NSDAP-Schatzmeister Zuschüsse gewährte, um den Betrieb aufrechtzuhalten; vgl. BArch, R 1509 Nr. 1778: Reichsstelle für Sippenforschung an Reichs- und Preußischen Minister des Innern, 21.2.1938.

121 Lampes unbekümmerter Pragmatismus zeigte sich auch an anderen Stellen. Als Vorsitzender der Wilhelm-Busch-Gesellschaft vermittelte er einen Vertrag der Kirchengemeinde Mechtshausen mit der Wilhelm-Busch-Gesellschaft über die Nutzung des Pfarrhauses als Busch-Gedenkstätte. Da der Vertrag die Rechte des Pfarrers deutlich einschränkte und nur bei gutem Willen erträglich war, führte er später zu heftigen Konflikten zwischen der Kirchengemeinde und der Wilhelm-Busch-Gesellschaft.

122 Vgl. Otte, Feiern (wie Anm. 14), S. 172 f.

123 Themel und der Kämmerer der Berliner Stadtsynode Drohmann waren auf Empfehlung der Reichsstelle für Sippenforschung nach Hannover gereist, da Gerhard Kayser das hannoversche System für vorbildlich hielt (BArch, R 1509 Nr. 1785: Reichsstelle an Sippenkanzlei Hannover, 2.9.1935; Reichsstelle für Sippenforschung an Reichs- und Preußischen Minister, 17.2.1936 u. ö.). Vgl. Gailus, Beihilfe (wie Anm. 111), S. 262 f.; ders., Vom evangelischen Sozialpfarrer zum nationalsozialistischen Sippenforscher. Die merkwürdigen Lebensläufe des Berliner Theologen Karl Themel (1890–1973), in: Zeitschrift für Geschichtswissenschaft 49 (2001), S. 815 f. – Vgl. auch oben Anm. 34.

124 Vgl. Gailus, Beihilfe (wie Anm. 111), S. 264 ff.

125 Vgl. die Diskussion im Hannoverschen Pfarrverein 1934. Im Vereins-
protokoll hieß es: »Auf Anfrage von Haccius, ob die schwere Belastung
der Pfarrämter durch Nachweis der arischen Abstammung nicht erleichtert werden könne, wird festgestellt, daß wir im Interesse unseres
Volkes die Mehrarbeit tragen müssen, damit nicht schließlich uns die
Kirchenbücher vom Staat genommen werden.« (LkAH, Best. D 4 Nr. 3 I:
Sitzung des Erweiterten Vorstands am 23.2.1934).

126 LkAH, Best. S 8a: Rundverfügungen vom 1.4.1934; 15.5.1934; 23.7.1934;
30.11.1935. – Im KABl. 1936, S. 127 f. hieß es dann: Für die Verkartung
von Kirchenbüchern kommt zuerst in Frage: »Das bei der Sippenkanzlei Hannover-Stadt [...] gewählte Verfahren, welches jetzt auch von der
Berliner Stadtsynode in größtem Maßstab für die Verkartung der Alt-
Berliner Kirchenbücher angewandt und durchgebildet worden ist.«

127 Bei diesen Verfahren war es auch leichter, Judentaufen in den Kirchenbüchern zu ermitteln. Dies betont Volkmar Weiss, Die Auseinandersetzungen zwischen Reichsnährstand und Reichssippenamt um die Kirchenbuchverkartung. Ein Beitrag zur Geschichte der Genealogie in der
Zeit des Nationalsozialismus, in: Genealogie 49 (2000), S. 1–17. (Benutzt
wurde http://www.volkmar-weiss.de/reichsnaehr.html, 31.10.2006). –
Dort auch Einzelheiten zu den verschiedenen Verfahren der Verkartung
von Kirchenbüchern.

128 BArch, R 1509 Nr. 1534: Reichsstelle an Landeskirchenamt Hannover,
4.6.1937.

129 KABl. 1937, S. 107. – Dort wird auch der rasche Abschluss einer Vereinbarung mit dem Gaugebiet Süd-Hannover-Braunschweig in Aussicht gestellt; diese Vereinbarung kam aber erst zwei Jahre später zustande (vgl.
unten Anm. 132).

130 Vgl. Weiss (wie Anm. 127).

131 Vereinbarung vom 14.12.1937, abgedruckt in: Kirchliches Amtsblatt der
Evang. Kirche von Kurhessen-Waldeck 1938, S. 14.

132 Vgl. KABl. 1938, S. 86 f. (Vereinbarung mit der Arbeitsgemeinschaft im
Gau Weser-Ems), S. 125 (mit der im Gau Thüringen); 1939, S. 21 (im
Gau Ost-Hannover), S. 52 (im Gau Südhannover-Braunschweig). Darin
wurde betont, dass »alle Eintragungen zunächst auf einzelne Karten ge-
schrieben und nach der so entstandenen Kartei Familien-, Dorfsippenbücher und Stammtafeln angelegt werden [...] Nach Abschluß der Arbeit
wird die Kartei Eigentum der politischen Gemeinde, Aufbewahrungsort
ist das zuständige Pfarramt bzw. Kirchenbuchamt, das sie den Mitarbeitern für Ergänzungs- und Durchführungsarbeiten ggf. zur Verfügung
stellt.«

133 Vgl. Schulle (wie Anm. 26), S. 277 ff.

134 BArch, R 1509 Nr. 1538: »Vermerk – Streng vertraulich ! – vom 25.4.1941.
Ergebnis der Besprechung zwischen Generaldirektor [...] Dr. Zipfel,
Staatsarchivrat Dr. Rohr, [...] Dr. Friedrich und [...] Dr. Mayer [und]
dem Abteilungsleiter [...] Kayser.«

135 Ebd. Vermerk vom 14.5.1941 (Anlage zum Schreiben an Dr. Wilhelm
     Spengler vom 17.5.1941). Daraus auch die folgenden Zitate. – Zum
     Ganzen vgl. auch Reimund Haas, ›Zur restlosen Erfassung des deutschen
     Volkes werden insbesondere Kirchenbücher unter Schriftdenkmalschutz
     gestellt.‹ Kirchenarchivare im Spannungsfeld zwischen Kooperation und
     Enteignung 1933–1945, in: Das deutsche Archivwesen und der Natio-
     nalsozialismus. 75. Deutscher Archivtag 2005 in Stuttgart, Essen 2007,
     S. 149 f.

136 Eine Sammlung solcher volksmissionarischer Flugblätter mit den An-
     zeigen bei der Gestapo findet sich in: BArch, R 1509 Nr. 1540. – Verbote
     und die Versuche, das Verbot solcher Flugblätter aufheben zu lassen, fin-
     den sich in: Evangelisches Zentralarchiv (i. F. EZA) Bestand 7 Nr. 3207.
     – Auch im Bereich der hannoverschen Landeskirche wurde vom Verbot
     berichtet, die Flugblätter den Ariernachweisen beizufügen (vgl. Linde-
     mann [wie Anm. 1], S. 243 Anm. 117); doch konnte ich ein generelles
     Verbot solcher Werbung nicht ermitteln.

137 Mayer fügte hinzu: »Die Evangelische Kirche, vertreten durch den Leiter
     des Archivamts […] Dr. Hosemann, geht sogar so weit, zu erklären, der
     Preußische Staat dürfte nicht einmal über die bei den Amtsgerichten lie-
     genden Zweitschriften der Kirchenbücher, die auf Grund des Allgemei-
     nen Preußischen Landrechts seit 1794 alljährlich von den Pfarrämtern
     an die Amtsgerichte abzuliefern waren, ohne Zustimmung der Kirche
     verfügen. [Sie seien den Gerichten] nur aus Sicherheitsgründen gegen
     Verluste der Originale von der Kirche in Verwahrung gegeben.«

138 Die Annäherung Lampes an die Vorschläge des Reichssippenamts (i. F.:
     RSA) gingen soweit, dass Lampe die Anregungen von Kayser übernahm,
     den Pfarrämtern zu empfehlen, den Ariernachweisen anstelle volksmis-
     sionarischer Flugblätter Einlegeblätter mit weiteren genealogischen In-
     formationen beizufügen (BArch, R 1509 Nr. 1538: Briefwechsel Lampe-
     Kayser zwischen 1938 und 1940). Dementsprechend wurde im KABl.
     1940, S. 100, ein »Merkblatt für Abstammungsnachweise« veröffent-
     licht.

139 Landeskirchliches Archiv Düsseldorf 1 OB 002 Nr. 1365: Anlage zum
     Protokoll der Tagung der ALA in Eisenach, Referat Dr. Lampe über Ar-
     chivpflege im Kriege. – An die Warnungen vor Denunzianten auf dieser
     Versammlung erinnerte sich Hermann Erbacher, der 1940 erstmals an
     einer Tagung der ALA teilnahm. (Ders., 50 Jahre Arbeitsgemeinschaft
     1936–1986, in: Allgemeine Mitteilungen der Archive und Bibliotheken
     in der evangelischen Kirche 27 [1986], S. 3–16).

140 Vgl. Haas (wie Anm. 135), S. 150 f., der dies von katholischen Diözesen
     im Rheinland berichtet.

141 KABl. 1943, S. 15. – Daraus auch das folgende Zitat.

142 BArch, R 1509 Nr. 723: RSA an Reichsinnenministerium, 3.3.1942. – Das
     RSA (Kayser) berichtete u. a., dass in den preußischen Provinzen, in de-
     nen es nicht zur Einrichtung von Gausippenämtern gekommen war, die
     Provinzialverwaltungen selbst tätig wurden. Zugleich wies er stolz auf

das Beispiel Mecklenburg hin: Dort habe die Landeskirche angeboten, ihre Sippenkanzlei »unter Verzicht auf irgend eine Entschädigung [...] in staatliche Verwaltung zu übergeben. [...] An dem Zustandekommen dieser Regelung [...] bin ich insofern aufs stärkste interessiert, als hier zum erstenmal im Altreich eine Landeskirche von sich aus freiwillig auf die Kirchenbücher zu Gunsten des Staates verzichtet. Das steht in völligem Gegensatz zu der Haltung, die die evangelische Kirche im übrigen Deutschland hinsichtlich der Aufbewahrung der Kirchenbücher bisher eingenommen hat und dürfte für die künftige Lösung dieser Frage von größter Bedeutung sein.«

143 Zu Grabenhorst vgl. Ines Katenhusen, Der Kultur-Referent und Schriftsteller Georg Grabenhorst, in: dies., Kunst und Politik. Hannovers Auseinandersetzung mit der Moderne in der Weimarer Republik, Hannover 1998 (= Hannoversche Studien, 5), S. 473–491. Die Vfin. beschreibt Grabenhorst als »nationalbewussten« Teilnehmer der Ersten Weltkriegs, der sich »zunächst durchaus mit manchen Zielen [der Nationalsozialisten] einverstanden erklären konnte, [...] [nach der Machtergreifung] aufstieg, um dann, von vielem abgestoßen, zu beginnen, ›die Auswüchse in der Partei, das Revoluzzertum, die Vergottung der Ideologie‹ zu bekämpfen« (Katenhusen, ebd., S. 481, mit Zitat Grabenhorsts). Die gleiche Ambivalenz zum Nationalsozialismus lässt sich bei Lampe beobachten.

144 Lampe war 1933 zum Vorsitzenden des Heimatbunds Niedersachsen gewählt worden, der 1938 seinen Namen in »Hannoversche Heimatfreunde« hatte ändern müssen. Als die »Heimatfreunde« 1942 aufgelöst wurden, verlor Lampe den Vorsitz, allerdings wurde er gebeten, im »Stab« des neu gebildeten Kreisheimatwerks weiter mitzuarbeiten; er war dort für den Bereich »Erkundung der Heimat« zuständig: »Lampe entfaltete natürlich auch hier in der ihm eigenen quirligen Art unerachtet der außerordentlichen Erschwernisse, die der Luftkrieg mit sich brachte, schnell zielstrebige Aktivitäten [...]« (Röhrbein [wie Anm. 100], S. 34).

145 LkAH, Best. B 13 Nr. 246, Bl. 60: Oberpräsident an Lampe, 15.7.1943. – Vorangegangen war ein Gespräch mit Grabenhorst am 9.7., vermutlich direkt nach Lampes Musterung.

146 In seinem Entnazifizierungsverfahren nennt Lampe dies als Grund für seine Ablösung aus dem Amt als Vorsitzender des Heimatbunds Niedersachsen. (LkAH, Best. B 13 Nr. 246 Bl. 91: Berufung Lampes vom 10.11.1947 gegen den Einreihungsbescheid vom 16.10.1947). Möglicherweise wurde auch sein »persönlicher Lebensstil« nicht akzeptiert (so Röhrbein [wie Anm. 100], S. 34); Lampe war homosexuell und lebte – nur wenig getarnt – mit seinem Lebensgefährten zusammen.

147 BArch, R 1509 Nr. 1764: RSA an Lampe, 16.7.1943; Vermerk Lampes vom 26.7.1943. – Nach der Rückkehr aus seinem Urlaub im September 1943 untersagte Gauleiter Hermann Lauterbacher in seiner Eigenschaft als Oberpräsident Lampes Beschäftigung als nebenamtlicher »Referent

für Sippenforschung in der Provinzialverwaltung«. Doch konnte die Provinzialverwaltung keinen besseren Kandidaten für dieses Amt benennen, so dass es beim Auftrag an Lampe blieb, zumal nach der Zerstörung des Dienstgebäudes des Oberpräsidenten am 8./9. Oktober 1943 auch alle Akten zerstört worden waren, die man irgendwie gegen Lampe hätte verwenden können. (Einzelheiten in: BArch, R 1509 Nr. 1764).

148 LkAH, Best. N 107 Nr. 44: Provinzialverwaltung an Lampe, 20.8.1943.

149 In einem Rundschreiben an die »Landessippenämter« lobte das RSA Lampes Vorgehen als vorbildlich: »Seine Haupttätigkeit gilt der Sicherung des in der Provinz vorhandenen sippenkundlichen Quellenmaterials. Zu diesem Zweck bereist er die einzelnen Orte, stellt fest, wo sich noch Material befindet, berät die Verwahrer und veranlasst die Überführung ungeeignet gelagerten Materials in bessere und sichere Räume. Als Muster für seine sehr dankbare und erfolgreiche Tätigkeit gebe ich Ihnen mit der Bitte um vertrauliche Kenntnisnahme Abschrift eines Berichts über einen Besuch Dr. Lampes in Hameln. Ich nehme an, daß der Bericht und die Art, wie Dr. Lampe seine Aufgabe auffaßt, auch Ihnen manche Anregung geben wird.« (BArch, R 1509 Nr. 723: Rundschreiben an die Landessippenämter vom 20.10.1943).

150 LkAH, Best. N 107 Nr. 44: Protokoll der Arbeitsbesprechung der provinziellen Kulturpflege in Celle am 30.3.1944, S. 9. – Tatsächlich sah das Staatsarchiv hier eine Konkurrenz, nach dem Kriegsende machte der Leiter des Staatsarchiv Lampe deshalb bittere Vorwürfe wegen seines unsystematischen Vorgehens (LkAH, Best. N 107 Nr. 44: Niederschrift über die Archivtagung von Vertretern der britischen Zone in Detmold am 2.9.1946).

151 Vgl. etwa BArch, R 1509 Nr. 723: »Lieber Herr Kayser, haben Sie etwas dagegen, wenn ich die Punkte 5 und 7 aus dem Rundschreiben vom 31. Mai d. J. für Zwecke des Landeskirchenamts verwende? Es handelt sich dabei einmal um die Behandlung von angesengten Fotokopien und Neubinden von Kirchenbüchern und zweitens um die Verordnung hinsichtlich der Urkundenanforderungen für Abstammungsnachweise der Waffen-SS.« (Lampe an G. Kayser, 29.6.1944).

152 BArch, R 1509 Nr. 1764: Lampe an den Direktor des RSA, 29.8.1944; RSA (Kayser) an Lampe, 6.9.1944. – Am 10.11.1944 wurde Lampe dienstverpflichtet und zu Schanzarbeiten am Westwall eingesetzt, dann konnte er nach Hannover zurückkehren, um zuletzt noch einmal zum Volkssturm eingezogen zu werden. Vgl. LkAH, Best. B 13 Nr. 246 Bl. 68 ff.

153 LkAH, Best. B 1/92041, Bd. 1: Direktor Riecke (Hamburg) an Lampe, 24.7.1944, 15.8.1944 u. ö.; Oberkirchenrat Kandler (Dresden) an Landeskirchenamt, 5.10.1944; Oberkirchenrat Müller-Jürgens (Oldenburg) an Landeskirchenamt, 4.11.1944. – Lampe gab auch Anfragen des RSA an Hosemann wegen der Unterbringung von ostpreußischen und schlesischen Kirchenbüchern weiter; ebd., Schreiben vom 25.8.1944.

154 LkAH, Best. B 1/92041 Bd. 1: Pfarramt Wiesbaden-Sonnenberg (Grün) an Landeskirchenamt Hannover, 27.7.1944 mit Anlage: Regierungsprä-

sident Wiesbaden an das Landeskirchenamt Wiesbaden, 14.7.1944 (Abschrift).

155 LkAH, Best. B 1/92041, Bd. 1: Landeskirchenamt Hannover an Pfarramt Wiesbaden-Sonnenberg, 2.8.1944. Daraus auch das folgende Zitat.

156 LkAH, Best. B 1/92041, Bd. 1: Archivamt der DEK an Reichsinnenminister, 5.8.1944 (Abschrift). Hosemann wies u. a. darauf hin, dass die Konzentration der Bücher an einem Ort die Bücher mehr gefährde als die bisherige Unterbringung an verschiedenen Orten; außerdem reichten bei Auskünften aus wenigen Büchern nebenamtliche Kräfte aus, während künftig hauptamtliche Kräfte eingesetzt werden müssten. Nicht zuletzt gelte:»Die Kirchengemeinden hängen an ihren Kirchenbüchern, schließlich brauchen die Pfarrer die Kirchenbücher zu Seelsorge und Heimatkunde.«

157 Ebd.

158 LkAH, Best. B 1/92041, Bd. 1: Vermerk Lampes vom Gespräch am 24.7.1944 mit Präsident Hosemann und Abteilungsleiter Kayser.

159 LkAH, Best. B 1/92041, Bd. 1: Regierungspräsident an die Landräte und Oberbürgermeister seines Bezirks, 26.9.1944 (Abschrift):»Mit Rücksicht auf die derzeitigen Verkehrsverhältnisse habe ich angeordnet, dass die Kirchenbücher […] zunächst an ihrem bisherigen Aufbewahrungsort verblieben.«

160 LkAH, Best. B 1/92041, Bd. 1: RSA an Archivamt der EKD, 22.8.1944. – Daraus auch das folgende Zitat.

161 Lampe schrieb eine Woche nach dem Großangriff an Gerhard Kayser: »Ihnen nur die kurze Nachricht, daß ich lebe. Mein gesamtes Lebenswerk ist vernichtet. Von Hannover und dem allen ist nicht ein Fitzelchen übrig geblieben. Alle Sicherungen sind für die Katz.« (BArch, R 1509 Nr. 1764: Postkarte vom 15.10.1943). – Vom Landeskirchlichen Archiv verbrannte mehr als ein Drittel der Bestände.

162 Johannes Hosemann, der im Februar 1945 in den Westen gelangt war, hatte nach Kriegsende versucht, die ALA weiterzuführen, doch wurde er von der Kirchenkanzlei der neu gegründeten EKD nicht anerkannt. Als sein Stellvertreter übernahm Lampe den Vorsitz, der ihm nach Hosemanns Tod unbestritten zuerkannt wurde.

163 LkAH, Best. B 1/92034 Bd. 1: Niederschrift über die Tagung der landeskirchlichen Archivreferenten und der ALA vom 28.–30.9.1948 in Salzdetfurth, S. 6. – Superintendent Johannes Klein war Vertriebener – er war zuletzt Superintendent in Lauban gewesen – und wurde als ehrenamtlicher Archivpfleger eingesetzt, bis er den Auftrag zur Versehung einer Pfarrstelle erhielt.

164 In seiner Berufungsschrift gegen die Einreihung als »belastet (Kat. III)« während des Entnazifizierungsverfahrens (wie Anm. 146, Bl. 92 f.) erklärte Lampe:»Die Judenverfolgungen habe ich restlos abgelehnt und auch meinen Verkehr mit Juden nie unterbrochen. In der von mir gegründeten Vereinigung ›Altschülerschaft des Realgymnasiums‹, die derzeit 1.500 Mitglieder zählte, wurden selbstverständlich auch Juden als

Mitglieder angenommen, und ihre Mitgliedschaft ist auch während
der NS-Zeit von mir nicht aufgehoben worden. Die von mir vertre-
tene geistige Welt in den Persönlichkeiten von Goethe, Busch und dem
Arbeiterdichter Gerrit Engelke [...] sprechen auch an sich für meine
Einstellung.« – Lampe war u. a. Mitgründer und Vorsitzender der Goe-
the-Gesellschaft; Mitgründer und Vorsitzender der Wilhelm-Busch-Gesellschaft sowie Gründer und Stiftungsvorstand der Gerrit-Engelke-Stif-
tung. – Lampe wurde am 2.12.1948 in die Kategorie V eingereiht.
165 Zu diesem Zusammenhang vgl. Walther Lampe, Kirche und Heimat, in:
     ders., Abhandlungen (wie Anm. 4), S. 128–129.

Manfred Gailus

»Sippen-Mayer«

Eine biographische Skizze über den Historiker
und Leiter der Reichsstelle für Sippenforschung
Dr. Kurt Mayer (1903–1945)

In höchsten Parteikreisen und vertrauten SS-Führungszirkeln
nannten sie ihn gelegentlich »Sippen-Mayer«. Das war durchaus
auch etwas despektierlich gemeint und spielte auf seine genealogischen Obsessionen, heraldischen Liebhabereien und mancherlei persönliche Verschrobenheiten an, die ihn wohl etwas zum
Sonderling stempelten. Zugleich aber kursierte der Name »Sippen-Mayer« auch als eine Art Markenzeichen, ganz ähnlich wie
man beispielsweise den führenden NS-Rassenideologen Hans
F. K. Günther in Parteikreisen auch »Rassen-Günther« zu nennen
pflegte. Seit März 1935 Leiter der Reichsstelle für Sippenforschung
(1940 Reichssippenamt) in Berlin, war der junge Kurt Mayer im
NS-Machtgefüge wichtig und geachtet, weil er und sein Amt entscheidend über die rassischen Eigenschaften von »Volksgenossen«,
über die völkischen Qualifikationen »arisch« (bzw. »deutschblü-
tig«) und »nichtarisch« (»fremdblütig«), zu befinden hatten, besonders auch in einigen prominenten Fällen oder in schwierigen
bis unlösbaren Zweifelsfällen. Faktisch entschied Mayer als Chef
dieses staatlichen Amtes im Innenministerium damit über Inklusion in die oder Exklusion aus der »Volksgemeinschaft« der Deutschen, mit allen Folgen für die Betroffenen. Nicht selten waren das
– vom Ende her gesehen – Entscheidungen über Leben und Tod.
Wie wenige andere hatte sich der junge ehrgeizige Akademiker
und brutale politische Machtmensch in den Kopf gesetzt, die
»wissenschaftlich-genealogische« Rassenselektion aller Reichsbe-
wohner in »Deutschblütige« oder »Fremdblütige« – und später in
den eroberten Kriegsgebieten die rassische Auslese für weitere
Abermillionen von Menschen – professionell zu organisieren und
auch an der praktisch-bevölkerungspolitischen Umsetzung dieser
»Erkenntnisse« und deren fatalen Konsequenzen mitzuwirken.
Wer war dieser eigenartige Mann und was trieb ihn eigentlich an?[1]

I

Kurt Mayer entstammte dem pfälzischen Protestantismus.[2] Er wurde am 27. Juni 1903 als zweites von fünf Kindern des evangelischen Pfarrers Eugen Mayer in Otterberg (Pfalz) geboren, wo sein Vater von 1896–1903 eine Pfarrstelle innehatte.[3] Anschließend wechselte der Vater nach Kaiserslautern, wo er zunächst an der Apostelkirche, dann seit 1915 an der Stiftskirche als Theologe wirkte und zum Dekan des Kirchenbezirks avancierte. Eugen Mayer war kein beliebiger pfälzischer Pfarrer, sondern rückte in die Kirchenleitung auf: 1924 wurde er als Oberkirchenrat in das Leitungsgremium der Pfälzischen Landeskirche nach Speyer berufen, 1929 verlieh ihm die theologische Fakultät der Universität Heidelberg den Titel eines Ehrendoktors.[4] Kurt Mayer wuchs in Kaiserslautern auf, wo er zunächst vier Klassen der Seminarübungsschule und seit 1913 das Humanistische Gymnasium besuchte. Nach eigenen Angaben zeigte sich bereits hier am Gymnasium seine Vorliebe zu historischen Themen. Es seien namentlich zwei Geschichtslehrer gewesen, die die »vom Vater ererbte Neigung zur Geschichte« weckten und wachhielten. Diese Neigung des Gymnasiasten bezog sich wohl vor allem auf Schwärmereien für mittelalterliche Ritter- und Heldengeschichte, Adelsgenealogien, Wappen- und Siegelkunde und dergleichen mehr. Zugleich erlernte er offenbar spielend Sprachen, nach seinen Angaben waren das: Latein, Griechisch, Französisch, Englisch, Italienisch und Hebräisch. 1922 bestand der junge, vielversprechende Pfarrersohn achtzehnjährig die Reifeprüfung am Humanistischen Gymnasium Kaiserslautern.

II

Im Jahr 1922 nahm Mayer ein Studium der Geschichte, Historischen Hilfswissenschaften, Rechts- und Staatswissenschaften in München auf. Was ihn zu dieser Zeit ausgerechnet nach München zog – wir können es nur vermuten. Es war wohl der generelle Zug der jungen pfälzischen Studenten zur Hauptstadt, denn die Pfalz wurde seinerzeit noch von München aus regiert. Während des Wintersemesters 1923/24 und Sommersemesters 1924 studierte er in Hamburg. Anschließend setzte er seine Studien

Abb. 1: Der Leiter der Reichsstelle für Sippenforschung
Dr. Kurt Mayer (Aufnahme vermutl. 1934)

bis zum Abschluss im Wintersemester 1926/27 in Würzburg fort.
Über Details seiner Studienzeit ist kaum etwas bekannt. Unter
den akademischen Lehrern, die er anlässlich seiner Promotion
im »Lebenslauf 1930« aufzählt, ist kaum einer zu nennen, dessen
Name wissenschaftsgeschichtlich von Belang wäre: allenfalls sind
für München der Historiker Hermann Oncken und der Staats-
und Wirtschaftswissenschaftler Otto von Zwiedineck-Süden-
horst zu nennen [5] Aus der Rückschau nach 1933 berichtet Mayer,
dass er schon zu Studienzeiten den »bekanntesten deutschen He-
raldiker« Professor Otto Hupp (Schleißheim b. München) kennen gelernt habe und durch diesen stark gefördert und beein-
flusst worden sei.[6] Sein ausgeprägtes ›Faible‹ für mittelalterliche
Adelsgenealogien, für Heraldik und Siegelkunde, für ritterlichen
Helmschmuck dürfte sich in dieser Zeit ausgeprägt haben. Während der Jahre 1927 und 1928 setzte Mayer seine genealogisch-
heraldischen Forschungen offenbar vom Elternhaus in Speyer
aus fort und verfasste eine sowohl thematisch wie methodisch –
auch unter damaligen geschichtswissenschaftlichen Standards –
als abseitig und leicht skurril anzusehende Dissertation, mit der
er im Februar 1929 – nach einigen Mühen zuvor – an der Lud-
wig-Maximilians-Universität München promoviert wurde.[7]

III

Mayer studierte zwischen 1922 und 1929 – bis zum Abschluss seiner Promotion waren das immerhin sieben Jahre. Während dieser Zeitspanne stieg sein Vater in leitende Positionen der Pfälzischen Kirche auf, war vielfach geehrt und geachtet, zweifellos eine protestantische Honoratiorenpersönlichkeit der Rheinpfalz. Das wird auch einkommensmäßig von Bedeutung gewesen sein. Der studierende Sohn dürfte, so ist anzunehmen, überwiegend von »zu Hause« alimentiert worden sein, auch wenn er in seinen seit 1933 verfassten politischen Lebensläufen betonte, zu Studienzeiten während der Semesterferien in »allen möglichen Fabrikbetrieben« gearbeitet zu haben. Nichts weist auf Schwierigkeiten oder gar einen Bruch des politisch exaltierten, rechtsextremen Studenten mit seinem kirchlichen Elternhaus hin.

Der junge Student war, das versteht sich für diese Zeit fast von selbst, stark burschenschaftlich engagiert, worauf nicht zuletzt kräftige Schmissvernarbungen in seinem Gesicht hindeuten.[8] Und, darauf verweist er in seinen für parteipolitische Zwecke verfassten Lebensläufen seit 1933 in selbstheroisierenden Übertreibungen immer wieder, er war sehr frühzeitig in der NS-Bewegung engagiert. Angeblich will er bereits 1923, wohl in München, in die NSDAP eingetreten sein, wofür es an präzisen Belegen jedoch fehlt. In späteren Republikjahren ist er in seiner Heimatregion Rheinpfalz politisch aktiv, zunächst gegen die französische Besatzung und separatistische Bestrebungen. Als Mitglied eines »Studenten-Stoßtrupp Kaiserslautern«, so schreibt er jedenfalls nach 1933, habe er sich an Widerstandsaktionen gegen die Besatzer beteiligt. Er sei angeblich steckbrieflich von den Franzosen gesucht worden, was ihn zur »Flucht über den Rhein« veranlasst habe. Das alles geschah in völkischnationalsozialistischen Kontexten. Der junge Student und später der promovierte »Doktor Mayer«, Sohn eines bekannten regionalen Honoratioren und Kirchenführers der Pfalz, exponierte sich als nationalsozialistischer Aktivist. Im Wahlkampf vom September 1930, der die NSDAP schlagartig zu einer mächtigen politischen Partei machte, soll sich der junge Mayer besonders hervorgetan haben. Seit 1. Dezember 1930 führte er die HJ-Gruppe im Bezirk Speyer-Germersheim. Im Februar 1931 wurde er, offenbar als politische Belohnung für seine Verdienste

im Wahlkampf vom September 1930, zum »Gauredner« der
NSDAP ernannt. Politisch dürfte der junge Mayer – seit 1929
stets »Dr. Mayer« – zu den auffallendsten politischen Vorkämp-
fern der NSDAP in der Pfalzregion gehört haben. Er machte
in dieser Zeit auch Bekanntschaft mit dem Gauleiter Josef
Bürckel, der den acht Jahre jüngeren rabiaten Haudrauf Mayer
gewiss schätzte und für ein außerordentliches, förderungswür-
diges politisches Talent gehalten haben dürfte.[9] Bemerkenswert
ist freilich, dass Mayer in den einschlägigen regionalhistorischen
Darstellungen zur Frühgeschichte der NS-Bewegung überhaupt
nicht erwähnt wird. Ganz so großartig, wie er seit 1933 in seinen
karriereförderlichen Selbstdarstellungen schrieb, wird es folglich
mit seiner angeblichen politischen Pionierrolle nicht gewesen
sein.[10]

IV

Beruflich gingen die Dinge weit weniger gut voran – eigentlich
überhaupt nicht. 1929, nach erfolgter Promotion, bewarb sich
der sechsundzwanzigjährige Historiker um eine Dozentenstelle
an der Universität München. Er wollte dort sein geliebtes Spe-
zialgebiet, die »Familienforschung« über mittelalterliche Adelsgeschlechter, anbieten, eine historische Teildisziplin, die es damals seiner Ansicht nach noch an keiner deutschen Hochschule
gegeben habe. Man lehnte ihn ab. Mayer, der evangelische Pfar-
rerssohn und radikale politische Aktivist, glaubte sich aus konfes-
sionellen und politischen Gründen von einer wissenschaftlichen
Laufbahn zurückgewiesen. Bewerbungen für den bayerischen
und badischen Archivdienst sowie am Stadtarchiv Nürnberg
blieben erfolglos.[11] Zwischenzeitlich fand er kleinere befristete
Jobs in der Heimatregion, offenkundig vermittelt durch väterliche Prominenz und Verbindungen. Zunächst verrichtete er
wissenschaftliche Hilfsarbeiten am Museum Speyer, wo er seine
Dissertation vorbereitete und von daher gut bekannt war. Dann,
im Juni 1930, erhielt er von der Evangelischen Kirche der Pfalz
den Auftrag, im landeskirchlichen Archiv ein Kirchenbucharchiv einzurichten. Aber das alles befriedigte den ehrgeizigen,
hochmögenden Forscher, der wissenschaftlich Großes vorhatte
und dieses in zahlreichen Projekten in den Fußnoten seiner Dis-

sertation ankündigte, natürlich wenig – vielleicht kränkte es ihn
sogar mehr als es half.[12]

Am 1. Dezember 1931 trat Mayer in Halle/Saale die Stelle
eines Geschäftsführers des Provinzialverbands des Evangelischen
Bundes der preußischen Provinz Sachsen an. Das war wiederum
eine kirchliche Stelle, das väterliche Renommee mochte dabei
geholfen haben. Das letzte, in politischer Gewalt versinkende
Jahr der Weimarer Republik verbrachte der junge Mayer in der
politisch roten, proletarischen Region Halle/Saale als Sachwal-
ter des Evangelischen Bundes. Er sollte dort unter anderem die
»Wittenberger Stimmen«, das Monatsblatt des Evangelischen
Bundes in der Provinz Sachsen, herausbringen, was er, mehr
schlecht als recht, wohl auch tat.[13] Tatsächlich aber scheint er
vor allem parteipolitisch für die NSDAP in der Region Halle
hervorgetreten zu sein. Er agitierte politisch, er engagierte sich
als Vortragsredner der Partei, gegen die Zentrumspartei, gegen
die SPD, gegen Kommunisten. Mehrfach seien, so Mayers Angaben, seine Vorträge durch den sozialdemokratischen Regierungspräsidenten Ernst von Harnack, Sohn des berühmten Theologen Adolf von Harnack, verboten worden.[14] Wiederholt sei er,
so Mayer in seinen selbstheroisierenden politischen »Lebensläufen« der Nazizeit, aus politischen Gründen überfallen worden. Im März 1932 hätten ihn angeblich vierzig Kommunisten
in Halle »zusammengestochen«. Auch habe er als »Mitkämpfer«
an den »großen Schlachten gegen die Kommune«, so seine krie-
gerische Sprache von 1934, in Glesien (bei Leipzig) und Eisleben
teilgenommen.[15]

V

Der 30. Januar 1933 muß für Mayer ein Tag der Rettung gewesen
sein: Ende der Zerrissenheit, mehr noch, ein Erlösungserlebnis.
Fortan konnte er seine bislang unverwirklichten beruflichen Vor-
lieben für Genealogie, für Rassenkunde und Sippenforschung
extensiv betreiben und mit seinen extremen politischen Ambi-
tionen auf eine für ihn wundergleiche Weise in Einklang bringen.
Im Juni 1933 bewarb er sich, jetzt schon in der Pose als »Alter
Kämpfer«, um Anstellung beim Rasse- und Siedlungsamt der
SS. Zunächst teilte man ihm in München – durchaus passend –

die Aufgabe zu, die Ahnentafeln der SS-Mitglieder zu verkarten. Durch persönliche Bürgschaft des ihm gut bekannten pfälzischen Gauleiters Bürckel bei Heinrich Himmler rückte Mayer mit dem 15. November 1933 zum Abteilungsleiter und Sachbearbeiter für Familienkunde im Rasse- und Siedlungsamt der SS auf. Der inzwischen mit der Lehrertochter Ella Sambraus aus Bad Oldesloe[16] verheiratete Mayer zog von München in die Reichshauptstadt, wo jetzt in den neu zu besetzenden Ministerien und Behörden, Partei- und SS-Stellen vor allem die steilen NS-Karrieren zu machen waren. Als SS-Abteilungsleiter sondierte er 1934 das hauptstädtische Feld. Er engagierte sich in der traditionsreichen genealogischen Vereinigung »Der Herold« und vermochte – junger schneidiger SS-Mann, der er war – binnen Jahresfrist, sich diesen etwas angegrauten Verein zu unterwerfen. Ende November 1934 wurde er dort zum 1. Vorsitzenden gewählt, vielleicht ein Sprungbrett für weitergehende Ziele.[17]

Inzwischen hatte Mayer ein Auge auf eine seit April 1933 neu entstandene Dienststelle im Reichsministerium des Innern geworfen, die von seinem Parteigenossen Joachim Gercke geleitet wurde und als rasch anwachsendes staatliches Amt eine wesentliche Rolle bei der Entscheidung über Zugehörigkeit und Nichtzugehörigkeit zur »arischen Rasse« spielen sollte.[18] Mayer sann darauf, wie er Gercke – der zwar seine Parteiverdienste als antisemitischer Judenforscher lange vor 1933 erworben hatte, der aber nur über Parteiverbindungen, nicht jedoch SS-Beziehungen verfügte – von dieser begehrten, vielversprechenden Stelle würde verdrängen können. Noch vor Jahresende 1934 hielt er offenbar brauchbares Material in seinen Händen. Als Gercke im Dezember 1934 zu einer Dienstbesprechung in München weilte und es in dieser Runde zu Auseinandersetzungen kam, wurde ihm ein bevorstehender »Sonderbericht« von SS-Untersturmbannführer Dr. Mayer in der »Angelegenheit Gercke« angekündigt.[19] Irgendwann im Januar 1935, das genaue Datum steht nicht fest, wurde der ahnungslose Gercke in seiner Berliner Amtsstelle verhaftet und sofort suspendiert. Die Zusammenhänge und Hintergründe dieses grotesken, theaterreifen Nazi-internen Coups sind sehr obskur. Gercke sah sich angeblicher homosexueller Beziehungen beschuldigt und musste sofort seinen Posten räumen, eine Chance zur Verteidigung gab es nicht. Kurzum: eine von Mayer und einigen SS-Kumpanen eingefädelte Intrige warf

den Rassenforscher Gehrke jäh aus dem Amt.[20] Der Nachfolger hieß – Dr. Kurt Mayer. Dieser übernahm im März 1935
die Dienststelle am Schiffbauerdamm in Berlin-Mitte, die jetzt
offiziell den Namen »Reichsstelle für Sippenforschung« (RfS)
führte, mit diktatorischer Gewalt, mit Entlassungen etlicher Mitarbeiter, mit Einschüchterungen und vielfach angeordneter Ge-
stapo-Überwachung von potenziellen Gehrke-Leuten und sonstigen Verdächtigen als brutaler neuer Dienstherr und absoluter
Machtmensch in SS-Uniform.

VI

Mit der intriganten, SS-Methoden und Gestapo-Gewalt in Anspruch nehmenden Eroberung des Chefpostens in dieser staatlichen Behörde, die bis Kriegsbeginn immerhin die stattliche
Zahl von über 140 Mitarbeitern erreichte, dürfte sich Mayer
vorläufig am Ziel seiner beruflichen und politischen Ambitio-
nen gesehen haben. Er war nun nicht allein verbeamteter Leiter
dieser staatlichen Dienststelle im Innenministerium, sondern
hatte zugleich das entsprechende Parteiamt (»Amt für Sippenforschung der NSDAP«) inne, das freilich stets ohne personellen
Unterbau blieb. Zugleich leitete er seit Mai 1935 den neuge-
gründeten, durch ihn selbst forcierten Zusammenschluss aller
sippenkundlichen Vereine, den »Volksbund der deutschen sippenkundlichen Vereine (VSV)«. Kurz: im Verlauf von etwas
mehr als zwei Jahren hatte sich der etwas seltsame, beruflich
kaum vermittelbare Historiker Dr. Mayer zum obersten »Reichs-
sippenforscher« aufgeschwungen. Und selbstverständlich nutzte
er nun die staatlichen Ressourcen seiner Dienststelle sowie die
machtpolitischen Querverbindungen zu höheren SS-Stellen und
zur Gestapo radikal für die Realisierung seiner hochfliegenden
rassenpolitischen Utopien. Die RfS wirkte unter anderem an
folgenden Projekten und Aufgaben mit: Durchführung des Gesetzes zur Wiederherstellung des Berufsbeamtentums; Gutachten über deutschblütige Abstammung und Entscheidung über
Zweifelsfälle als allein zuständige Stelle; Durchführung der Nürnberger Gesetze; »Schutz« (d. h. Aneignung und Auswertung) der
sippenkundlichen Schriftquellen, insbesondere der im Kirchen-
besitz befindlichen Kirchenbücher; Beaufsichtigung der Sippen-

forscher und Sippenkanzleien, Kontrolle des sippenkundlichen Vereinswesens.[21]

Mayer träumte seit 1935/36 von einer im Aufbau befindlichen riesigen Reichsbehörde (»Reichssippenamt«), die das sippenkundliche Wissen für die rassenpolitische Scheidung der Reichsbevölkerung bereitstellte. Dazu wäre ein »Reichssippenamtsgesetz« die erforderliche Arbeitsgrundlage gewesen, ein Projekt, das Mayer seit dieser Zeit immer wieder ankündigte und als dringlich von der Partei erwartete, das jedoch bis Kriegsbeginn 1939 nicht zustande kam und danach, wie so vieles, auf die Zeit nach dem siegreichen Krieg vertagt wurde. Der großen Zentralbehörde in Berlin sollten sämtliche, noch zu bildenden nachgeordneten »Gausippenämter« und »Kreissippenämter« unterstehen und in ihren Regionen flächendeckend die rassenpolitischen Forschungen durchführen und die bevölkerungspolitischen Maßnahmen begleiten. Nur wenige dieser regionalen und lokalen Dienststellen konnten tatsächlich gegründet werden, und vielfach entzogen sie sich dem unmittelbaren Zugriff der Berliner Zentrale. Stets gab es Rivalitäten und Kämpfe mit anderen Einrichtungen und Verbänden (besonders mit dem Reichsnährstand und dem Nationalsozialistischen Lehrerbund) über Zuständigkeiten, Richtlinien, Methoden der örtlichen Sippenforschung.[22] Zugleich führte die RfS einen permanenten Kampf um die Kirchenbücher, die wichtigste sippenkundliche Geschichtsquelle, mit kirchlichen Behörden. Teilweise waren diese, wie vor allem die Beispiele Mecklenburg, Berlin, mit Abstrichen auch Hannover, zeigen, zu sehr weitgehender Kooperation mit der RfS bereit. Sie erfüllten in freiwilliger Vorleistung Aufgaben, die andernorts die staatlichen Sippenämter übernehmen sollten. Teilweise jedoch standen die Kirchen den staatlichen Ansprüchen auf die Personenstandsregister auch skeptisch gegenüber und fürchteten um den Verlust von Kompetenz und kirchlichem Eigentum. RfS-Chef Mayer, der Pfarrersohn und (ehemalige) pfälzische Protestant, stand hier in fortwährenden spannungsreichen Auseinandersetzungen mit den Kirchen, namentlich mit dem Beauftragten für das Kirchenbuchwesen bei der DEK, dem Breslauer Konsistorialpräsidenten Johannes Hosemann.[23]

VII

Mayers scharfes persönliches Regiment beruhte auf Einschüchterung, Gewaltandrohung, bedingungsloser Unterwerfung. Gleich bei Amtsantritt im März 1935 hatte er mit fadenscheinigen Begründungen elf Mitarbeiter gefeuert, davon zwei (Gerhard Kayser[24] und Friedrich August Knost[25]) jedoch wegen ihrer Unentbehrlichkeit bald wieder aufgenommen. Zu seinem Stellvertreter ernannte der neue Chef den dubiosen Sippenforscher Erich Wasmannsdorff, der ihm seit Ende 1934 vertrauliche interne Berichte und potenzielles Belastungsmaterial aus dem Amt zugesandt hatte, um den Coup gegen Gercke vorzubereiten. Nach einem Jahr warf er Wasmannsdorff wegen angeblicher Verschwörung aus dem Amt.[26] Gegen andere Mitarbeiter beantragte er Gestapo-Beobachtung, Telefon- oder Postüberwachung und andere Kontrollen. Im Juni 1936 überstand Mayer schadlos ein Parteiverfahren, nachdem er den (nicht anwesenden) stellvertretenden Gauleiter der Pfalz, SS-Standartenführer Ernst Leyser, anläßlich eines abendlichen Gelages in den »Pfälzer Weinstuben« – wohl Mayers Berliner Stammlokal – jüdischer Abstammung bezichtigt hatte.[27] Auch eine Beleidigung Goebbels' sowie eine grobe öffentliche Kränkung der Ehefrau eines schwäbischen Privatgelehrten überstand Mayer erstaunlicherweise ohne Folgen, was auf wirkungsvolle Protektion durch höchste SS-Kreise schließen lässt.[28]

Seine leitenden Ideen und Motive dieser ersten Amtsjahre erschließen sich aus einer der wenigen Publikationen Mayers, einem Vortrag vor Standesbeamten vom März 1936.[29] Der Ton ist jovial, anbiedernd, gelegentlich kumpelhaft, mit eingestreuten Episoden und etwas spezifischem Nazi-Humor. Die Rede lässt den geübten »Alten Kämpfer« und Gauredner der Pfalz erahnen. Und auch der gelernte Historiker und Genealoge mittelalterlicher Adelsgeschlechter scheint bisweilen durch: »Es ist wiederholt darauf hingewiesen worden, dass unsere Vorfahren in jenen Tagen, da man noch gesund dachte, da man anknüpfte und aufbaute auf den natürlichen Lebensbedingungen und den Gegebenheiten des Lebens, vom Gedanken der Sippe, vom Gedanken der Blutgemeinschaft ausgingen…«[30] Die Reichsritterschaft habe einst nur Personen, die »rein deutscher Herkunft« waren, in ihre Reihen aufgenommen. Die deutschen Zünfte

Abb. 2: Dr. Kurt Mayer (vorn) und sein Stellvertreter
Erich Wasmannsdorff in der Reichsstelle für Sippenforschung
(November 1935)

seien ebenso konsequent verfahren. Selbst die römische Kirche
habe vor rund tausend Jahren Maßnahmen auf rassischem Gebiet unterstützt. Bereits damals habe die Kirche das Halten deutscher weiblicher Dienstboten für die Juden verboten. Alles dieses
»Gesunde« sei durch das Eindringen artfremder Gesinnungen,
vielfach auch durch das römische Recht verloren gegangen. Die
Rückkehr des »Blutgedankens« gehöre zu den Grundsätzen des
Nationalsozialismus. Ohne Beachtung dieser Grundsätze wäre
es unmöglich, das deutsche Volk zu jener Größe emporzufüh-
ren, die es infolge seiner Veranlagung und seiner Geschichte
verdiene. In dieser völkischen Mission stehe die RfS und selbstverständlich auch der deutsche Standesbeamte, den Mayer als
zukünftigen nationalsozialistischen »Sippenbeamten« kennzeich-
net. Unter Verweis auf das angeblich bald kommende Sippenamtsgesetz fragt Mayer abschließend, was denn das Ziel dieser
Gesetzgebung sein solle. Der Sippenbeamte der Zukunft müsse
»Walter der deutschen Sippe oder besser gesagt, der Heger des
deutschen Blutes sein«. Mayer schließt: »Darum wollen wir aus
diesem Willen heraus zusammenstehen, nur in der Blickrich-

tung nach dem Führer, wir wollen uns unter das Gesetz der nationalsozialistischen Weltanschauung stellen, das ich wohl kurz in die Prägung fassen kann: Der einzelne ist nichts, Sippe und Volk sind alles! Heil Hitler!«[31]

IX

»In der Blickrichtung nach dem Führer«: Es konnte dem in seiner staatlichen Amtsstelle am Schiffbauerdamm residierenden, instinktsicheren Machtmenschen Mayer nicht verborgen bleiben, daß das eigentliche dynamische Machtzentrum des »Dritten Reiches« sich mehr und mehr in der SS- und Gestapozentrale in der Prinz-Albrecht-Straße konzentrierte.[32] Mayer, der die SS-Ränge routinemäßig nach oben durchlief, gehörte dort nicht zur Kerntruppe, er kam ursprünglich aus dem RuSHA. Als aktiver SS-Mann pflegte er seine Beziehungen zum Sicherheitshauptamt, insbesondere zu Himmler und Heydrich, besuchte dort Kameradschaftsabende, korrespondierte vielfach und beriet sich mit dortigen Stellen in Fragen nationalsozialistischer Bevölkerungspolitik, effektiverer Maßnahmen in der Rassen- und Sippenforschung und deren praktisch-politischer Anwendung. Namentlich für Heydrich mühte er sich um einen rassenpolitisch ›korrekten‹ Ahnennachweis, was in diesem Fall nicht ganz leicht war. Für politische Eilaufträge aus der SS-Zentrale war »Sippen-Mayer« immer die beste Adresse: So bat beispielsweise Reichsführer-SS Himmler im Mai 1936 den Chef des RuSHA Richard Walter Darré, die Ahnentafel der Frau des Generals Erich Ludendorff, Mathilde von Kemnitz, nachzuprüfen. »Am besten wird das wohl Hauptsturmführer Dr. Mayer vom Sippen-Archiv machen. Ich vermute sehr stark, dass in der Ahnentafel der Frau v. Kemnitz irgendwelche jüdischen Blutsteile auftreten werden, da sonst die Rabulistik dieser Frau […] sowie ihr ganzes anormales persönliches und sexuelles Leben nicht erklärlich wären. Wenn ich je glaubte, dass die Freimaurerei bestimmte Leute abschickt, um andere zu verderben, so glaube ich in diesem Falle bei Frau Dr. v. Kemnitz, dass sie geschickt worden ist, den General Ludendorff zu verderben.«[33] Mayer suchte und fand im Hause Himmler Anerkennung und Förderung, auch wenn man dort seinen auf mittelalterliche Adelsgeschlechter zurückgehenden genealogisch-heraldischen ›Ah-nenfimmel‹ wohl manchmal belächeln mochte. Gelegentlich berichtete er Himmler von den Fortschritten (und Schwierig-keiten) seiner systematischen Bemühungen um präzise Rassen-scheidung der Reichsbevölkerung. Himmler schätzte ihn und dürfte für sehr lange Zeit seine schützende Hand über Mayer anlässlich seiner zahlreichen Eskapaden, Grobheiten und Un-geschicklichkeiten gehalten haben. Im April 1936 lud Himmler den »Reichsamtsleiter Pg. Dr. Kurt Mayer« zu einer Besichtigung des KZ Dachau ein, gewiss ein Ausdruck von Wertschätzung.[34]

Über den privaten Mayer ist wenig bekannt. Wie seine um-fangreiche Geschäftskorrespondenz zeigt, war er außerordent-lich vielgeschäftig, sehr häufig unterwegs im ganzen Reich und darüber hinaus: Archivbesuche, Vortragsreisen, Tagungen, Par-teitreffen, Vereinstreffen. In Berlin wohnte er standesgemäß in den besseren südwestlichen Bezirken der Reichshauptstadt, wie das bei der Nazi-Elite generell üblich war. Als höherer Beam-ter (1938 Ernennung zum Oberregierungsrat) konnte man sich zu Hause ein Dienstmädchen leisten. Zur erstgeborenen Toch-ter Barbara (17. März 1933) kamen seit 1937 drei Stammhalter hinzu.[35] Es versteht sich bei »Sippen-Mayer« von selbst, daß er als SS-Führungsmann und kinderreicher Familienvater dem »Lebensborn e. V.« angehörte. Interessant ist seine für SS-Ver-hältnisse auffallend lange hinausgezögerte Trennung von der Kirche. Wiederholt gab er in den politischen Fragebögen von NSDAP und SS unter Konfession »ev.« oder »ev. get.« (»evan-gelisch getauft«) an. Letzteres sollte wohl andeuten, dass er sich nicht mehr so ganz »evangelisch« fühle, sondern lediglich vor langer Zeit getauft worden sei. Aber der definitive Kirchenaus-tritt und die neue Konfessionsbezeichnung »gottgläubig« tau-chen in seiner Biographie extrem spät auf. Erst am 10. Novem-ber 1943 erfolgte demnach der Kirchenaustritt und somit sein endgültiges Bekenntnis zum neuen NS-Glauben. Womöglich wollte er diese offizielle Konversion zum antichristlichen NS-Glauben seinem Vater, dem bekannten pfälzischen Pfarrer und Oberkirchenrat, nicht antun, der 1942 verstorben war. Jeden-falls rang sich Mayer erst auffallend spät zu diesem definitiven Abschied von der – so sah man das in seinen Kreisen – jüdisch kontaminierten christlichen Kirche durch, ein Schritt, der ihn in den Augen vieler maßgeblicher Parteigenossen erst zum vollwertigen SS-Führungsmann qualifizierte. Nur sporadisch besuchte er seine örtliche NSDAP-Parteigruppe, die Zehlendorfer »Ortsgruppe Schlachtensee«, und mußte sich dort wegen sehr unregelmäßiger Teilnahme an den Parteiversammlungen rechtfertigen. Ab und zu nahm er dann doch teil, wie zum Beispiel anlässlich eines Kameradschaftsabends am 19. Mai 1936, zu dem ein Vortrag des Pg. Dr. Kurt Mayer über »Entstehung und Geschichte des Judentums« angekündigt war.[36]

Mit Kriegsbeginn 1939 hoffte Mayer, die vielfach stagnierenden, zwischen verschiedenen konkurrierenden Mächten und Interessengruppen festgefahrenen Sippenforschungsprojekte neu in Bewegung zu setzen. Durch Erlass von Reichsinnenminister Frick durfte sich seine Dienststelle seit November 1940 »Reichssippenamt« nennen. Das bedeutete ihm zumindest symbolisch eine Aufwertung seiner Arbeit, offizielle Anerkennung seiner Reichsführerschaft über die landesweite, in Kompetenzwirrwar und Methodenstreit zersplitterte, kaum überschaubare Sippenforschung, wenngleich sich sein Mitarbeiterstab kriegsbedingt spürbar verminderte. Ressourcen für den erhofften Ausbau eines flächendeckenden Netzes von Gau- und Kreissippenämtern waren in weiter Ferne. Ein ausführliches Protestschreiben Mayers vom Dezember 1940 an Reichsleiter Bormann liest sich wie eine verbitterte Klageschrift eines alleingelassenen »Alten Kämpfers«: Jahrelang habe er sich, gegen alle Widerstände, für die Parteibelange in seiner staatlichen Stelle eingesetzt. Verschiedentlich habe man sogar versucht, ihn abzuschießen. Von der Partei habe er nicht die geringste Unterstützung erfahren. »Mehr als einmal bin ich mit mir zu Rate gegangen, ob ich nicht wieder zu meinem alten Gauleiter Bürckel zurückgehen solle. Reichsführer SS Himmler hat mir in einem solchen Augenblick einmal gesagt, ich müsse auf meinem Posten ausharren, da man nicht wisse, wer nach mir kommen würde.«[37] Seit 1935 sei er aus der »Tretmühle … der zu erledigenden Abstammungsfälle« nicht mehr herausgekommen. Praktisch nebenher habe er alle parteiamtlichen Aufgaben erfüllt. »Ich brachte es die 5 Jahre hindurch fertig, alle sächlichen Ausgaben für Parteizwecke aus staatlichen Mitteln zu bestreiten, obwohl ich auch hier stärksten Angriffen maßgebender staatlicher Stellen ausgesetzt war.«[38] Mayer beklagte sich bei Bormann, dass bei der jetzt anstehenden Neugliederung der Partei das entsprechende Parteisippenamt ledig-

lich als »Amt«, nicht jedoch als »Hauptamt« eingestuft werden
solle. Er forderte nachdrücklich von Bormann eine Aufwertung
seiner parteiamtlichen Positionen als führender Sippenforscher.
»Wie ist es möglich, dass bisherige Reichsamtsleiter, die genau
so lange wie ich im Dienst sind, heute Oberdienstleiter geworden sind – ich neide es ihnen nicht –, die aber nicht wie ich
schon 1930/31 Bezirksleiter bei Gauleiter Bürckel, gleichzeitig
HJ-Führer, Gauredner und SS-Mann waren. Für diese unter-
schiedliche Behandlung bin ich schließlich auch nicht vor der
Machtergreifung von der Kommune zusammengeschlagen worden. [...] Entweder erkennt man aus Punkt 4 des Parteipro-
gramms heraus die Bedeutung meiner Aufgaben, insbesondere
für die Zukunft, auch die von mir geleistete Arbeit an, würdigt
sie und stärkt meine Arbeitsfreudigkeit durch entsprechenden
äußerlichen Dienstgrad, oder man tut es nicht, dann werde ich
auch die entsprechenden Konsequenzen ziehen.«[39]

Mayer machte natürlich weiter. Es hat sogar den Anschein,
dass er seine sippenkundlichen Obsessionen seit Kriegsbeginn,
geographisch besonders in Richtung Osten, bewusst forcierte.
Während er im »Altreich« durch vielerlei gruppenbedingte Rivalitäten und rechtliche Hemmnisse nicht rasch voran kam, griff
er in den kriegsbesetzten Gebieten, besonders den östlichen, sofort zu, um neue Tatsachen zu schaffen. Hier folgte er mit seinem Amt im Schatten der Armee und der SS-Einsatzgruppen,
um sippenkundlich relevantes Quellenmaterial für das Berliner
Reichssippenamt einzusammeln und von vornherein neue Institutionen (Gausippenämter, Kreissippenämter und verwandte
Einrichtungen) nach seinen Anweisungen einrichten zu lassen.
Führende Mitarbeiter der Berliner Zentrale und er selbst befanden sich seit Ende 1939 im permanenten Kriegseinsatz, bereisten
vor allem den eroberten Osten als Kommissare für sippenkundlich relevante Unterlagen und etablierten sich dort auch insti-
tutionell mit Einrichtungen im Sinne ihrer Berliner Zentrale.[40]
Dass das in den Büchern verzeichnete genealogische Wissen
letztlich der Vernichtung der rassisch Ausgesonderten zu dienen hatte, konnte Mayer und seinen Mitarbeitern, besonders bei
ihren Einsätzen in Polen, im Baltikum und der UdSSR, kaum
verborgen bleiben. Mayers Stellungnahme vom September 1942
zu einer an Himmler gerichteten Denkschrift des Geschäftsführers des Vereins für bäuerliche Sippenkunde Otto Heidt lässt

an Deutlichkeit kaum zu wünschen übrig. Die Einrichtung eines weiteren, dort angeregten neuen Forschungsinstituts mit einer »Totalkartei« lehnte er ab. Schließlich betonte er, dass die Sippenamtsverwaltung auf einem der wichtigsten bevölkerungspolitischen Gebiet, »nämlich dem der Ausmerzung der Juden aus dem deutschen Volkskörper« bereits entscheidend tätig geworden sei und weiterhin tätig sein werde.[41]

X

Kurt Mayer blieb mit seiner Ehefrau und vier Kindern im Alter zwischen zwölf und drei Jahren offenbar bis kurz vor Kriegsende in Berlin. Während ein Teil des Sippenamtes ausgelagert wurde, residierte er weiter in der teils kriegsbeschädigten Amtsstelle Schiffbauerdamm. Gegen eine vollständige Evakuierung wandte er im August 1943 ein: »Es hat sich überhaupt im Laufe der Jahre bei Soldaten, Volksgenossen und insbesondere Wehrmachtsdienststellen der Brauch herausgebildet, das Reichssippenamt in allen möglichen Angelegenheiten um Rat anzugehen, eine Tatsache, auf die wir außerordentlich stolz sind. Eine Evakuierung würde keinen guten Eindruck machen, da das Reichssippenamt in der Öffentlichkeit doch sehr bekannt ist«.[42] Vermutlich im März oder April 1945, als der definitive Untergang des »Dritten Reiches« vor aller Augen stand, setzte er sich dann doch ab. Aber wohin? Die Rheinpfalz, seine alte Heimat, war inzwischen von den Alliierten besetzt. Die sechsköpfige Familie floh nach Bad Oldesloe unweit Lübecks. Seine Frau stammte von dort. Wenige Wochen nach Kriegsende, am 8. Juni 1945, setzte Mayer sich selbst und seiner Familie ein gewaltsames Ende. Man fand ihn und die vier Kinder tot. Die Ehefrau überlebte zunächst und kam in ein Lübecker Militärgefängnis. Sie verstarb am 23. Juli 1946. Die näheren Umstände der Tat sind bisher nicht bekannt.[43]

*

Es fällt schwer, eine solche fatale Biographie zu deuten, geschweige denn zu erklären. Wo lagen die entscheidenden Weichenstellungen für eine derartige biographische Katastrophe? Mehreres kam zusammen: Vielleicht als erstes schon Mayers frühe romantische, deutsch-protestantische Schwärmerei vom mittelalterlichen »Reich«, von alter Reichsherrlichkeit und imperialer deutscher Größe, von germanisch-edelblütigen Adelsgenealogien, von ›rassischer Reinheit und Gesundheit‹, der sich bereits der geschichtsinteressierte Gymnasiast hingab. Hinzu kamen die Erfahrungen und Prägungen der Kriegsjugendgeneration, der hyperpatriotische Schulunterricht der Kriegsjahre, die emphatische protestantische Kriegspartizipation, die im vorliegenden Fall im Elternhaus unmittelbar vermittelt wurde. Sodann quälten das schmerzliche Gefühl der unfassbaren Kriegsniederlage, der jähe Absturz 1918/19 mit dem Anbruch der »Gottlosenrepublik«, der unerträgliche Geltungsgewinn des katholischen Zentrums, das demütigende Syndrom Versailles. Schließlich kamen bei Mayer die intensiven Erfahrungen der pfälzischen Grenzregion hinzu, die Franzosenzeit, die nationale Schmach und der national-völkische Widerstand gegen die ›welsche‹ Fremdherrschaft, den bereits der Schüler und später der Student mitmachte. Ferner waren da Mayers Prägungen in der Burschenschaft, die diesen völkisch-militanten Geist und die forsche, schneidige Tonart verstärkten. Schließlich seine erfolglosen beruflichen Versuche nach Abschluss des Studiums, die kränkende Nichtanerkennung seiner historisch-genealogischen Kennerschaft, der harte Zwang, jenseits dieser abseitigen Qualifikationen schnöden Brotberufen nachgehen zu müssen. Sodann seine frühe politische Karriere als Hassredner und Agitator der radikalen NS-Bewegung, die Bestätigungen auf diesem Gebiet und der wundergleiche berufliche wie politische Aufstieg seit 1933. Alles dies weckte phantastische Allmachtsgefühle und völkisch-utopische Zielsetzungen, er und seinesgleichen lebten seit 1933 wie im permanenten politischen Höhenrausch. Mit etwas über dreißig Jahren eröffneten sich ihm märchenhafte Chancen auf Macht, Einfluss, Geltung, auf Führerschaft einer staatlichen Teilbehörde mit 70 bis 140 Mitarbeitern, die verlockende Herrschaftserfahrung von gebieterischem Befehlston, respektheischender SS-Uniform, von Chefsessel und exklusiven SS-Kameradschaftstreffen, begleitet von hochfliegenden Ansprüchen (in seiner Phantasie) auf mancherlei Insignien der Macht: Dienstwagen mit Fahrer, womöglich eigenes Hoheitszeichen am Wagen, Bereitstellung eines persönlichen Adjutanten und dergleichen Annehmlichkeiten mehr. Und wenn es einmal persönlich oder politisch eng wurde für ihn, was

bei seinem nassforschen Grobianismus nicht selten war: ein An-
ruf im Sicherheitshauptamt bei der Gestapo genügte bereits. Auf
diesem Blitzweg nach ganz oben gehörte Mayer zweifellos mit
zu den Härtesten, Brutalsten, Entschlossensten und versuchte
mit rücksichtslosesten Mitteln, seine völkisch-rassischen Visio-
nen in der Wirklichkeit des »Dritten Reiches« und der besetzten
Länder umzusetzen. Er habe sich in seinem staatlichen Amt, so
bekannte er Ende 1942, immer nur als ein »Platzhalter für den
Reichsführer-SS« verstanden.[44] Eine Umstellung seiner Gedan-
kenwelt bei Kriegsende war für den fast zweiundvierzigjährigen
NS-Gläubigen ganz ausgeschlossen. Es konnte nicht weiterge-
lebt werden.

Anmerkungen

1 Für Hinweise und Kritik danke ich Armin Nolzen (Bochum) und Pfarrer
Dr. Bernhard H. Bonkhoff (Großbundenbach/Pfalz). Die nachfolgende
Skizze kann nur provisorisch an Hand bisheriger Publikationen und einiger
begrenzter Quellenbestände vorgenommen werden. Die ausführlichsten
biographischen Informationen enthält: Diana Schulle, Das Reichssippen-
amt. Eine Institution nationalsozialistischer Rassenpolitik, Berlin 2001, bes.
S. 143 ff. Vgl. ferner: Manfred Gailus, Beihilfe zur Ausgrenzung. Die »Kir-
chenbuchstelle Alt-Berlin« in den Jahren 1936 bis 1945, in: Jahrbuch für
Antisemitismusforschung 2 (1993), S. 255–280; ders., Vom evangelischen
Sozialpfarrer zum nationalsozialistischen Sippenforscher. Die merkwür-
digen Lebensläufe des Berliner Theologen Karl Themel (1890–1973), in:
ZfG 49 (2001), S. 796–826; Wolfgang Ribbe, Genealogie und Zeitgeschichte.
Studien zur Institutionalisierung der nationalsozialistischen Arierpolitik,
in: Herold-Jahrbuch N.F. 3 (1998), S. 73–108, bes. S. 92, Anm. 39; Volkmar
Weiss, Die Auseinandersetzungen zwischen Reichsnährstand und Reichs-
sippenamt um die Kirchenbuchverkartung. Ein Beitrag zur Geschichte der
Genealogie in der Zeit des Nationalsozialismus, in: Genealogie 49 (2000),
Bd. 25, H. 1–2, S. 1–17.
2 Vgl. zum pfälzischen Protestantismus im frühen 20. Jh. vor allem: Thomas
Fandel, Konfession und Nationalsozialismus. Evangelische und katholische
Pfarrer in der Pfalz 1930–1939, Paderborn u. a. 1997; ders., Gemeinsam
auf dem »Boden eines positiven Christentums«. Die »Vereinigte Protestan-
tisch-Evangelisch-Christliche Kirche der Pfalz (Pfälzische Landeskirche)«
1919 bis 1949, in: Manfred Gailus/Wolfgang Krogel (Hg.), Von der babylonischen Gefangenschaft der Kirche im Nationalen. Regionalstudien zu
Protestantismus, Nationalsozialismus und Nachkriegsgeschichte 1930 bis
2000, Berlin 2006, S. 485–508. Zur kulturellen Identität der Pfälzer jetzt

auch: Celia Applegate, Zwischen Heimat und Nation. Die pfälzische Identität im 19. und 20. Jahrhundert, Kaiserslautern 2007.

3 Eugen Mayer: geb. 1867 in Kaiserslautern; Studium der Theologie in Erlangen, Heidelberg und Straßburg. 1896–1903 Pfarrer in Otterberg, seither Kaiserslautern, 1915 Dekan ebd., 1924 Berufung als Oberkirchenrat nach Speyer; 1907–1921 Hg. der (liberalen) Kirchenzeitung »Union«; verstorben 1942. – Die biographischen Angaben zu Kurt Mayer folgen, wenn nicht anders vermerkt, der Darstellung von Schulle, Reichssippenamt; Mayers leibliche Mutter Magdalena (geb. Hach) verstarb 1909. Sein Vater heiratete 1911 erneut. Aus der zweiten Ehe mit Elisabeth Blauth gingen drei Kinder hervor.

4 Vermutlich geschah dies in Anerkennung seiner zahlreichen kirchenhistorischen Publikationen, genannt seien hier nur: Eugen Mayer, Die Entstehungszeit der pfälzischen Unionskirche (1918); ders., Festschrift zum 400jährigen Gedächtnis der Protestation zu Speyer 1529 (1929); 1939 erschien: ders., Pfälzische Kirchengeschichte.

5 Vgl. Kurt Mayer, Genealogisch-heraldische Untersuchungen zur Geschichte des alten Königreichs Burgund, Speyer 1930; darin als Anhang: »Lebenslauf Kurt Mayer 1930« (S. 83 f.). Als maßgeblichen Betreuer im Endstadium seiner Forschungen nennt Mayer Rudolf von Heckel, seit 1913 außerordentlicher Professor für Geschichte und Historische Hilfswissenschaften in München.

6 Zu Otto Hupp vgl. Otto Böttcher, Leben und Werk des Heraldikers Otto Hupp (1859–1949). In: Der Herold 39 (1996), S. 1–33. Hupp war in erster Linie Kunsthandwerker, Graphiker, Wappenmaler. In Anerkennung dieser künstlerischen Tätigkeiten wurde er ehrenhalber zum »Professor« ernannt. Um 1918 geriet er in eine heftige Fehde mit Guido von List und Bernhard Koerner über deren abstruse »Runentheorien«. Seitdem Kurt Mayer 1935 zum Chef der RfS aufgestiegen war, betrieb er eine gezielte »Fürsorge« für seinen altgewordenen, offenbar bedürftigen Förderer Hupp, indem er ihm diverse Aufträge seiner Amtsstelle und anderer Partei- und Staatsstellen vermittelte. Auch Himmlers »Ahnenerbe« förderte inzwischen den alten Hupp. Diese Zuwendungen gipfelten in dem Projekt einer über das Innenministerium finanzierten »Leibrente« für Hupp inklusive eingeplanter Witwenversorgung nach seinem Ableben.

7 Mayer, Genealogisch-heraldische Untersuchungen; der Verf. will zeigen, wie die Heraldik in geschichtlicher Behandlung verwertet werden könne: »Sie umgibt in ihrer Blütezeit die historische Forschung mit einem eigenartigen, noch lange nicht genug gewürdigten Reiz, der den dafür Empfänglichen nicht mehr losläßt.« (Vorwort, S. IX). Faktisch handelt es sich bei dieser Dissertation um eine Zusammenstellung von Aufsätzen: Ein Überblick zur Territorialgeschichte Burgunds bis zum 12. Jh.; Studien zur Herkunft des Namens »Dauphin« sowie zur Bedeutung des Reichsadlers im Wappen burgundisch-provenzalischer Dynastengeschlechter. Die Dissertation erhielt das Prädikat »magna cum laude«. Auffallend ist die Vielzahl von weitergehenden Forschungs- und Publikationsvorhaben – mindestens

fünf –, die Mayer in den Fußnoten ankündigt. Demzufolge hatte er um 1930 noch Großes als Historiker vor.

8 Aus Mayers Korrespondenz als Chef der RfS geht hervor, dass er der »Straßburger Landsmannschaft Wartburgia« angehörte. Als Leiter einer Berliner Behörde im Innenministerium hatte er seit 1935 in Altherrenkreisen eine gewichtige Stimme (vgl. BArch, R 1509/1033).

9 Auf Bürckel als Gewährsmann berief er sich wiederholt in Berlin, so 1933 bei seiner Bewerbung beim Rasse- und Siedlungsamt der SS. Wenn es Hindernisse oder Schwierigkeiten im späteren Karriereverlauf gab, war seine erste Reaktion: dann gehe ich eben zurück zu Bürckel. Zu Bürckel vgl. Dieter Wolfanger, Populist und Machtpolitiker. Josef Bürckel: Vom Gauleiter der Pfalz zum Chef der Zivilverwaltung in Lothringen, in: Gerhard Nestler/Hannes Ziegler (Hg.), Die Pfalz unterm Hakenkreuz. Eine deutsche Provinz während der nationalsozialistischen Terrorherrschaft, Landau/Pfalz 1993, S. 63–86.

10 Vgl. hierzu: Hans Fenske, Die pfälzische NSDAP 1921–1932, in: Mitteilungen des Historischen Vereins der Pfalz 85 (1987), S. 347–381; ders., Aufmarsch unterm Hakenkreuz. Die pfälzischen Nationalsozialisten bis zum 30. Januar 1933, in: Nestler/Ziegler (Hg.), Pfalz unterm Hakenkreuz, S. 11–36.

11 Vgl. Schulle, Reichssippenamt, S. 145.

12 Forschungsprojekte: Mayer kündigte u. a. an: die Stammtafeln der großen Adelshäuser am Mittelrhein wie Salier und Egisheimer mit Urkundenbelegen zu veröffentlichen; zugleich stellte er eine Arbeit über die echten und falschen Adlersiegel der 12. Jhs. in Aussicht; ferner sei eine Untersuchung über den karolingischen Adel in Vorbereitung.

13 Die »Wittenberger Stimmen« konnten bisher hinsichtlich Publikationen von Mayer nicht durchgesehen werden.

14 Ernst von Harnack: geb 1888 in Marburg, Jurist; 1929–1932 Regierungspräsident von Halle-Merseburg, 1933 zwangspensioniert; nach dem 20. Juli 1944 verhaftet, Gestapo-Gefängnis Berlin; am 1.2.1945 Todesurteil durch Volksgerichtshof, 5. März 1945 hingerichtet in Berlin-Plötzensee.

15 Nach Angaben Mayers in: BArch, R 1509/411, darin: Lebenslauf Dr. Kurt Mayer 13.10.1934; dabei auch: Anlage über »Politische Betätigung«.

16 Mayer hatte seine Frau durch deren Bruder, den angehenden Juristen Alfred Sambraus, kennengelernt. Dieser war Bundesbruder des Burschenschaftlers Mayer.

17 Zum RuSHA s. Isabel Heinemann, Rasse, Siedlung, deutsches Blut. Das Rasse- und Siedlungshauptamt der SS und die rassenpolitische Neuordnung Europas, Göttingen 2003.

18 Joachim Gercke: geb. 1902 in Greifswald (der aus Göttingen stammende Vater Alfred Gercke war klassischer Philologe, lehrte Alte Geschichte in Königsberg, Greifswald, seit 1909 in Breslau), 1922–1925 Studium der Mathematik und Naturwissenschaften in Breslau; seit 1925 in Göttingen, 1926 NSDAP; nebenher Beschäftigung mit Genealogie, Untersuchungen über den »jüdischen Einfluß an den Deutschen Hohen Schulen«; Gercke

promovierte im Fach Chemie; als Hobby-Genealoge Aufbau einer »berufs-
ständischen Rassenstatistik«; Gründung eines Kreises der »Freunde und
Förderer der Deutschen Auskunftei«; Ende 1931 Leiter einer neu gegründeten »NS-Auskunft bei der Reichsleitung der NSDAP«, seit 1932 haupt-
beruflich bei der NSDAP-Leitung in München tätig; April 1933 Ernennung
zum »Sachverständigen für Rasseforschung beim Reichsministerium des
Innern«; ausf. Schulle, Reichssippenamt, S. 31–142.

19 Zu den Details Schulle, Reichssippenamt, S. 151–157.

20 Diese Vorgänge sind ausführlich dokumentiert in: BArch, R 39, Nr. 2.

21 Vgl. Schulle, Reichssippenamt, S. 161 ff.

22 Hierzu auch: Weiss, Die Auseinandersetzungen zwischen Reichsnährstand
und Reichssippenamt.

23 Johannes Hosemann: geb. 1881 in Malchow b. Berlin, Jurist, 1916 Konsistorialrat, 1924 Oberkonsistorialrat und Direktor des Deutschen Evangelischen Kirchenbundesamts in Berlin, 1936–1945 Präsident des Konsistoriums Breslau, zugleich Leiter des Archivamts der DEK und Oberkirchenrat
in Berlin; verstorben 1947 in Karlsruhe.

24 Gerhard Kayser: Präzise biographische Daten über Kayser sind nicht be-
kannt. Seit Eröffnung der Dienststelle war er dort als Sachbearbeiter für
Kirchenbuchfragen beschäftigt. Nachdem Mayer ihn 1935 nach ursprüng-
licher Kündigung erneut aufnahm, entwickelte sich Kayser zu dessen
engstem Mitarbeiter, der ihn vielfach auch in der Öffentlichkeit vertrat.
Seine einschlägigen Kenntnisse und praktischen Erfahrungen publizierte
Kayser 1939: Gerhard Kayser, Kirchenbuchfürsorge der Reichsstelle für
Sippenforschung, in: Archivalische Zeitschrift 45 (1939), S. 141–163.

25 Friedrich A. Knost: geb. 1911, Dr. jur., Mai 1933 NSDAP, ab 1934 Regierungsrat im Innenministerium, als solcher Mitarbeiter in der RfS bzw.
Reichssippenamt; 1937 Verfasser eines Kommentars zu den Nürnberger
Gesetzen (vgl. Friedrich A. Knost/Gerhard Lösener (Hg.), Die Nürnberger
Gesetze; nebst den Durchführungsverordnungen und den sonstigen einschlägigen Vorschriften, Berlin ⁴1941). 1939 erschien: ders., Feststellung
und Nachweis der arischen Abstammung. – Knost machte eine Nachkriegskarriere als Beamter im Raum Niedersachsen und verstarb 1982 in
Osnabrück.

26 Der Gefeuerte (am 11.3.1936 durch Gestapo aus dem Amt entfernt)
schrieb daraufhin einen zehnseitigen Protestbrief »An den Führer«, worin
er Mayer als gewalthaften und faulen Chef charakterisierte, der seine Mitarbeiter durch ständige Drohungen mit der Gestapo terrorisiere und Ressourcen der Reichsstelle für eigene Liebhabereien wie Wappenkunde und
dergl. missbrauche (vgl. BArch, R 39, Nr. 57, Schreiben E. Wasmannsdorff
an Adolf Hitler vom 27.3.1936).

27 BArch, BDC/OPG; Beschluß des Gaugerichtes Braunes Haus 19.6.1936;
Mayer erhielt einen »Verweis«.

28 Vgl. die Details bei Schulle, Reichssippenamt, S. 172 f.; im April 1937 erklärte Goebbels, dass er kein Interesse an einer Bestrafung des Dr. Mayer
habe.

29 Vgl. Kurt Mayer, Der Aufgabenkreis der Reichsstelle für Sippenforschung, in: Familie, Sippe, Volk 2 (1936), H.2, 25.3.1936, S. 13–18.

30 Ebd., S. 13.

31 Ebd., S. 18.

32 Vgl. Michael Wildt, Generation des Unbedingten. Das Führungskorps des Reichssicherheitshauptamtes, Hamburg 2002.

33 BArch, R 39, Nr. 36; Reichsführer-SS Himmler vom 7.5.1936 an SS-Obergruppenführer Darré.

34 Ebd.

35 Es sind dies Gerhard (geb. 30.6.1937) und zwei namentlich nicht bekannte Söhne (geb. 10.10.1939 und 23.9.1941).

36 BArch, R 1509/1035; ferner: SS-Führerpersonalakten, 303-A; darin bes. den »Fragebogen zur Ergänzung bzw. Berichtigung der Führerkartei und der Dienstaltersliste« (1937).

37 BArch, R 39, Nr. 57; Schreiben K. Mayer 13.12.1940 an Reichsleiter Martin Bormann.

38 Ebd.

39 Ebd.

40 Zu den Kriegsaktivitäten des Amts vgl. Schulle, Reichssippenamt, S. 277–305, 353–374.

41 Zit. n. Weiss, Auseinandersetzungen zwischen Reichsnährstand und Reichssippenamt, S. 12.

42 BArch, R 39, Nr. 21; Sicherungsmaßnahmen für das Reichssippenamt und das Amt für Sippenforschung (17.8.1943).

43 Vgl. die knappen Hinweise in: Schulle, Reichssippenamt, S. 382 f.

44 BArch, R 39, Nr. 811 b (zit. n. Weiss, Auseinandersetzungen zwischen Reichsnährstand und Reichssippenamt, S. 3).

Bildnachweis

Beitrag von Stephan Linck, S. 27–47:
Abb. 1: Archiv der Paulus-Kirchengemeinde Hamburg-Altona

Beitrag Johann Peter Wurm, S. 48–81:
Abb. 1: Foto: Pfitzner, Niederdeutscher Beobachter, aus: Henning Duderstadt: Wo steht die Urgroßmutter? In Mecklenburgs Sippenkanzlei, Oktober 1937
Abb. 2: Foto: Pfitzner, Niederdeutscher Beobachter, aus: Henning Duderstadt: Wo steht die Urgroßmutter? In Mecklenburgs Sippenkanzlei, Oktober 1937
Abb. 3: Rostocker Anzeiger, 8.7.1934
Abb. 4: Landeskirchliches Archiv Schwerin, LB Schultz 2
Abb. 5: Foto: Pfitzner, Niederdeutscher Beobachter, aus: Henning Duderstadt: Wo steht die Urgroßmutter? In Mecklenburgs Sippenkanzlei, Oktober 1937

Beitrag Manfred Gailus, S. 82–100:
Abb. 1: Archiv des Diakonischen Werkes Berlin
Abb. 2: Geheimes Staatsarchiv Preußischer Kulturbesitz, Berlin-Dahlem

Beitrag Hannelore Schneider, S. 101–130:
Abb. 1: Landeskirchenarchiv Eisenach
Abb. 2: Landeskirchenarchiv Eisenach

Beitrag Hans Otte, S. 131–194:
Abb. 1: Landeskirchliches Archiv Hannover
Abb. 2: Landeskirchliches Archiv Hannover
Abb. 3: Evangelisches Zentralarchiv Berlin

Beitrag Manfred Gailus, S. 195–216:
Abb. 1: Bundesarchiv Berlin
Abb. 2: Berlin hört und sieht. Rundfunk – Theater – Sport, Nr. 49, 29.11.1935

Autorinnen und Autoren

Manfred Gailus, Dr. phil., apl. Professor für Neuere Geschichte am Institut für Geschichte und Kunstgeschichte der TU Berlin; *neuere Veröffentlichungen*: Protestantismus und Nationalsozialismus. Studien zur nationalsozialistischen Durchdringung des protestantischen Sozialmilieus in Berlin, Köln 2001; (Hg., mit H. Lehmann) Nationalprotestantische Mentalitäten in Deutschland (1870–1970). Konturen, Entwicklungslinien und Umbrüche eines Weltbildes, Göttingen 2005; (Hg., mit W. Krogel) Von der babylonischen Gefangenschaft der Kirche im Nationalen. Regionalstudien zu Protestantismus, Nationalsozialismus und Nachkriegsgeschichte 1930 bis 2000, Berlin 2006; (Hg.), Elisabeth Schmitz und ihre Denkschrift gegen die Judenverfolgung. Konturen einer vergessenen Biographie (1893–1977), Berlin 2008.

Stephan Linck, Dr. phil., forscht im Auftrag der Nordelbischen ev.-luth. Kirche über die Vergangenheitspolitik der nördlichen Landeskirchen und ihr Verhältnis zum Judentum nach 1945; *Veröffentlichungen u. a.*: Der Ordnung verpflichtet: Deutsche Polizei 1933–1949. Der Fall Flensburg, Paderborn/Zürich 2000; (Hg., mit A. Göhres und J. Liß-Walther) Als Jesus »arisch« wurde. Kirche, Christen, Juden in Nordelbien 1933–1945. Die Ausstellung in Kiel, Bremen 2003; (Hg., mit H. Buss, A. Göhres und J. Liß-Walther) »Eine Chronik gemischter Gefühle«. Bilanz der Wanderausstellung Kirche, Christen, Juden in Nordelbien 1933–1945, Bremen 2005; »Fehlanzeige« Wie die Kirche in Altona nach 1945 die NS-Vergangenheit und ihr Verhältnis zum Judentum aufarbeitete, Hamburg 2006.

Hans Otte, Dr. theol., Ltd. Archivdirektor des Landeskirchlichen Archivs Hannover, Privatdoz. für Niedersächsische Kirchengeschichte an der Theol. Fakultät Göttingen. *Neuere Veröffentlichungen*: (Hg., mit R. Schenk) Die Reunionsgespräche im Niedersachsen des 17. Jahrhunderts: Rojas y Spinola – Molan – Leibniz, Göttingen 1999. – Caritas und Diakonie in der NS-Zeit.

Beispiele aus Niedersachsen, Hildesheim 2001. – (Hg., mit Heinrich Grosse, Joachim Perels) Neubeginn nach der NS-Herrschaft. Die hannoversche Landeskirche nach 1945, Hannover 2002. – Wiederkehr der Geistlichen Schulaufsicht? Die Schulpolitik der hannoverschen Landeskirche in der Weimarer Republik, in: Gottes Wort ins Leben verwandeln. Perspektiven der (nord-)deutschen Kirchengeschichte, Hannover 2005, S. 369–404. – Städtisches Kirchenpatronat und Geistliche Ministerien im 20. Jahrhundert, in: Vielfalt und Aktualität des Mittelalters. Festschrift für Wolfgang Petke, Gütersloh 2006, S. 505–539.

Hannelore Schneider, Dr. phil., seit 2005 Leiterin des Landeskirchenarchivs Eisenach. *Jüngste Publikationen*: mit Alfred Erck, Georg II. von Sachsen-Meiningen. Ein Leben zwischen ererbter Macht und künstlerischer Freiheit, Meiningen/Zella Mehlis 1999; Die Meininger Stadtkirche, Meiningen 2004; mit Alfred Erck, Monarchen und Musiker in Meiningen 1680–1763, Meiningen 2006.

Johann Peter Wurm, Dr. phil., Kirchenarchivrat, Leiter des Landeskirchlichen Archivs der Ev.-Luth. Landeskirche Mecklenburgs in Schwerin; *neuere Veröffentlichungen*: Die Gründung der ersten mecklenburgischen Bibelgesellschaften 1816 in Schwerin und Rostock, in: Pietismus und Neuzeit. Ein Jahrbuch zur Geschichte des neueren Protestantismus 30 (2004), S. 99–115; Die Korrespondenz des Hansesyndikus Heinrich Sudermann mit dem königlichen Statthalter in Schleswig und Holstein Heinrich Rantzau 1579–1591, in: Das Gedächtnis der Hansestadt Lübeck. Festschrift für Antjekathrin Graßmann zum 65. Geburtstag, hg. v. Rolf Hammel-Kiesow und Michael Hundt, Lübeck 2005, S. 491–515; Die Gründung des Michaeliskonvents der Schwestern vom gemeinsamen Leben in Lübeck, in: Zeitschrift des Vereins für Lübeckische Geschichte und Altertumskunde 85 (2005), S. 25–55; Kirchenbücher im Dienst der NS-Rassenpolitik. Edmund Albrecht und die Mecklenburgische Sippenkanzlei, in: Zeitgeschichte regional. Mitteilungen aus Mecklenburg-Vorpommern 10 (2006), Heft 1, S. 62–72.

Personenregister

Wie nationalistisch war das protestantische Milieu?

V&R

Manfred Gailus /
Hartmut Lehmann (Hg.)

**Nationalprotestantische
Mentalitäten in Deutschland
(1870–1970)**

Konturen, Entwicklungslinien und
Umbrüche eines Weltbildes

Veröffentlichungen des Max-Planck-Instituts für Geschichte, Band 214.
2005. 472 Seiten mit 2 Abb., Leinen
ISBN 978-3-525-35866-5

Im Zentrum dieses Bandes steht
die Frage nach Kontinuität und
Diskontinuität im nationalen Denken deutscher Protestanten in
den hundert Jahren zwischen der
Reichsgründung und dem Beginn
der drastischen Säkularisierung
aller Lebensverhältnisse im Nach-
kriegsdeutschland. Die Beiträge
untersuchen die Haltung deutscher Protestanten zu den großen
Zäsuren der deutschen Geschichte
dieser Zeit, analysieren Leitbegriffe und typische Attitüden des
nationalprotestantischen Milieus
und illustrieren an biographischen
Fallbeispielen die enge Verbindung
von Nationalismus und protestan-
tischem Christentum, die erst in
den sechziger Jahren, lange nach
dem Stuttgarter Schuldbekenntnis
vom Herbst 1945 bei der Mehrzahl
der deutschen Protestanten einer
distanzierteren Haltung wich.

Mit Beiträgen von

Frank Becker (Münster), Doris
Bergen (Notre Dame, USA), Günter
Brakelmann (Bochum), John
Conway (Vancouver), Robert P.
Ericksen (Tacoma, USA), Manfred
Gailus (Berlin), Dagmar Herbrecht
(Brüggen-Bracht), Siegfried
Hermle (Köln), Lucian Hölscher
(Bochum), Thomas Kaufmann
(Göttingen), Frank-Michael
Kuhlemann (Bielefeld), Peter Noss
(Bochum), Matthias Pöhlmann
(Berlin), Detlef Pollack (Frankfurt/
Oder), Rolf Schieder (Berlin),
Clemens Vollnhals (Dresden).

Vandenhoeck & Ruprecht